浙江省普通高校"十三五"新形态教材

生命健康与法律

SHENGMING JIANKANG YU FALV

◆主　编　米　岚　朱晓卓

◆副主编　刘秋风　姚　昱　曹　莹

ZHEJIANG UNIVERSITY PRESS

浙江大学出版社

图书在版编目（CIP）数据

生命健康与法律/米岚,朱晓卓主编.—杭州：
浙江大学出版社,2020.1
ISBN 978-7-308-19721-2

Ⅰ.①生… Ⅱ.①米…②朱… Ⅲ.①卫生法－中国
－高等职业教育－教材②劳动保护－劳动法－中国－高等
职业教育－教材③人身保险－保险法－中国－高等职业教
育－教材 Ⅳ.①D922.16②D922.54③D922.284

中国版本图书馆 CIP 数据核字（2019）第 263308 号

生命健康与法律

米岚　朱晓卓　主编

责任编辑	王　波	
责任校对	杨利军　郭琳琳	
封面设计	续设计-雷建军	
出版发行	浙江大学出版社	
	（杭州市天目山路 148 号　邮政编码 310007）	
	（网址：http://www.zjupress.com）	
排　　版	浙江时代出版服务有限公司	
印　　刷	浙江省邮电印刷股份有限公司	
开　　本	787mm×1092mm　1/16	
印　　张	14.75	
字　　数	368 千	
版 印 次	2020 年 1 月第 1 版　2020 年 1 月第 1 次印刷	
书　　号	ISBN 978-7-308-19721-2	
定　　价	40.00 元	

前　言

当前,健康已经成为卫生事业发展的根本目标,由卫生向健康领域的拓展成为社会发展的重要趋势。2013年国务院发布《关于促进健康服务业发展的若干意见》《关于加快发展养老服务业的若干意见》,健康服务业面临着快速发展和提升的机遇;2015年11月,第十八届中央委员会第五次全体会议公报提出推进健康中国建设,"健康中国"上升为国家战略。在健康中国的大背景下,2016年11月《"健康中国"2030规划纲要》中明确要求:"推动颁布并实施基本医疗卫生法、中医药法,修订实施药品管理法,加强重点领域法律法规的立法和修订工作,完善部门规章和地方政府规章,健全健康领域标准规范和指南体系。强化政府在医疗卫生、食品、药品、环境、体育等健康领域的监管职责,建立政府监管、行业自律和社会监督相结合的监督管理体制,加强健康领域监督执法体系和能力建设。"在大健康产业迅猛发展的背景下,与生命、健康相结合的法律的发展和健全也是顺应了时代发展的潮流。法律是一门人文色彩浓厚的学科,将法律的基础知识和大健康产业各个方面结合,也是培养"厚人文、明医理、强技能、高素质"岗位胜任力强的技术技能型健康服务人才的需要。此外,提高全体社会公民生命健康的法律素养也是当务之急。

大多数健康服务类高职院校都已充分认识到学生今后的就业岗位对于生命健康相关法律的急切需求,在人才培养过程中大多设置了卫生法律的教学内容,但因课时、师资、教材等原因,卫生法律课程建设水平远远落后于其他医学类课程;同时,随着社会民众对自身生命、健康权利认识的日益提高,国家卫生事业向健康领域的扩展,对于高职卫生法律课程教学体系也提出了新的调整要求,要改变教学内容和行业发展趋势脱节、教学方法陈旧、教学要求和职业岗位脱节、教学评价手段单一等问题。因此,本教材的编写根据高等职业教育发展的内在要求,以职业能力培养为重点,与行业合作进行基于工作过程的课程开发与设计,从具体案例入手阐述相关生命健康法学理论及生命健康相关法律法规的具体运用,根据行业企业发展需要和完成职业岗位实际工作任务所需要的知识、能力、素质要求,选取、确定教学内容,重视学生在校学习与实际工作的一致性,并为学生可持续发展奠定良好的基础,也有助于卫生法制教育战略的顺利实现。

本教材结合《"健康中国"2030规划纲要》对卫生法制建设的要求展开,基本框架将围绕"生命健康法律基本理论,医疗安全与法律,食品、药品安全与法律,公共卫生与法律,人身保险与法律,医学发展与法律"等若干板块内容展开。近年来,浙江省高校教育信息化工作深入推进,本教材已经获得浙江省"十三五"首批新形态教材项目的立项,"生命健康与法律"课程的教学利用"互联网+"的特点也更为明显。教材利用信息技术创新教材形态,可以充分发挥新形态教材在课堂教学改革和创新方面的作用,不断提高课程教学质量。

本教材的编写与对用人单位的调查相结合。编者开展卫生行业和健康行业用人单位的现场社会调查,听取以往毕业生及用人单位的意见,对高端技能型、应用型卫生和健康服务技术人才培养的现状及其需要进行调查分析,找准不同用人单位的不同岗位对于生命健康法律知识和素养的需求,并征求相关专家意见,联系职业岗位能力定位、工作特点和健康服务产业发展的现实,明确生命健康与法律课程体系的改革思路,优化生命健康与法律的课程结构。

基于新形态的各种元素,本教材利用互联网信息技术开展线上与线下教学结合。法律教学过程中,案例分析是一项很重要的内容,本教材通过互联网技术建立资源较为丰富的、符合当下健康服务发展趋势的各类与生命健康有关的案例库,通过线上案例库的资源,线下教学过程中开展生动的案例分析;此外,设立课程的资源库,通过教材上提供的二维码,即可实现课堂教学重点内容再现,只需手机"扫一扫",即可进入微视频、微案例、微课件、微讨论、微习题等板块,从而开展课堂延伸阅读、拓展练习和课程评价。

在此次编写工作中,宁波卫生职业技术学院的米岚和朱晓卓分别负责编写单元六和单元二;江苏护理职业学院刘秋风负责编写单元三;复旦大学附属肿瘤医院闵行分院的曹莹、上海市浦东新区卫生监督所的邹涛、扬州市卫生监督所的姚昱负责编写单元四;江苏剑桥颐华(张家港)律师事务所的陆军负责编写单元一;陆家嘴国泰人寿保险有限责任公司孟晶秋负责编写单元五;宁波卫生职业技术学院健康服务与管理学院的周梦怡和赵丽雯同学也承担了不少工作,在此一并表示感谢。

本教材是国内少有的生命健康法律相关的新形态教材,难免有很多不足之处,望各位同仁指正、共勉!

米岚

2019 年秋于宁波

目　录

CONTENTS

单元一　生命健康法律基本理论 ·· （001）

　项目一　生命健康法律概述 ·· （002）

　　工作任务1　认识生命健康法律 ·· （002）

　　工作任务2　认识生命健康法律的原则和作用 ·························· （004）

　项目二　生命健康法律关系 ·· （007）

　　工作任务　认识生命健康法律关系 ······································ （007）

　项目三　生命健康法律的渊源和适用 ······································ （012）

　　工作任务1　认识生命健康法律的渊源 ·································· （012）

　　工作任务2　认识生命健康法律的适用 ·································· （014）

　项目四　生命健康法律责任 ·· （017）

　　工作任务　认识生命健康法律责任 ······································ （017）

单元二　医疗安全与法律 ·· （021）

　项目一　医疗机构管理法律规定 ·· （022）

　　工作任务1　认识医疗机构的概念和类别 ································ （022）

　　工作任务2　认识医疗机构的设置 ······································ （024）

　　工作任务3　认识医疗机构的名称 ······································ （027）

　　工作任务4　认识医疗机构的执业条件 ·································· （028）

　　工作任务5　认识医疗机构开展诊疗活动的规则 ························ （028）

　　工作任务6　认识医疗机构执业的法律责任 ······························ （030）

　项目二　医师执业法律规定 ·· （035）

　　工作任务1　认识执业医师 ·· （035）

　　工作任务2　认识执业医师资格考试制度 ································ （036）

　　工作任务3　认识执业医师的注册 ······································ （038）

　　工作任务4　认识医师的执业权利 ······································ （040）

　　工作任务5　认识医师的执业义务 ······································ （042）

　　工作任务6　认识医师的执业规则 ······································ （043）

　　工作任务7　认识执业医师的法律责任 ·································· （044）

　项目三　乡村医生执业法律规定 ·· （047）

　　工作任务　认识乡村医生执业的法律规定 ································ （047）

　项目四　护士执业法律规定 ·· （051）

　　工作任务　认识护士执业的法律规定 ···································· （051）

　项目五　医疗事故与医疗损害法律规定 ···································· （054）

　　工作任务1　认识医疗事故 ·· （054）

　　工作任务2　认识医疗事故的技术鉴定 ·································· （058）

工作任务 3　认识医疗事故的解决 …………………………………………………（061）

工作任务 4　认识医疗事故的法律责任 ……………………………………………（064）

工作任务 5　认识医疗损害 …………………………………………………………（066）

单元三　食品、药品安全与法律 ………………………………………………………（069）

项目一　药师执业法律规定 ……………………………………………………………（070）

工作任务　认识药师执业的法律规定 ……………………………………………（070）

项目二　医药企业管理法律规定 ………………………………………………………（075）

工作任务　认识医药企业管理的法律规定 ………………………………………（075）

项目三　医疗机构药事管理法律规定 …………………………………………………（088）

工作任务　认识医疗机构药事管理的法律规定 …………………………………（088）

项目四　药品管理的法律规定 …………………………………………………………（097）

工作任务　认识药品管理的法律规定 ……………………………………………（097）

项目五　医疗器械管理的法律规定 ……………………………………………………（103）

工作任务　认识医疗器械管理的法律规定 ………………………………………（103）

项目六　中医药管理的法律规定 ………………………………………………………（112）

工作任务　认识中医药管理的法律规定 …………………………………………（112）

项目七　食品安全法律规定 ……………………………………………………………（120）

工作任务 1　认识食品安全风险和食品安全标准 ………………………………（120）

工作任务 2　认识食品生产的法律规定 …………………………………………（122）

工作任务 3　认识食品安全事故管理 ……………………………………………（126）

单元四　公共卫生与法律 ……………………………………………………………（133）

项目一　传染病防治法律规定 …………………………………………………………（134）

工作任务 1　认识传染病的立法 …………………………………………………（134）

工作任务 2　认识传染病的防控 …………………………………………………（135）

工作任务 3　认识传染病的报告 …………………………………………………（139）

工作任务 4　认识传染病的控制 …………………………………………………（140）

工作任务 5　认识传染病防治的法律责任 ………………………………………（143）

项目二　优生优育法律规定 ……………………………………………………………（148）

工作任务 1　认识母婴保健法律 …………………………………………………（148）

工作任务 2　认识母婴保健的内容 ………………………………………………（149）

工作任务 3　认识母婴保健管理 …………………………………………………（151）

工作任务 4　认识计划生育法律 …………………………………………………（153）

项目三　血液管理法律规定 ……………………………………………………………（158）

工作任务 1　认识血液管理法律 …………………………………………………（158）

工作任务 2　认识血液管理 ………………………………………………………（159）

工作任务 3　认识违反《献血法》的法律责任 ……………………………………（161）

项目四　职业病防治法律规定 …………………………………………………………（163）

工作任务 1　认识职业病防治立法 ………………………………………………（163）

工作任务 2　认识职业病的预防 …………………………………………………（164）

　　　工作任务 3　认识劳动者的职业卫生权利 ………………………………（167）

　　　工作任务 4　认识职业病的诊断和职业病病人的保障 ………………………（169）

　　　工作任务 5　认识职业病防治的法律责任 ……………………………………（171）

　　项目五　环境卫生与学校卫生法律规定 …………………………………………（176）

　　　工作任务 1　认识医疗废物管理的法律规定 …………………………………（176）

　　　工作任务 2　认识公共场所管理的法律规定 …………………………………（179）

　　　工作任务 3　认识生活饮用水管理的法律规定 ………………………………（181）

　　　工作任务 4　认识学校卫生管理的法律规定 …………………………………（183）

　　　工作任务 5　认识放射卫生管理的法律责任 …………………………………（186）

单元五　人身保险与法律 ……………………………………………………………（191）

　　项目一　人身保险法律规定 ………………………………………………………（192）

　　　工作任务 1　认识人身保险的特征和职能 ……………………………………（192）

　　　工作任务 2　认识人身保险合同 ………………………………………………（194）

　　　工作任务 3　认识人身保险的分类 ……………………………………………（200）

　　　工作任务 4　认识人身保险的核保 ……………………………………………（204）

　　　工作任务 5　人寿保险的理赔 …………………………………………………（207）

单元六　医学发展与法律 ……………………………………………………………（211）

　　项目一　生殖技术与法律 …………………………………………………………（212）

　　　工作任务 1　认识人类辅助生殖技术 …………………………………………（212）

　　　工作任务 2　认识代孕的法律问题 ……………………………………………（213）

　　　工作任务 3　认识我国人工辅助生殖的立法 …………………………………（214）

　　项目二　人类基因工程与法律 ……………………………………………………（215）

　　　工作任务 1　认识人类基因工程引发的法律问题 ……………………………（215）

　　　工作任务 2　认识我国人类基因工程研究及应用立法 ………………………（216）

　　项目三　器官移植与法律 …………………………………………………………（217）

　　项目四　脑死亡与法律 ……………………………………………………………（221）

　　　工作任务　认识安乐死立法 ……………………………………………………（224）

单元一　生命健康法律基本理论

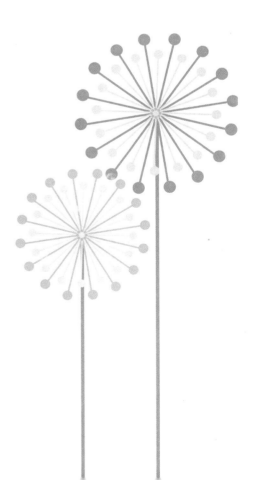

项目一 生命健康法律概述

[学习目标]
1. 能够熟练分析生命健康法律的法律界定;
2. 能够清楚分析生命健康法律的原则;
3. 能够清楚认识生命健康法律的作用。

知识链接:我国古代的医药卫生相关法律法规

工作任务 1 认识生命健康法律

我国早在两千多年前就曾制定了卫生方面的法律规范。《周礼》记载了当时的卫生管理制度,包括司理医药的机构、病历书写和医生考核制度等;《秦律》中规定禁止杀婴堕胎;《唐律》中明令禁止同姓为婚,并对官方征用医生和医校的设置等做了规定;宋朝开设了国家药局,制定了世界上最早的药品标准《太平惠民和剂局方》。

一、生命健康法律的概念

生命健康法律是指由国家制定或认可,并由国家强制力保证实施的旨在调整和保护公民生命健康活动中形成的各种社会关系的法律规范的总和。其有狭义和广义之分。狭义的生命健康法律,是指由全国人民代表大会及其常务委员会制定的各种生命健康法律。广义的生命健康法律,还包括被授权的国家机关制定颁布的其他从属于生命健康法律的在其所辖范围内普遍有效的卫生法规和规章,以及宪法和其他规范性法律文件中涉及卫生法的内容。

二、生命健康法律的特征

生命健康法律以围绕人体健康生命权益而产生的各种社会关系为调整对象,和其他法律部门相比,生命健康法律具有自己独有的特点。

微课:与健康有关的法律法规

(一)生命健康法律以保护公民生命健康权为根本宗旨

生命健康权是公民人身权中一项最基本的权利。生命健康法律以保障公民的生命健康权为根本宗旨,这正是它区别于其他法律部门的主要标志。

(二)生命健康法律是行政法律规范和民事法律规范相结合的法律

生命健康法律以调整卫生社会关系为主要内容。从生命健康法律的内容上看,生命健康法律是一种行政法律规范和民事法律规范相结合的法律。卫生社会关系既存在于卫生机构、卫生人员与卫生行政部门之间,也存在于卫生机构、卫生人员与患者之间,以及其他产生卫生社会关系的主体之间。生命健康法律调整的社会关系的广泛性,决定了其调整手段的多样性：既要采用行政手段调整卫生行政组织管理活动中产生的社会关系，又要采用民事手段来调整卫生服务活动中的权利义务关系，对在医疗服务过程中出现的严重的侵权行为还要追究相应的刑事责任。

（三）生命健康法律与医学等自然科学的发展关系密切

卫生工作是以生命科学为核心的科技密集型行业。现代医药卫生事业是在现代自然科学及其应用工程技术高度发展的基础上展开的。以卫生关系为调整对象的生命健康法律，必然要涉及与人的生命、健康相关的自然科学。医学及其他相关学科的技术成果是生命健康法律的立法依据，也是生命健康法律的实施手段和实施依据。因此从这个角度说，生命健康法律具有浓厚的技术性。从医学实践中总结出来的反映客观规律的医学技术成果不断被生命健康法律所吸收，是生命健康法律生命力的源泉。生命健康法律的内容中含有大量的医学技术成果，既显示了生命健康法律的技术性、专业性，也说明了生命健康法律的普遍性、广泛性。同时，随着医学的发展与进步，生命健康法律也不断面临新的问题，如涉及器官移植、脑死亡、基因诊断与治疗、生殖技术等问题，需要制定相应的法律规范，而原有的生命健康法律也需要不断修改和完善。

（四）生命健康法律是具有一定国际性的国内法

从生命健康法律所确认的规则看，生命健康法律是具有一定国际性的国内法。生命健康法律虽然在本质上属于国内法，但由于对卫生本身共性的、规律性的普遍要求，特别是随着各国之间人员往来和贸易与合作的快速发展，任何一个国家或地区都不可能置身于世界之外，而只能从自身利益的互补性出发，去适应世界经济一体化的发展趋势。因此，各国生命健康法律在保留个性的同时，都比较注意借鉴和吸收各国通行的卫生规则，把一些具有共同性的卫生要求、卫生标准载于本国法律，并注意借鉴和吸收各国通行的卫生规则，使得生命健康法律具有明显的国际性。同时，一些国际组织也为生命健康法律的国际化做出了贡献，如世界卫生组织、由联合国粮农组织和世界卫生组织联合建立的国际食品法典委员会、世界医学法学协会等。国际社会还订立了大量的有关卫生的国际公约，如《国际卫生条例》《联合国 1961 年麻醉品单一公约》《联合国 1971 年精神药物公约》《应用卫生和植物卫生措施协议》(SPS)等。

三、生命健康法律的调整对象

生命健康法律的调整对象是指各种生命健康法律所调整的社会关系，包括由国家卫生行政机关、医疗卫生保健组织、企事业单位、个人、国际组织之间及其内部因预防和治疗疾病，改善人们生产、学习和生活环境与卫生状况，保护和增进身心健康所形成的各种社会关系，其具有多层次、多形式的特点。调整的具体社会关系不同，也就形成了不同调整范围的法律规范性文件。一般来说，生命健康法律主要调整以下三个方面的社会关系。

（一）卫生组织关系

生命健康法律把各级卫生行政部门和各级各类卫生组织的法律地位、组织形式、隶属关系、职权范围以及权利义务等以法律条文的形式固定下来，以形成规范的管理体系和制度，从而使国家能够有效地对卫生工作进行组织和领导，并使医疗卫生组织的活动有据，同时保障医疗卫生组织的生命健康法律活动。如《全国卫生防疫站工作条例》《医疗机构管理条例》

《计划生育技术服务管理条例》等条例,分别明确了相关医疗卫生机构的法律地位、职责范围、编制和工作方法,以保证它们在法律规定的范围内从事相应的卫生活动。

(二)卫生管理关系

卫生管理关系指国家卫生行政机关及其他有关机关,根据法律的规定,在进行卫生组织、领导、监督、评估等活动时与企事业单位、社会团体或者公民之间形成的权利义务关系,这是一种纵向的行政关系,受生命健康法律的调整。如卫生行政机关与行政管理相对人的监督管理关系。在生命健康法律中,卫生管理关系通常表现为卫生行政隶属关系和卫生职能管辖关系。

(三)卫生服务关系

卫生服务关系指卫生行政机关、医疗卫生组织、有关企事业单位、社会团体和公民在向社会提供卫生咨询指导、医疗预防保健服务的过程中,与接受服务者所结成的一种平等主体间的权利义务关系。其也包括从事健康相关产品的生产经营单位等,就提供的产品和服务的安全卫生质量,与接受服务者所结成的一种平等主体间的权利义务关系。卫生服务关系是一种横向的社会关系,最为常见的是医患关系。

工作任务2　认识生命健康法律的原则和作用

《中华人民共和国传染病防治法》第一条规定:"为了预防、控制和消除传染病的发生与流行,保障人体健康和公共卫生,制定本法。"

一、生命健康法律的基本原则

生命健康法律的基本原则是卫生立法的基础,是生命健康法律所确认的卫生社会关系主体及其卫生活动必须遵循的基本准则,在卫生司法活动中起指导和制约作用。

(一)保护公民健康权的原则

保护公民健康权的原则是指生命健康法律的制定和实施都要从广大人民群众的健康利益出发,把维护人体健康作为生命健康法律的最高宗旨,使每个公民都依法享有改善卫生条件、获得基本医疗保健的权利,以增进身体健康。

(二)预防为主的原则

预防为主是我国卫生工作的根本方针,也是卫生立法及执法必须遵循的一条重要原则。要正确处理防病和治病的关系,把防疫工作放在首位,坚持防治结合,预防为主。这是一项综合性的系统工程,必须增强全体公民的预防保健意识,明确医药卫生防疫工作是全社会的共同责任。无病防病,有病治病,防治结合,是预防为主的总要求。

知识链接:什么是预防医学

(三)中西医协调发展的原则

中国传统医学(包括各民族医药学)有着数千年的历史,是我国各族人民在长期同疾病做斗争过程中的经验总结;西方医学是随着现代科学技术发展起来的,是现代科学的重要组成部分。我们在对疾病的诊疗护理中,要正确处理中国传统医学和西方医学的关系,从而使中西两个不同理论体系的医药学互相取长补短、协调发展，以共同造福人类。

（四）国家卫生监督原则

国家卫生监督原则是指卫生行政机关和法律法规授权的组织，对管辖范围内的社会组织和个人贯彻执行国家生命健康法律、法规、规章的情况，要予以监察督导。

二、生命健康法律的作用

随着我国生命健康法律制度建设的发展，生命健康法律在社会发展中的作用越来越明显，具体如下。

（一）贯彻党的卫生政策，保障社会卫生权益

卫生立法是党和国家的医药卫生政策的具体化和法律化，是卫生活动的依据和指导。根据生命健康法律规范的规定，可以明确合法行为与违法行为的界限，合法行为受到法律的保护，违法行为要承担相应的法律责任，以此切实保护公民和社会组织的合法权益。

（二）促进经济发展，推动医学科学的进步

医学的存在是卫生立法的基础，生命健康法律的制定与实施是保证和促进医学发展的重要手段。我国颁布了许多生命健康法律、法规和规章，从而使医药卫生事业从行政管理上升为法律管理，从一般技术规范和医德规范提高到法律规范，为医学科学的进步和发展起着强有力的法律保障作用。随着新的科学技术不断引用到医学领域中来，当代医学科学也向卫生立法提出了一系列新的课题。

（三）增强公众的生命健康法制观念，保护人体健康

在卫生行政管理中，通过对生命健康法律的宣传教育，可以使国家机关、企事业单位、社会团体和公民增强生命健康法制观念，明确自己在卫生活动中的权利和义务；同时提升社会公众的健康意识，促进人类健康水平的提升。

（四）促进国际卫生交流和合作

疾病的流行没有地域和人群的限制，疾病防治的措施和方法也不会因国家社会制度的不同而有所差异。为了预防传染病在国家之间的传播，保护我国公民的健康，保障彼此间权利和义务，我国颁布了《中华人民共和国国境卫生检疫法》《外国医师来华短期行医暂行管理办法》等一系列涉外的生命健康法律、法规和规章，有效地推进了国际卫生交流和合作。

延伸阅读：

据文献记载，早在公元前3000年左右，古埃及就开始颁布一些有关卫生方面的法令，如有关掩埋尸体、排水以及处罚违纪医生、严禁弃婴的规定等。公元前2000年古印度的《摩奴法典》，公元前18世纪古巴比伦王国的《汉谟拉比法典》，公元前450年古罗马的《十二铜表法》《阿基拉法》和《科尼利阿法》等法典中都有对医师的管理、医疗事故的处理、城市公共卫生、食品卫生、疾病预防、医学教育等方面的规定。

欧洲封建国家兴起后，各国逐渐加强了卫生立法，法律规定、调整的范围有所扩大，到中世纪中后期，随着科学的发展，医学学校的出现，在许多方面出现了卫生成文法规，如13世纪法国的腓特烈二世颁布了《医师开业法》《药剂师开业法》；14世纪，威尼斯、马塞等地颁布了检疫法，开创了国际卫生检疫的先河；15世纪前后在佛罗伦萨、纽伦堡等地出现了较系统的药典。

　　进入到资本主义社会,随着工业革命的兴起,社会关系发生了巨大的改变,也导致了流行病、职业卫生和妇幼卫生等方面问题的出现,由此也促进了卫生立法。英国1601年制定的《伊丽莎白济贫法》是最早的近代意义上的生命健康法律,影响最为久远。到17、18世纪,治理城市环境、防治传染病、改善居民居住条件和劳动条件、建立卫生检查制度已成为卫生立法的主要内容。19世纪以后,资本主义各国为适应社会的发展,不断制定生命健康法律法规,如英国相继制定了《生命健康法律》《助产士法》《精神缺陷法》等。日本从1874年开始建立卫生制度,制定了《医务工作条例》,1925年颁布《药剂师法》,1933年颁布《医师法》,1942年颁布了著名的《国民医疗法》,1948年制定了《药事法》等。美国纽约市1866年通过了《都会保健法案》。1878年美国颁布了《全国检疫法》,1902年美国制定了有关生物制品的法规,1906年颁布了《纯净食品与药物法》,1914年制定了《联邦麻醉剂法令》等。加强卫生立法,改造与改善环境,已成为第一次卫生革命的成功经验。

　　二战以后,卫生立法得到了迅速发展,各国宪法中都明确规定公民享有健康保护权,制定了关于医院管理的医政法规,环境立法也达到了空前兴旺的时期,出现"公害罪",明确规定了法人犯罪问题,如法国的《公共生命健康法律》、美国的《国家环境政策法》、日本的《公害对策基本法》等。在劳动保护方面,各国制定了职业安全生命健康法律。在生殖生育方面,也先后制定了优生法。其他如传染病防治法、卫生检疫法律等都在不断修改、完善。20世纪后半期,一些国家的老人保健法、精神生命健康法律、福利法、国民健康保险法等也相继出台,使生命健康法律法规在社会生活的各方面发挥越来越大的作用。

　　[拓展练习]
　　讨论:你对生命健康法律基本原则是怎样理解的?

(朱晓卓 陆　军)

项目二　生命健康法律关系

[学习目标]
1. 能够清楚分析生命健康法律关系的概念和特征；
2. 能够熟练分析生命健康法律关系的构成要素；
3. 能够清楚分析生命健康法律事实。

工作任务　认识生命健康法律关系

2004 年 3 月 30 日晚上 7 时许,四川省某县中医院接到 120 电话,有一位坠崖的患者需要抢救。治疗过程中,医护人员发现这名患者病情严重,没有家属出现,身上也没有钱。当晚,该院副院长兼外科主任、总务科护士长开着救护车,将该患者抛弃。次日,这名病危患者死亡。为了逃脱法律的追究,该院院长、副院长等人还伪造了患者的病历。4 月 22 日,案件告破,公安机关以涉嫌故意杀人罪、伪证罪等刑拘了该院院长、副院长、总务科护士长等 3 人。

一、生命健康法律关系的概念

法律关系是指法律所调整的人与人之间的权利义务关系。每一个法律部门都调整着特定方面的社会关系,生命健康法律作为一个独立的法律部门,同样调整着一定范围的社会关系。生命健康法律关系是指生命健康法律所调整的,在卫生管理和医药卫生预防保健服务过程中国家机关、企事业单位、社会团体或者公民之间的权利与义务关系。

知识链接:法律关系的定义

二、生命健康法律关系的特征

由于生命健康法律的调整对象主要为卫生管理关系和医药卫生服务关系,因此生命健康康法律关系除了具备一般法律关系的共同特征外,还具有其自身的特征。

（一）生命健康法律关系是基于保障和维护人体健康而结成的法律关系

生命健康法律关系是以保障和维护人体健康为目的的。从生命健康法律关系形成的过程看,生命健康法律关系是在卫生管理和医药卫生预防保健服务过程中形成的各种关系,但无论是在卫生行政管理中形成的生命健康法律关系,或者是在卫生服务中形成的生命健康法律关系,还是在生产经营过程中形成的生命健康法律关系,其内容都体现了个人和社会的健康利益,其目的都是保障人类健康。没有健康问题,也就没有生命健康法律关系。其他法律关系均不以保障人体健康为其特定目的,也不是在卫生管理和医药卫生预防服务这一特定活动中形成的,这是生命健康法律关系与其他法律关系的根本差异。

（二）生命健康法律关系是由生命健康法律调整和确认的法律关系，具有特定的范围

生命健康法律关系必须以相应的生命健康法律规范的存在为前提。国家为了确保公共卫生安全和人体健康，通过卫生立法，对那些直接关系人体健康的卫生关系加以具体规定，保护其不受非法行为的侵害。在实践中，当这些卫生关系为生命健康法律所确认和保护时，就上升为生命健康法律关系，具有了生命健康法律的形式。生命健康法律关系是生命健康法律调整的健康利益的实质内容和生命健康法律形式的统一，因此生命健康法律关系的范围取决于生命健康法律调整对象的范围。

（三）生命健康法律关系是一种纵横交错的法律关系

所谓纵横交错是指生命健康法律关系是一种既存在于不平等主体之间，又存在于平等主体之间的法律关系。其中既有国家管理活动中的领导和从属关系，又有各个法律关系主体之间平等的权利义务关系。

（四）生命健康法律关系的主体具有特殊性

生命健康法律是一门专业性很强的部门法，这就决定了生命健康法律关系主体的特殊身份，即通常是从事卫生工作的组织和个人。在纵向的生命健康法律关系中，必定有一方当事人是医药卫生管理机关，如卫生行政部门、卫生监督机构等；在横向的生命健康法律关系中，必定有一方当事人是医药预防保健机构或个人。

三、生命健康法律关系的构成要素

生命健康法律关系的构成要素是指构成每一个具体的生命健康法律关系所必须具备的因素。生命健康法律关系同其他法律关系一样，都是由主体、客体和内容三个方面的要素构成的。这三要素必须同时具备，缺一不可，如果缺少其中任何一要素，该生命健康法律关系就无法形成或继续存在。

（一）生命健康法律关系的主体

生命健康法律关系的主体是指参加生命健康法律关系，并在其中享有卫生权利、承担卫生义务的人，一般称为当事人。在我国，生命健康法律关系的主体包括卫生行政机关、医疗卫生机构、企事业单位、社会团体和公民。

1. 卫生行政机关

国家卫生行政机关包括国家卫健委、国家中医药管理局、国家食品药品监督管理总局以及所属的各级行政部门。卫生行政机关通过制定和颁布各种生命健康法规、政策，采用法律手段或者行政手段管理卫生工作。这种在国家卫生工作中的地位和作用决定了它们同其他主体之间形成的主要是一种命令与服从的管理关系。

2. 医疗卫生机构

医疗卫生机构是指依法设立的各级各类医疗卫生组织，包括医疗机构、医学院校、药检所、妇幼保健院（所）等机构。

3. 企事业单位和社会团体

主要包括依据生命健康法律的规定，作为行政相对人的食品、药品、化妆品生产经营单位，公共场所及工矿企业和学校等。

4.公民(自然人)

公民作为生命健康法律关系的主体有两种情况:一种是以特殊身份成为生命健康法律关系的主体,如医疗机构内部的工作人员,他们一方面因需要申办资格许可和执业许可,而同卫生行政部门结成卫生行政法律关系,另一方面在提供医药卫生预防保健服务时,他们与患者还结成医患法律关系;另一种是以普通公民的身份参加生命健康法律关系而成为主体,如医疗服务关系中的病人。对于依法个体行医的公民,其地位和作用类似于医院,其与病人之间发生的卫生服务关系,同样要接受当地卫生行政机关或其他主管机关的管理和监督。

此外,居住在我国的外国人和无国籍人,如果参与到我国的生命健康法律关系中,也可以成为我国生命健康法律关系的主体,如在国境卫生检疫法律关系中接受我国国境卫生检疫机关检疫查验的外国入境人员。

(二)生命健康法律关系的内容

生命健康法律关系的内容是指生命健康法律关系的主体依法享有的权利和应承担的义务。

1.卫生权利

卫生权利指由生命健康法律规定的,生命健康法律关系主体根据自

知识链接:公民的权利和义务

己的意愿实现某种利益的可能性。它包含三层含义:

(1)权利主体有权在生命健康法律规定的范围内,根据自己的意愿为一定行为或者不为一定行为;

(2)权利主体有权在生命健康法律规定的范围内,要求义务主体为一定行为或者不为一定行为,以便实现自己的某种利益;

(3)权利主体有权在自己的卫生权利遭受侵害或者义务主体不履行卫生义务时,请求人民法院给予法律保护。

卫生义务指依照生命健康法律的规定,生命健康法律关系中的义务主体,为了满足权利主体的某种利益而为一定行为或者不为一定行为的必要性。它也包含三层含义:

2.卫生义务

(1)义务主体应当依据生命健康法律的规定,为一定行为或者不为一定行为,以便实现权利主体的某种利益;

(2)义务主体负有的义务是在生命健康法律规定的范围内为一定行为或者不为一定行为,对于权利主体超出法定范围的要求,义务主体不承担义务;

(3)卫生义务是一种法定义务,受到国家强制力的约束,如果义务主体不履行或者不适当履行,就要承担相应的法律责任。

(三)生命健康法律关系的客体

生命健康法律关系的客体,是指生命健康法律关系主体的卫生权利和卫生义务所共同指向的对象。生命健康法律的目的是保障公共卫生安全和人体健康,其调整范围涉及与人体健康相关的各个领域,因此生命健康法律关系的客体具有广泛性和多层次性。生命健康法律关系的客体大致可分为几类,即公民的生命健康利益、行为、物、人身和智力成果等。

1.公民的生命健康利益

公民的生命健康利益是人身利益的一部分,包括公民的生命、身体、生理功能等。生命

健康是每一个公民生存的客观基础,是公民正常生活和从事各种活动的重要前提。保障公民的生命健康利益是我国生命健康法律的基本目的。因此,人的生命健康利益是生命健康法律关系的最高层次的客体,也是各种生命健康法律关系的共同客体。

2. 行为

行为是指生命健康法律关系中的主体行使卫生权利和履行卫生义务的活动,如卫生审批、申请许可等。行为包括合法行为和违法行为两种形式。前者应受到法律的确认和保护,如在医疗服务关系中,医疗机构向患者提供医疗保健服务的行为。后者则要承担相应的法律责任,要受到法律的制裁。如卫生行政管理关系中,管理相对人违反有关法律规定,不设置卫生防护设施、不组织从业人员进行健康检查,或者故意将卫生防护设施拆除等。

3. 物

物是指现实存在的,能够被人所支配、利用,具有一定价值和使用价值的物质财富,包括进行各种医疗服务和卫生管理活动中所需要的生产资料和生活资料,以满足个人和社会对医疗保健的需要。如食品、药品、化妆品、保健品、医疗器械等。

4. 人身

人身是由各种生理器官组成的有机体。它是人的物质形态,也是人的生命健康利益的载体。随着现代科技和医学科学的不断发展,器官移植、输血、人工生殖、植皮等医学技术和成果在临床中大量应用,角膜、血液、骨髓、脏器等人体器官和组织成为可供捐献、交易的对象。由此产生了一系列法律问题,人身不再只是传统意义上的法律关系主体,而且在一定范围内、一定条件下成为法律关系的客体。当然,有生命的人的身体不是法律上的"物",不能成为物权、债权等某些法律权利的客体,法律禁止任何人将他人或本人的整个身体作为民法上的"物"进行转让或买卖。

5. 智力成果

智力成果是无体物,又称精神财富,是指人们的智力活动所创造的成果。如医学著作或论文、医疗仪器的发明、新药的发明等。

四、生命健康法律关系的产生、变更和消灭

在实际生活中,各种各样的生命健康法律关系不是自然产生、永恒不变的,而是处于不断产生、变更和消灭的运行过程中。产生,指在生命健康法律关系主体之间形成某种权利和义务的联系;变更,指生命健康法律关系主体、客体及内容发生变化;消灭,指主体之间权利义务关系的终止。生命健康法律关系只有在一定条件下才能产生、变更和消灭,这种条件就是法律事实的实现。

法律事实是指法律规定的能够引起法律关系产生、变更和消灭的事件和行为。它包括法律行为和法律事件。其中,法律关系当事人以其主观意愿表现出来的法律事实,称为法律行为;不以法律关系当事人的主观意志为转移的法律事实,称为法律事件。

(一)法律行为

法律行为分为合法行为和违法行为,是生命健康法律关系产生、变更或消灭的最普遍的法律事实。合法行为是指生命健康法律关系主体实施的符合生命健康法律规范、能够产生行为人预期后果的行为,受到法律的确认和保护。违法行为是指生命健康法律关系主体实施的为生命健康法律所禁止的、侵犯他人合法权益从而引起某种生命健康法律关系的产生、

变更和消灭的行为,该行为为法律所禁止,必须承担相应的法律责任。

（二）法律事件

法律事件分为两类:一类是自然事件,如作为卫生行政相对人的企事业单位因地震、失火等自然灾害而被迫停业,病人因非医疗因素死亡而终止医患法律关系;另一类是社会事件,如医药卫生政策的重大调整、生命健康法律的重大修改、地方政府卫生行政措施的颁布实施等。

延伸阅读:

2010 年,26 岁的湖南小伙胡某,因还不起 18000 元赌债,想到"卖肾"。自第一个联系电话始,他很快陷入庞大而严密的肾脏地下交易中介网络。在 2011 年 1 月,尽管他不停地哭泣,表示"真的不想做了",但仍然被送上一家民营医院的简陋手术台,切掉了左肾。3 天后,胡某手机显示,他的银行卡里打进了 27000 元。术后胡某一直觉得伤口一阵阵地疼痛,出院 1 个月后,2 月 13 日,他选择向山西省卫生厅反映。3 月 7 日,胡某参与的肾器官交易一案在山西省临汾市公安局直属分局立案。

［拓展练习］

讨论:你对生命健康法律关系客体如何理解?

（朱晓卓　陆　军）

项目三　生命健康法律的渊源和适用

[学习目标]
1. 能够清楚分析生命健康法律的渊源;
2. 能够清楚分析生命健康法律的适用规则。

工作任务 1　认识生命健康法律的渊源

我国《宪法》第二十一条规定:国家发展医疗卫生事业,发展现代医药和我国传统医药,鼓励和支持农村集体经济组织、国家企业事业组织和街道组织举办各种医疗卫生设施,开展群众性的卫生活动,保护人民健康。

第二十五条规定:国家推行计划生育,使人口的增长同经济和社会发展计划相适应。第四十九条规定:夫妻双方有实行计划生育的义务。

第四十五条规定:中华人民共和国公民在年老、疾病或者丧失劳动能力的情况下,有从国家和社会获得物质帮助的权利。国家发展为公民享受这些权利所需要的社会保险、社会救济和医疗卫生事业。

知识链接:法律渊源的概念

法的渊源是法的外在表现形态,指法律由何种国家机关制定或认可,具有何种表现形式或效力等级。生命健康法律的渊源是生命健康法律规范的具体表现形式。由于这些形式的权威性质,渊源于这些形式的规范具有相应的法律效力。根据我国宪法和法律的规定,我国生命健康法律的渊源主要有以下几种。

一、宪法

宪法是我国的根本大法,它是由我国最高国家权力机关——全国人民代表大会依照法定程序制定的具有最高法律效力的规范性法律文件。它不仅是国家立法活动的基础,也是制定各种法律、法规的依据。我国宪法中有关保护公民生命健康的医药卫生方面的条款,既是我国生命健康法律的立法依据,也是我国生命健康法律的重要渊源,并在生命健康法律体系中具有最高的法律效力。

二、生命健康相关法律

生命健康相关法律是指由全国人民代表大会及其常务委员会制定的有关卫生方面的专门法律,其效力低于宪法。生命健康法律可分为两种:一是由全国人民代表大会制定的卫生基本法。目前我国还未制定卫生基本法。二是由全国人民代表大会常务委员会制定的卫生基本法律以外的生命健康法律,现已有《中华人民共和国食品安全法》《中华人民共和国药品管理法》《中华人民共和国国境卫生检疫法》《中华人民共和国传染病防治法》《中华人民共和国红十字会法》《中华人民共和国母婴保健法》《中华人民共和国献血法》《中华人民共和国执业医师法》《中华人民共和国职业病防治法》《中华人民共和国人口与计划生育法》《中华人民共和国精神卫生法》《中华人民共和国中医药法》等若干生命健康相关法律。

此外,在民法、婚姻法、劳动法、环境保护法、刑法等其他法律中,有关卫生的法律条文也属于生命健康相关的法律。

三、生命健康相关行政法规

生命健康相关行政法规是指由国务院制定发布的有关生命健康方面的行政法规,其法律效力低于生命健康法律。它既是生命健康法律的渊源之一,也是下级卫生行政部门制定各种卫生行政管理规章的依据。如《医疗事故处理条例》《公共场所卫生管理条例》《精神药品管理办法》《中华人民共和国传染病防治法实施办法》和《护士条例》等。

四、地方性生命健康法规、卫生自治条例与单行条例

地方性生命健康法规是指省级人民代表大会及其常务委员会,省、自治区的人民政府所在地的市或经国务院批准的较大的市的人民代表大会及其常务委员会依法制定和批准的,可在本行政区域内发生法律效力的有关卫生方面的规范性文件。如《黑龙江省发展中医条例》《江苏省职业病防治条例》等。

卫生自治条例与单行条例是指民族自治地方的人民代表大会依法在其职权范围内根据当地民族的政治、经济、文化的特点,制定发布的有关本地区卫生行政管理方面的法律文件。

五、生命健康相关行政规章

生命健康相关行政规章是国务院卫生行政部门在其权限内发布的有关生命健康方面的部门规章,它是生命健康法律数量最多的渊源。卫生行政规章的法律地位和法律效力低于宪法、生命健康法律和卫生行政法规。国家卫健委是国务院的卫生行政部门,按照宪法的规定,国家卫健委有权根据法律和国务院的卫生行政法规、决定和命令,在本部门的权限内独自制定发布或和其他部门联合制定发布在全国范围有效的规章,如《精神疾病司法鉴定暂行规定》《保健食品管理办法》等。

六、地方性生命健康相关规章

地方性生命健康相关规章是指省、自治区、直辖市以及省会所在地的市或经国务院批准的较大的市的人民政府,依法在其职权范围内制定、发布的有关本地区卫生管理方面的生命健康法律文件。地方性规章仅在本地方有效,其法律效力低于宪法、生命健康法律、卫生行政法规和地方性生命健康法规,且不得与卫健委制定的卫生规章相抵触。

七、卫生标准、卫生技术规范和操作规程

由于生命健康法律具有技术控制和法律控制的双重性质,因此卫生标准、卫生技术规范和操作规程就成为生命健康法律渊源的一个重要组成部分。这些标准、规范和规程可分为国家和地方两级。前者由国家卫健委制定颁布,后者由地方政府卫生行政部门制定颁布。

这些标准、规范和规程的法律效力虽然不及法律、法规,但在具体的执法过程中,它们的地位又是相当重要的。因为生命健康法律、法规只对社会卫生管理中的一些问题做了原则规定,而对某种行为的具体控制则需要依靠标准、规范和规程,所以从一定意义上说,只要生命健康法律、法规对某种行为做了规范,那么卫生标准、规范和规程对这种行为的控制就有了极高的法律效力。

八、卫生国际条约

卫生国际条约是指我国与外国缔结的或者我国加入并生效的有关卫生方面的国际法规范性文件。全国人大常委会有权决定同外国缔结卫生条约和卫生协定,国务院按职权范围也可同外国缔结卫生条约和卫生协定。按我国宪法和有关法律的规定,除我国声明保留的条款外,这些条约均对我国产生法律约束力,如《国际卫生条例》等。

工作任务 2　认识生命健康法律的适用

《中华人民共和国药品管理法》(以下简称《药品管理法》)第一百三十八条规定:药品检验机构出具虚假检验报告的,责令改正,给予警告,对单位并处二十万元以上一百万元以下的罚款;对直接负责的主管人员和其他直接责任人员依法给予降级、撤职、开除处分,没收违法所得,并处五万元以下的罚款;情节严重的,撤销其检验资格。药品检验机构出具的检验结果不实,造成损失的,应当承担相应的赔偿责任。

《中华人民共和国产品质量法》第五十七条则规定:产品质量检验机构、认证机构伪造检验结果或者出具虚假证明的,责令改正,对单位处以五万元以上十万元以下的罚款,对直接负责的主管人员和其他直接责任人员处一万元以上五万元以下的罚款;有违法所得的,并处没收违法所得;情节严重的,取消其检验资格、认证资格;构成犯罪的,依法追究刑事责任。

在卫生活动中,依据不同的法律、法规、规章等规范性文件,所做出的行为会产生不同的法律后果。正因如此,如果在对待同一法律事件的时候,适用不同的规范性文件产生不同的结论,就此导致法律适用冲突,也就直接致使法律适用的混乱。为了解决这个现实问题,《中华人民共和国立法法》(以下简称《立法法》)在第五章"适用与备案审查"中对法律适用冲突和选择适用规则做了最基本的原则性的规定,可以作为适用生命健康法律工作中的指导。

知识链接:法律的适用

一、层级冲突适用规则

层级冲突适用规则指不同效力等级的规范性文件在适用产生冲突的时候,选择何种等级的规范性文件的规则。根据《立法法》的规定,宪法具有最高的法律效力,一切法律、行政法规、地方性法规、自治条例和单行条例、规章都不得同宪法相抵触,宪法的效力高于行政法规、地方性法规、规章。行政法规的效力高于地方性法规、规章。地方性法规的效力高于本级和下级地方政府规章。省、自治区的人民政府制定的规章效力高于本行政区域内的较大的市的人民政府制定的规章。自治条例、单行条例以及经济特区法规依法只是在本自治地方或本经济特区内适用。国际相关药品监管条约除了我国声明保留的条款外,对我国产生约束力。

部门规章之间、部门规章与地方政府规章之间具有同等效力,在各自权限范围内施行,如上述规章对同一事项的规定不一致,不能确定如何适用时,由国务院裁决。根据授权制定的法规与法律规定不一致,不能确定如何适用时,由全国人大常委会裁决。地方性法规和部门规章之间对同一事项的规定不一致,不能确定如何适用时,由国务院提出意见,国务院认为应当适用地方性法规的,应当决定在该地方适用地方性法规的规定,此为终局裁决;如认为应当适用部门规章的,应当提请全国人大常委会做出终局裁决。在审理相关的行政诉讼中,法律、法规作为审理依据,而规章只能是参照,参照与否取决于人民法院。

二、特别冲突适用规则

特别冲突适用规则是指在对同一事项时,确定是适用普通法还是特别法的规则。一般来说,特别法优于普通法,这是遇到普通法和特别法冲突时的运用原则。所谓普通法是指对某一大的领域内适用的法律规定,而特别法是指对这个领域内某一方面的具体法律规定。

药品是产品的一种,但是由于其直接关系到人类生命健康,所以有其特殊性,如药品作用的两重性、药品质量的极其重要性等。从这个意义上讲,《产品质量法》和《药品管理法》虽然在效力等级上是一样的,但前者属于普通法,后者是特殊法,所以在遇到药品监管方面的事项时,优先适用《药品管理法》,但如果《药品管理法》未能对某一事项进行适用时,在《产品质量法》有相关条款能够予以适用时,适用《产品质量法》。

三、新旧适用规则

新旧适用规则是指对同一事项新法和旧法的规定不同,而如何适用的规则。根据我国《立法法》的规定,同一机关制定的法律、行政法规、地方性法规、自治条例和单行条例、规章,新的规定和旧的规定不一致的,适用新的规定。所以新旧适用规则主要就是新法优于旧法的原则。在药品监管实践中,当新的法律规范和旧的法律规范发生冲突时,药品监管部门一般是优先适用新的法律规范。在新旧法适用过程中还需要考虑法不溯及既往的规则,如法律关系发生在新法生效之后,适用新法;如发生在旧法生效期间,而纠纷或后果发生于新法生效后,仍只适用旧法,但新法明确规定有溯及力而适用新法的除外。

另外,如果法律之间对同一事项的新的一般规定与旧的特别规定不一致,不能确定如何适用时,由全国人大常委会和国务院裁决;行政法规之间对同一事项的新的一般规定与旧的特别规定不一致,不能确定如何适用时,由国务院裁决;同一机关制定的新的一般规定与旧的特别规定不一致,不能确定如何适用时,由制定机关裁决。

延伸阅读:

联合国成立至今制定了多项与卫生有关的国际条约,如《1961 年麻醉品单一公约》《1971 年精神药物公约》《儿童生存、保护和发展世界宣言》等。国际上一些涉及医药卫生领域的学会和其他非政府组织对国际卫生立法十分关注。成立于 1947 年的世界医学会(WMA),在 1948 年制定了著名的以医学道德规范为核心的《日内瓦宣言》,后来通过后命名为《医学伦理学国际法》。随后该医学会又制定了一系列世界性医学原则,主要包括:有关人体实验原则的《赫尔辛基宣言》;有关死亡确定问题的《悉尼宣言》;有关医学流产处理原则的《奥斯陆宣言》;有关犯人人道待遇问题的《东京宣言》;有关精神病人准则的《夏威夷宣言》;《献血与输血的道德规范》以及《世界人类基因组与人权宣言》等。

[拓展练习]

简述生命健康法律的渊源。

（朱晓卓 陆 军）

项目四　生命健康法律责任

[学习目标]

1. 能够清楚分析生命健康法律责任的概念；
2. 能够清楚分析生命健康法律责任的特点；
3. 能够基本分析生命健康法律责任的种类。

工作任务　认识生命健康法律责任

2003 年 8 月,浙江省瑞安市审计局对该市人民医院进行药品、医疗器械收费审计时发现,该院购进的部分药品和医疗器械的价格远高于当地乡镇卫生院乃至个体诊所。2004 年春节前后,瑞安市检察机关一举抓获 6 名有重大行贿嫌疑的药品、器械经销商。经审讯,瑞安市人民医院分管药事的院长助理蔡某、上任不到 1 年的现任药剂科主任钟某和前任药剂科主任陈某有受贿嫌疑。蔡某收受经销商贿赂 2 万元,钟某收受贿赂 8 万元。经销商还供出一大批收受回扣的医生。据了解,涉案的共有 71 名医务人员,收受金额达 118.105 万元。其中,瑞安市人民医院 59 名医务人员收受金额 115.135 万元;塘下中心医院 12 名医务人员收受金额 2.97 万元。根据收受回扣数额多少及性质,14 名收受回扣金额较多的人员分别受到相应党纪政纪处分。蔡某、钟某及瑞安市人民医院外科第二党支部书记林某被开除党籍,撤销党内外一切职务。另有瑞安市人民医院 31 名医务人员和塘下中心医院 11 名医务人员受到通报批评。瑞安市人民医院还对有关涉案人员,给予所收受回扣数额两倍罚款的经济处罚。

一、生命健康法律责任的概念和特点

生命健康法律责任是指生命健康法律关系主体由于违反生命健康法律规范规定的义务或约定义务,所应承担的带有强制性的法律后果。生命健康法律责任主要有以下特点。

知识链接:法律责任的概念

（一）生命健康法律责任是违反生命健康法律规范的后果

这是行为人承担生命健康法律责任的前提条件。卫生违法是指法律关系主体实施的一切违反生命健康法律规范的行为。卫生违法必须符合以下四个条件:①行为人在客观方面实施了违反生命健康法律、法规的行为,分为作为和不作为两种基本表现形式。②卫生违法行为具有一定的社会危害性,侵害了生命健康法律所保护的社会关系和社会秩序。这种危害性包括两种情况:一是卫生违法行为已经给法律保护的社会关系和社会秩序造成了实际的损害结果;二是虽然尚未造成实际的损害,但已经使生命健康法律所保护的社会关系和社会秩序处于某种危险之中,即使其可能受到损害。③违法行为的主体在主观方面必须有过

错。过错包括故意和过失两种形式。如果卫生违法行为不是因为当事人主观有过错,而是因为不可抗力造成或者是由无民事行为能力人造成的,则不构成卫生违法。④卫生违法的主体,必须是具有法定责任能力的公民、法人和其他组织。如果违法主体未达到法定责任年龄或不具有法定责任能力,不能控制和辨认自己的行为,则不构成卫生违法。

(二)生命健康法律责任必须有生命健康法律明文规定

只有生命健康法律、法规、规章在设定权限范围内做了某些明确规定,行为主体才承担某种相应的法律责任。

(三)生命健康法律责任具有国家强制性,以国家强制力作为后盾

法律是阶级社会的产物,当违法者拒绝承担其应承担的法律责任时,国家强制力将强制其承担。

(四)生命健康法律责任必须由国家授权的专门机关在法定职权范围内依法予以追究

如果行为人违反了生命健康法律,侵犯了他人和社会的合法权益,只有国家授权的专门机关在法定职权范围内依法予以追究,其他任何组织或个人都不得行使这种职权。

二、生命健康法律责任的种类

根据行为人违反生命健康法律规范的性质和社会危害程度的不同,生命健康法律责任可以分为行政责任、民事责任和刑事责任三种。

(一)卫生行政责任

卫生行政责任是指卫生行政法律关系主体实施了违反生命健康法律的行为,但尚未构成犯罪所应承担的法律后果。根据我国现行生命健康法律的规定,卫生行政责任主要包括卫生行政处罚和卫生行政处分两种。

1.卫生行政处罚

这是指卫生行政机关或者法律法规授权的组织,在职权范围内对违反生命健康法律而尚未构成犯罪的行政相对人(公民、法人或其他组织)所实施的卫生行政制裁。卫生行政处罚有下列主要特征:①卫生行政处罚是由特定的行政主体做出的。②卫生行政处罚是行政主体针对行政相对人做出的,属于行政主体依法实施的一种外部行为。③卫生行政处罚是对行政相对人违反卫生行政管理秩序行为的处罚,来源于生命健康法律的规定。④卫生行政处罚是一种法律制裁,具有鲜明的惩戒性,并由国家强制力作保证。

根据行政处罚法和我国现行生命健康法律、法规和规章的规定,卫生行政处罚的种类主要有警告、通报、罚款、没收非法财物、没收违法所得、责令停产停业、暂扣或吊销有关许可证等。卫生行政处罚一般由卫生行政、药品监督管理等部门决定,其中有的还须报请同级人民政府批准。

2.卫生行政处分

卫生行政处分是指有管辖权的国家机关或企事业单位的行政领导依据行政隶属关系,对违法失职人员给予的一种行政制裁。卫生行政处分主要是对卫生行政机关或有关机关内部的执法人员、公务人员及医疗卫生机构内部的医疗卫生人员违反卫生行政管理秩序所给予的一种制裁。行政处分的种类主要有警告、记过、记大过、降级、降职、撤职、开除留用查看、开除等八种。

行政处罚与行政处分虽然都属于行政责任,但它们是两个不同的概念和两种不同的法律制度,其主要区别在以下方面。①主体不同:行政处罚由行政执法机关实施,处罚的是行政相对人违反行政法律规范的行为;行政处分一般由国家机关、企事业单位或医疗卫生机构的行政领导做出决定,针对的是其内部所属人员的违法失职行为。②性质不同:处罚是外部行为,多属违法;处分属内部行为,多为失职。③制裁方式不同。④法律救济不同:对行政处罚不服,可以提起行政复议和行政诉讼,对行政处分不服只适用内部申诉途径。

(二)卫生民事责任

卫生民事责任是指医疗机构和卫生工作人员或从事与卫生事业有关的机构违反法律规定侵害公民的健康权利时,应向受害人承担损害赔偿的责任。民事责任的特点是:①民事责任主要是一种财产性质的责任。②承担民事责任的方式是给予经济赔偿,以补偿受害人的损失。③在法律允许的条件下,民事责任可以由当事人自愿协商解决。

民法通则规定的承担民事责任的方式有:停止侵害,排除妨碍,消除危险,返还财产,恢复原状、修理、重作、更换,赔偿损失,支付违约金,消除影响、恢复名誉,赔礼道歉等十种。生命健康法律所涉及的民事责任以赔偿损失为主要形式。

(三)卫生刑事责任

卫生刑事责任是指卫生行政机关的工作人员、医疗卫生工作人员及健康相关产品的生产、经营者违反生命健康法律法规,实施了刑法所禁止的犯罪行为而应承担的法律后果。生命健康法律规范中对刑事责任的规定是直接引用刑法中的有关条款。构成违反生命健康法律的刑事责任必须以卫生刑事犯罪为前提。刑事责任有以下特征:①刑事责任是基于行为人实施了刑法明文规定的犯罪行为而产生的。②其确立的依据是行为人实施的行为符合犯罪的构成要件。③刑事责任实现的方式是刑法规定的各类以剥夺行为人自由和生命为主的刑罚,是最为严厉的强制手段。

根据我国刑法规定,实现刑事责任的方式是刑罚。刑罚是国家审判机构依照刑法的规定,剥夺犯罪分子某种权益直至生命的一种强制处分,包括主刑和附加刑。主刑有管制、拘役、有期徒刑、无期徒刑、死刑,它们只能单独适用。附加刑有罚金、剥夺政治权利、没收财产,它们可以附加适用,也可以独立适用。对于犯罪的外国人,还可以独立适用或附加适用驱逐出境。

《中华人民共和国刑法》(以下简称《刑法》)对违反生命健康法律的犯罪行为的刑事责任做了明确规定,规定了二十余个与违反生命健康法律有关的罪名:如生产销售假药罪,生产销售劣药罪,生产销售不符合卫生标准的食品罪,生产销售有毒、有害食品罪,生产销售不符合标准的医用器材罪,生产销售不符合卫生标准的化妆品罪,非法经营罪(如非法经营麻醉药品、精神药品等特殊药品),传播性病罪,妨害传染病防治罪,妨害国境卫生检疫罪,非法组织卖血罪,组织出卖人体器官罪,非法采集、供应血液、制作供应血液制品罪,医疗事故罪,非法行医罪,等。

延伸阅读:

2007 年 4 月 25 日,美国和澳大利亚研究人员公布的一份调查报告称,几乎所有美国医生与制药厂商都存在利益关系。研究人员在报告中说,25%的受访医生承认,他们曾直接从制药厂商处收取报酬,94%的职业医师与制药企业存在"至少一种类型的关系"。

2007 年 8 月，广东省卫生厅重申禁令：医护人员索要、收受回扣，责令暂停 6 个月以上 1 年以下医疗执业活动，累计金额达 10000 元以上的，给予行政撤职或者开除处分；发现袒护包庇或不认真查处的，要追究领导责任。

2008 年，最高人民法院、最高人民检察院联合发布了《关于办理商业贿赂刑事案件适用法律若干问题的意见》，特别明确了医务人员构成商业贿赂犯罪的刑事责任问题。该文件明确，医疗机构中的医务人员，利用开处方的职务便利，以各种名义非法收受药品、医疗器械、医用卫生材料等医药产品销售方财物，为医药产品销售方谋取利益，数额较大的，依照刑法规定，以非国家工作人员受贿罪定罪处罚。

[拓展练习]

谈谈你对医务人员收取药品回扣法律责任的认识。

（朱晓卓　陆　军）

单元二　医疗安全与法律

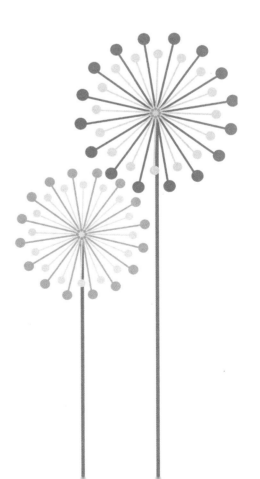

项目一 医疗机构管理法律规定

[学习目标]
1.能够熟练分析医疗机构的概念；
2.能够清楚分析医疗机构设置规划的制定原则；
3.能够清楚分析医疗机构的执业规则；
4.能够简单分析医疗机构的法律责任。

工作任务 1 认识医疗机构的概念和类别

2006年10月30日，齐齐哈尔市农民工王某死亡案件在北京市东城区人民法院公开审理。据王某代理律师向记者转述，主审法官当庭表示，北京同仁医院对王某进行了积极救治，而且王某不应被送到北京同仁医院，理由是北京同仁医院不是流浪人员、农民工的定点救治机构，而坐落在北京市东城区、由民政部门投资兴办的龙夫医院才是救治弱势群体的定点医疗机构，因此王某病发时应被送到定点救治的医疗机构，而不是北京同仁医院。王某代理律师认为，在我国任何一家医院都有救死扶伤的义务，这不仅是道德义务，也是法律要求。因此，北京同仁医院对王某有救治的义务。

全国医政工作会议上，国家卫健委多次向各地各级医院提出规范医疗执业环境，和谐医患关系的要点，其中特别强调，对急诊抢救患者须严格执行首诊负责制，坚决杜绝见死不救等违规违法行为。

一、医疗机构的概念

医疗机构是以救死扶伤、防病治病、为人民的健康服务为宗旨，依法定程序设立的从事疾病诊断、治疗活动的卫生机构的总称。这一概念有以下三层含义：首先，医疗机构是依法成立的卫生机构；其次，医疗机构是从事疾病诊断、治疗活动的卫生机构；最后，医疗机构以救死扶伤、防病治病、为人民的健康服务为宗旨。

为了规范医疗机构依法管理，1994年2月26日国务院发布了《医疗机构管理条例》，自同年9月1日起施行。为了配合该条例的实施，1994年8月29日，卫生部发布了《医疗机构管理条例实施细则》及《医疗机构监督管理行政处罚程序》《医疗机构设置规划指导原则》《医疗机构基本标准（试行）》《医疗机构评审委员会章程》等。

知识链接：《医疗机构管理条例》全文

二、医疗机构的类别

(一)按医疗机构的功能、任务、规模等分类

1. 综合医院、中医医院、中西医结合医院、民族医医院、专科医院、康复医院;

2. 妇幼保健院;

3. 中心卫生院、乡(镇)卫生院、街道卫生院;

4. 疗养院;

5. 综合门诊部、专科门诊部、中医门诊部、中西医结合门诊部、民族医门诊部;

6. 诊所、中医诊所、民族医诊所、卫生所、医务室、卫生保健所、卫生站;

7. 村卫生室(所);

8. 急救中心、急救站;

9. 临床检验中心;

10. 专科疾病防治院、专科疾病防治所、专科疾病防治站;

11. 护理院、护理站;

12. 其他诊疗机构。

(二)按医疗机构是否以营利为目的分类

1. 非营利性医疗机构

这是指为社会公众利益服务而设立和运营的医疗机构,不以营利为目的,其收入用于弥补医疗服务成本,实际运营中的收支结余只能用于自身的发展,如改善医疗条件、引进技术、开展新的医疗服务项目等。非营利性医疗机构在医疗服务体系中占主导地位,包括公立医疗机构和少量慈善团体、港澳同胞、海外侨胞捐资和社会筹资兴建的非营利性医院。

2. 营利性医疗机构

这是指以投资获利为目的,医疗服务所得收益可用于投资者经济回报的医疗机构。营利性医疗机构的最大特点是它的营利性。其在价格政策、财会制度和税收上都不同于非营利性医疗机构。个体诊所、私营医院、股份制医院、股份合作制医院和中外合资合作医院等形式的医疗机构都可以列入营利性医疗机构。政府不举办营利性医疗机构。

(三)按投资主体不同分类

1. 内资医疗机构

投资主体成分不含有外资成分,全部由中国公民或法人、国家授权的投资部门投资设立。

2. 中外合资、合作医疗机构

这是外国医疗机构、公司、企业和其他经济组织,按照平等互利的原则,经中国政府主管部门批准,在中国境内(香港、澳门及台湾地区除外)与中国的医疗机构、公司、企业和其他经济组织以合资或者合作形式设立的医疗机构。为促进卫生领域对外交流与合作,我国允许开办中外合资、合作医疗机构。

(四)按所有制性质分类

1. 全民所有制医疗机构

这是由国家出资,全部资产属于国家所有的医疗机构。

2. 集体所有制医疗机构

这是全部资产归劳动群众集体所有的医疗机构。

3. 私人所有制医疗机构

这是指资产归私人所有的医疗机构。

案例精选：民营医疗机构代表——瑞慈医院

4. 混合所有制医疗机构

这是指资产由不同所有制成分构成的医疗机构。

（五）按法律形态分类

1. 独资医疗机构

这是指由单个投资主体出资经营的医疗机构。在我国，独资医疗机构中最多的表现形式就是个体诊所，它的规模一般都很小。我国目前不允许外商来华创办独资医疗机构。

2. 合伙医疗机构

这是由两个或两个以上的投资主体以合伙协议相互约定出资，共同经营，共享收益，共担风险，对医院机构债务承担无限连带责任的医疗机构。

3. 股权制医疗机构

这是由两个或两个以上的投资者共同投资组建的具有法人资格的医疗机构，投资者按其在医疗机构中拥有的股权比例享受权利和承担责任，医疗机构则以其全部财产对其债务承担有限责任。

就目前我国现有的营利性医疗机构来分析，股权制医疗机构一般有股份制医疗机构和中外合资合作医疗机构。股份制医疗机构又可分为改建的股份制医疗机构和民办股份制医疗机构，改建的股份制医疗机构一般是由全民所有制或集体所有制医疗机构改建而来的。民办股份制医疗机构就是由私人投资创办的股份制医疗机构。

4. 股份合作制医疗机构

这是指其全部资本分为等额股份并以职工股份或职工股份为主构成，股东按照劳动合作与资本合作相结合的原则享有权利和承担义务，医疗机构以其全部资产对其债务承担责任的医疗机构。

工作任务 2　认识医疗机构的设置

温州牙科医院是经批准设立的温州首家民营口腔专科医院，位于温州市中心鹿城区府前街。2006 年 3 月，温州医学院以下属附属口腔医院改建为由，请求温州市卫生局将该医院暂时迁址到温州牙科医院附近，相距仅 80 米。4 月，温州市卫生局做出批复，同意该院迁入新选地址。于是，温州牙科医院一纸诉状将温州市卫生局告上法院。温州市卫生局辩称，批复仅是上级主管单位与卫生行政主管部门之间的内部行为，不是具体行政行为，不具有可诉性；另外，该局只是对该口腔医院的暂时迁移做出批复，并没有同意其新增医疗机构，因而没有涉及设置专科医院审批权限问题。法院审理后撤销了温州市卫生局的"同意温州医学院附属口腔医院迁新址"的批复决定。

一、医疗机构的设置规划

医疗机构的设置规划是区域卫生规划的重要组成部分，是卫生行政部门审批医疗机构的依据。其目的是统筹规划医疗机构的数量、规模和分布,合理配置卫生资源,提高卫生资源的利用效率。医疗机构设置规划分三级。

（一）医疗机构设置规划的制定

县级以上地方人民政府卫生行政部门根据本行政区域内的人口、医疗资源、医疗需要和现有医疗机构的分布状况,依据《医疗机构设置规划指导原则》,制定本行政区域医疗机构设置规划,经上一级卫生行政部门审核,报同级人民政府批准,在本行政区域发布实施。机关、企业和事业单位可以根据需要设置医疗机构,并纳入当地医疗机构的设置规划。

省级和县级的医疗机构设置规划都要以设区的市级所制定的医疗机构设置规划为基础。县级卫生行政部门制定医疗机构设置规划的重点是 100 张床位以下的医疗机构的具体配置和布局,省级卫生行政部门制定医疗机构设置规划的重点是 500 张床位以上的医院、重点专科和重点专科医院、急救中心、临床检验中心等医疗机构的配置。

（二）医疗机构设置规划应遵循的原则

1. 公平性原则

从当地的医疗供需实际出发,面向全人群,充分发挥现有医疗资源作用。现阶段发展要以农村、基层为重点,严格控制城市医疗机构的发展规模,保证全体居民尤其是广大农民公平地享有基本医疗服务。

2. 整体效益原则

医疗机构设置要符合当地卫生发展总体规划的要求,充分发挥医疗系统的整体功能,合理配置医疗资源,提高医疗预防保健网的整体效益,局部要服从全局。

3. 可及性原则

医疗服务半径适宜,交通便利,布置合理,易于为群众服务。

4. 分级管理原则

为了合理有效地利用卫生资源,确保医疗机构的服务质量,按医疗机构的功能、任务、规模将其分为不同级别,实行标准有别、要求不同的管理,建立和完善分级医疗体系。

5. 公有制主导原则

医疗机构应坚持国家和集体举办为主,个人和其他社会团体为补充的原则。

6. 中西医并重原则

遵循卫生工作的基本方针,中西医并重,保证中医、中西医结合、民族医医疗机构的合理布局及资源配置。

二、医疗机构的设置申请与审批

（一）医疗机构的设置申请

1. 申请设置医疗机构的条件

医疗机构不分类别、所有制形式、隶属关系、服务对象、其设置必须符合当地医疗机构设置规划。任何单位和个人申请设置医疗机构,都要按照规定的程序和要求向县级以上地方人民政府卫生行政部门提交设置申请书、设置可行性研究报告、选址报告和建筑设计平面图等。经卫生行政部门审查批准,取得设置医疗机构批准书,方可向有关部门办理其他手续。

单位或者个人设置医疗机构,不设床位或者床位不满 100 张的医疗机构,向所在地的县级人民政府卫生行政部门申请;床位在 100 张以上的医疗机构和专科医院按照省级人民政府卫生行政部门的规定申请。

地方各级人民政府设置医疗机构,由政府指定或者任命的拟设医疗机构的筹建负责人申请;法人或者其他组织设置医疗机构,由其代表人申请;个人设置医疗机构,由设置人申请;两人以上合伙设置医疗机构,由合伙人共同申请。

由两个以上法人或者其他组织共同申请设置医疗机构以及由两人以上合伙申请设置医疗机构的,除提交可行性研究报告和选址报告外,还必须提交由各方共同签署的协议书。

在城市设置诊所的个人,必须同时具备下列条件:

(1)经医师执业技术考核合格,取得《医师执业证书》;

(2)取得《医师执业证书》或者医师职称后,从事五年以上同一专业的临床工作;

(3)省级卫生行政部门规定的其他条件。

在乡镇和村设置诊所的个人的条件,由省级卫生行政部门规定。

卫生防疫、国境卫生检疫、医学科研和教学等机构在本机构业务范围之外开展诊疗活动以及美容服务机构开展医疗美容业务的,必须依据《医疗机构管理条例》及其实施细则,申请设置相应类别的医疗机构。中国人民解放军和中国人民武装警察部队编制外的医疗机构,由地方卫生行政部门按照《医疗机构管理条例》及其实施细则管理。

法人和其他组织设置的为内部职工服务的门诊部、诊所、卫生所(室),由设置单位在该医疗机构执业登记前,向当地县级卫生行政部门备案,并提交"设置单位或者其主管部门设置医疗机构的决定"和《设置医疗机构备案书》。

变更《设置医疗机构批准书》中核准的医疗机构的类别、规模、选址和诊疗科目,必须重新申请办理设置审批手续。

2. 不得申请设置医疗机构的情形

(1)不能独立承担民事责任的单位;

(2)正在服刑或者不具有完全民事行为能力的个人;

(3)医疗机构在职、因病退职或者停薪留职的医务人员;

(4)发生二级以上医疗事故未满五年的医务人员;

(5)因违反有关法律、法规和规章,已被吊销执业证书的医务人员;

(6)被吊销《医疗机构执业许可证》的医疗机构法定代表人或者主要负责人;

(7)省级卫生行政部门规定的其他情形。

(二)医疗机构的设置审批

卫生行政部门对设置医疗机构申请,应当自受理之日起 30 日内,依据当地医疗机构设置规划进行审批,对符合医疗机构设置规划和国家卫健委制订的标准的,发给设置医疗机构批准证书;对不予批准的要以书面形式告知理由。

床位在 100 张以上的综合医院、中医医院、中西医结合医院、民族医医院以及专科医院、疗养院、康复医院、妇幼保健院、急救中心、临床检验中心和专科疾病防治机构的设置审批权限的划分,由省、自治区、直辖市卫生行政部门规定。其他医疗机构的设置,由县级卫生行政部门负责审批。

申请设置医疗机构有下列情形之一的,不予批准。

(1)不符合当地医疗机构设置规划;

(2)设置人不符合规定的条件；

(3)不能提供满足投资总额的资信证明；

(4)投资总额不能满足各项预算开支；

(5)医疗机构选址不合理；

(6)污水、污物、粪便处理方案不合理；

(7)省、自治区、直辖市卫生行政部门规定的其他情形。

工作任务3 认识医疗机构的名称

2006年，卫生部陆续收到了各地医疗机构名称增加"国际"等字样的请示，如"××国际医院""中×友好医院"等。"可能是因为觉得起了国际字样的医院名称，就可以提升名声。"时任卫生部新闻发言人毛群安表示，"医院的名字不是随意就可起的，含有外国国家名称及其简称、国际组织名称的必须要按照规定执行。"

医疗机构的名称由识别名称和通用名称依次组成。

1.医疗机构的命名必须符合以下原则：

(1)医疗机构的通用名称以如下名称为限：医院、中心卫生院、卫生院、疗养院、妇幼保健院、门诊部、诊所、卫生所、卫生站、卫生室、医务室、卫生保健所、急救中心、急救站、临床检验中心、防治院、防治所、防治站、护理院、护理站、中心以及国家卫健委规定或者认可的其他名称。

(2)医疗机构可以下列名称作为识别名称：地名、单位名称、个人姓名、医学学科名称、医学专业和专科名称、诊疗科目名称和核准机关批准使用的名称。医疗机构的识别名称可以合并使用。

(3)名称必须名副其实，名称必须与医疗机构类别或者诊疗科目相适应。

(4)各级地方人民政府设置的医疗机构的识别名称中应当含有省、市、县、区、街道、乡、镇、村等行政区划名称，其他医疗机构的识别名称中不得含有行政区划名称。

(5)国家机关、企业和事业单位、社会团体或者个人设置的医疗机构的名称中应当含有设置单位名称或者个人的姓名。

2.医疗机构不得使用下列名称：

(1)有损国家、社会或者公共利益的名称；

(2)侵犯他人利益的名称；

(3)以外文字母、汉语拼音组成的名称；

(4)以医疗仪器、药品、医用产品命名的名称；

(5)含有"疑难病""专治""专家""名医"或者同类含义文字的名称以及其他宣传或者暗示诊疗效果的名称；

(6)超出登记的诊疗科目范围的名称；

(7)省级以上卫生行政部门规定不得使用的名称。

3.以下医疗机构名称由国家卫健委核准，属于中医、中西医结合和民族医医疗机构的，由国家中医药管理局核准：

(1)含有外国国家(地区)名称及其简称、国际组织名称的；

（2）含有"中国""全国""中华""国家"等字样以及跨省地域名称的；

（3）各级地方人民政府设置的医疗机构的识别名称中不含有行政区划名称的。

以"中心"作为医疗机构通用名称的医疗机构名称，由省级以上卫生行政部门核准；在识别名称中含有"中心"字样的医疗机构名称的核准，由省级卫生行政部门规定。含有"中心"字样的医疗机构名称必须同时含有行政区划名称或者地名。

除专科疾病防治机构以外，医疗机构不得以具体疾病名称作为识别名称，确有需要的由省级卫生行政部门核准。

医疗机构名称经核准登记，于领取《医疗机构执业许可证》后方可使用，在核准机关管辖范围内享有专用权。医疗机构只准使用一个名称。确有需要，经核准机关核准可以使用两个或者两个以上名称，但必须确定一个第一名称。医疗机构名称不得买卖、出借。未经核准机关许可，医疗机构名称不得转让。

卫生行政部门有权纠正已经核准登记的不适宜的医疗机构名称，上级卫生行政部门有权纠正下级卫生行政部门已经核准登记的不适宜的医疗机构名称。两个以上申请人向同一核准机关申请相同的医疗机构名称，核准机关依照申请在先原则核定。属于同一天申请的，应当由申请人双方协商解决；协商不成的，由核准机关做出裁决。两个以上医疗机构因已经核准登记的医疗机构名称相同发生争议时，核准机关依照登记在先原则处理。属于同一天登记的，应当由双方协商解决；协商不成的，由核准机关报上一级卫生行政部门做出裁决。

工作任务 4　认识医疗机构的执业条件

张某未经上海市卫生部门审批，在闵行区莘庄镇永康市场 410 号开设诊所。2007 年 2 月 21 日 21 时许，张某到闵行莘庄一农宅为赵某治病，在明知使用氨苄西林钠药物前必须进行青霉素皮肤试验的情况下，因疏忽大意未给赵某做皮肤试验，就为赵某吊注氨苄西林纳药液。赵某随即出现药物过敏反应，在被送往医院抢救途中死亡。经司法鉴定，赵某系在慢性肺源性心脏病的基础上，因输液过程中发生药物过敏反应，导致急性循环、呼吸功能衰竭死亡。其后，张某被闵行区法院以过失致人死亡罪一审判处有期徒刑 3 年。

医疗机构执业应当进行登记，领取《医疗机构执业许可证》。任何单位或者个人，未取得《医疗机构执业许可证》，不得开展诊疗活动。为内部职工服务的医疗机构未经许可和变更登记不得向社会开放。医疗机构被吊销或者注销执业许可证后，不得继续开展诊疗活动。

工作任务 5　认识医疗机构开展诊疗活动的规则

中央电视台《焦点访谈》栏目曾以"一个女婴的非正常死亡"为题，报道了安徽省宣城市广德县人民医院在救治一患儿过程中，3 名医生无证行医致患儿死亡的事件。安徽省卫生厅组成由副厅长为组长的调查组赴广德县进行了实地调查核实。经调查核实，广德县人民医院在救治该患儿过程中，存在使用未取得医师执业资格的人员从事医师执业活动的行为。在对医院全面检查中还发现，医院的其他科室还存在 3 名处于试用期的医学院校毕业生单独从事诊疗活动，2 名护士从事医生工作等问题。事后，卫生部通报对安徽省宣城市广德县人民医院在救治一患儿过程中，存在使用未取得医师执业资格的人员从事医师执业活动的违法行为查处情况。安徽省卫生厅已经对广德县人民医院违法、违规行为予以罚款的行政处罚，对相关责任人给予行政处分。

医疗机构开展诊疗活动，应遵循以下规则。

1. 医疗机构执业，必须遵守有关法律、法规和医疗技术规范。医疗机构必须按照核准登记的诊疗科目开展诊疗活动。

视频精选：微整形乱象调查

2. 医疗机构必须将《医疗机构执业许可证》、诊疗科目、诊疗时间和收费标准悬挂于明显处所。医疗机构的印章、银行账户、版匾以及医疗文件中使用的名称应当与核准登记的医疗机构名称相同；使用两个以上名称的，应当与第一名称相同。标有医疗机构标识的票据和病历本册以及处方笺、各种检查的申请单、报告单、证明文书单、药品分装袋、制剂标签等不得买卖、出借和转让。

3. 医疗机构应当加强对医务人员的医德教育。医疗机构应当组织医务人员学习医德规范和有关教材，督促医务人员恪守职业道德。医疗机构应当定期检查、考核各项规章制度和各级各类人员岗位责任制的执行和落实情况。医疗机构应当经常对医务人员进行"基础理论、基本知识、基本技能"的训练与考核，不得使用非卫生技术人员从事医疗卫生技术工作。

4. 医疗机构应当按照卫生行政部门的有关规定、标准加强医疗质量管理，实施医疗质量保证方案，确保医疗安全和服务质量，不断提高服务水平。医疗机构应当严格执行无菌消毒、隔离制度，采取科学有效的措施处理污水和废弃物，预防和减少医院感染。医疗机构发生医疗事故，按照国家有关规定处理。

5. 医疗机构必须按照有关药品管理的法律、法规，加强药品管理。医疗机构不得使用假劣药品、过期和失效药品以及违禁药品。门诊部、诊所、卫生所、医务室、卫生保健所和卫生站附设药房（柜）的药品种类由登记机关核定，具体办法由省、自治区、直辖市卫生行政部门规定。

6. 医疗机构对危重病人应当立即抢救。对限于设备或者技术条件不能诊治的病人，应当及时转诊。医疗机构对传染病、精神病、职业病等患者的特殊诊治和处理，应当按照国家有关法律、法规的规定办理。医疗机构施行手术、特殊检查或者特殊治疗时，必须征得患者同意，并应当取得其家属或者关系人同意并签字；无法取得患者意见时，应当取得家属或者关系人同意并签字；无法取得患者意见又无家属或者关系人在场，或者遇到其他特殊情况时，经治医师应当提出医疗处置方案，在取得医疗机构负责人或者被授权负责人员的批准后实施。医疗机构在诊疗活动中，应当对患者实行保护性医疗措施，并取得患者家属和有关人员的配合。医疗机构应当尊重患者对自己的病情、诊断、治疗的知情权利。在实施手术、特殊检查、特殊治疗时，应当向患者做必要的解释。因实施保护性医疗措施不宜向患者说明情况的，应当将有关情况通知患者家属。

7. 未经医师（士）亲自诊查病人，医疗机构不得出具疾病诊断书、健康证明书或者死亡证明书等证明文件；未经医师（士）、助产人员亲自接产，医疗机构不得出具出生证明书或者死产报告书。医疗机构为死因不明者出具的《死亡医学证明书》，只做是否死亡的诊断，不做死亡原因的诊断。如有关方面要求进行死亡原因诊断的，医疗机构必须指派医生对尸体进行解剖和有关死因检查后方能做出死因诊断。医疗机构的门诊病历的保存期不得少于十五年；住院病历的保存期不得少于三十年。

8. 医疗机构必须承担相应的预防保健工作，承担县级以上人民政府卫生行政部门委托的支援农村、指导基层医疗卫生工作等任务。发生重大灾害、事故、疾病流行或者其他意外情况时,医疗机构及其卫生技术人员必须服从县级以上人民政府卫生行政部门的调遣。根据《互联网医疗卫生信息服务管理办法》,利用互联网开展远程医疗会诊服务,属于医疗行为,必须遵守卫生部《关于加强远程医疗会诊管理的通知》等有关规定,只能在具有《医疗机构执业许可证》的医疗机构之间进行。

9. 病历是指医务人员在医疗活动过程中形成的文字、符号、图表、影像、切片等资料的总和,包括门(急)诊病历和住院病历。医疗机构应当建立病历管理制度,保证病历资料客观、真实、完整,设置专门部门或者配备专(兼)职人员,具体负责本机构病历和病案的保存与管理工作。医疗机构应当建立门(急)诊病历和住院病历编号制度。门(急)诊病历和住院病历应当标注页码。在医疗机构建有门(急)诊病历档案的,其门(急)诊病历由医疗机构负责保管;没有在医疗机构建立门(急)诊病历档案的,其门(急)诊病历由患者负责保管。住院病历由医疗机构负责保管。严禁任何人涂改、伪造、隐匿、销毁、抢夺、窃取病历。除涉及对患者实施医疗活动的医务人员及医疗服务质量监控人员外,其他任何机构和个人不得擅自查阅该患者的病历。因科研、教学需要查阅病历的,需经患者就诊的医疗机构有关部门同意后查阅。阅后应当立即归还。不得泄露患者隐私。医疗机构应当受理患者本人或其代理人、死亡患者近亲属或其代理人、保险机构复印或者复制病历资料的申请。

10. 医疗机构不得冒用标有其他医疗机构标识的票据和病历本册以及处方笺、各种检查的申请单、报告单、证明文书单、药品分装袋、制剂标签等。医疗机构必须按照人民政府或者物价部门的有关规定收取医疗费用,详列细项,并出具收据。

工作任务 6 认识医疗机构执业的法律责任

2003 年宿州市立医院和上海某科技贸易公司签订了一份合作协议,协议规定由公司提供部分医疗器械,组织眼科专家、护士到宿州市立医院开展白内障手术,每进行一例手术,公司收取 2100 元,其余收入归宿州市立医院。2005 年 12 月 11 日,宿州市立医院眼科为 10 名患者做白内障手术,当晚一名患者出现眼痛。至 12 日上午,10 名患者相继出现眼部肿疼、流脓等症状。12 日下午,宿州市立医院派出车辆和医护人员,将 10 名患者紧急送往上海一家医院治疗。13 日,根据病情,上海这家医院对其中 8 名患者进行了患侧眼球摘除手术。17 日上午,又对第 9 名患者实施了同样的手术。安徽省卫生厅调查认为这一事件是宿州市立医院管理混乱,与非医疗机构违法、违规合作,严重违反诊疗技术规范并造成严重后果、社会影响极坏的医源性感染事件,决定取消宿州市立医院二级甲等医院称号,并做出行政处罚决定:责令医院立即终止与上海舜春扬科贸公司的合作协议,没收非法所得 318601.86 元,罚款 3 万元。对于"眼球事件"直接责任人眭国荣和眭国良,法院以在未取得医生执业资格的情况下,组织他人与医院合作开展白内障超声乳化手术,并参与手术过程,系非法行医行为,造成 10 名患者受到重伤,严重损害了就诊人的身体健康,构成非法行医罪,判处被告人眭国荣有期徒刑 6 年,并处罚金 30 万元;眭国良有期徒刑 5 年,并处罚金 20 万元。

县级以上卫生行政部门查处违反医疗机构监督管理法规的行为,对违反规定的单位和个人进行行政处罚。

县级卫生行政部门负责查处发生在所辖区域内的违反规定的一般违法行为。设区的市级卫生行政部门负责查处发生在所辖区域内的违反规定的重大、复杂的违法行为。省、自治区、直辖市卫生行政部门负责查处发生在所辖区域内的违反规定的重大、复杂的违法行为。国家卫健委负责查处全国范围内违反规定的重大、复杂的违法行为。

卫生行政部门受理下列来源的案件：

(1)在医疗机构监督管理中发现的；

(2)上级部门交办或者有关单位移送的；

(3)举报有据的。

医疗机构违反《医疗机构管理条例》时，医疗机构本身及其直接责任人员都应当承担一定的法律责任。

1. 对未取得《医疗机构执业许可证》擅自执业的，责令其停止执业活动，没收非法所得和药品、器械，并处以三千元以下的罚款；有下列情形之一的，责令其停止执业活动，没收非法所得和药品、器械，处以三千元以上一万元以下的罚款：

(1)因擅自执业曾受过卫生行政部门处罚；

(2)擅自执业的人员为非卫生技术专业人员；

(3)擅自执业时间在三个月以上；

(4)给患者造成伤害；

(5)使用假药、劣药蒙骗患者；

(6)以行医为名骗取患者钱物；

(7)省、自治区、直辖市卫生行政部门规定的其他情形。

2. 对不按期办理校验《医疗机构执业许可证》又不停止诊疗活动的，由卫生行政部门责令其限期补办校验手续；在限期内仍不办理校验的，吊销其《医疗机构执业许可证》。

3. 转让、出借《医疗机构执业许可证》的，没收其非法所得，并处以三千元以下的罚款；有下列情形之一的，没收其非法所得，处以三千元以上五千元以下的罚款，并吊销《医疗机构执业许可证》：

(1)出卖《医疗机构执业许可证》；

(2)转让或者出借《医疗机构执业许可证》，以营利为目的；

(3)受让方或者承借方给患者造成伤害；

(4)转让、出借《医疗机构执业许可证》给非卫生技术专业人员；

(5)省、自治区、直辖市卫生行政部门规定的其他情形。

4. 除急诊和急救外，医疗机构诊疗活动超出登记的诊疗科目范围，情节轻微的，处以警告；超出登记的诊疗科目范围的诊疗活动累计收入在三千元以下或者给患者造成伤害的，责令其限期改正，并可处以三千元以下罚款；有下列情形之一的，处以三千元罚款，并吊销《医疗机构执业许可证》：

(1)超出登记的诊疗科目范围的诊疗活动累计收入在三千元以上；

(2)给患者造成伤害；

(3)省、自治区、直辖市卫生行政部门规定的其他情形。

5. 任用非卫生技术人员从事医疗卫生技术工作的，责令其立即改正，并可处以三千元以下的罚款；有下列情形之一的，处以三千元以上五千元以下罚款，并可以吊销其《医疗机构执业许可证》，医疗机构使用卫生技术人员从事本专业以外的诊疗活动的，按使用非卫生技人员处理：

(1)任用两名以上非卫生技术人员从事诊疗活动；

(2)任用的非卫生技术人员给患者造成伤害。

6.出具虚假证明文件，情节轻微的，给予警告，并可处以五百元以下的罚款；有下列情形之一的，处以五百元以上一千元以下的罚款，对直接责任人员由所在单位或者上级机关给予行政处分：

(1)出具虚假证明文件造成延误诊治的；

(2)出具虚假证明文件给患者精神造成伤害的；

(3)造成其他危害后果的。

7.医疗机构有下列情形之一的，登记机关可以责令其限期改正：

(1)发生重大医疗事故；

(2)连续发生同类医疗事故，不采取有效防范措施；

(3)连续发生原因不明的同类患者死亡事件，同时存在管理不善因素；

(4)管理混乱，有严重事故隐患，可能直接影响医疗安全；

(5)省、自治区、直辖市卫生行政部门规定的其他情形。

当事人对行政处罚决定不服的，可以在接到《行政处罚决定通知书》之日起十五日内向做出行政处罚决定的上一级卫生行政部门申请复议。也可以在接到《行政处罚决定通知书》之日起十五日内直接向人民法院提起行政诉讼。逾期不申请复议、不起诉又不履行行政处罚决定的，由做出行政处罚决定的卫生行政部门填写《行政处罚强制执行申请书》，向人民法院申请强制执行。

延伸阅读1：

2007年11月21日下午3点左右，湖南来京人员肖志军和妻子李丽云来到了朝阳医院京西分院看感冒。此时，李丽云已有9个多月的身孕。接诊医生诊断李丽云感染了重症肺炎。李丽云在入住妇产科二病房后，医生们诊断，肺炎导致产妇的心肺功能严重下降，产妇和胎儿都有危险，必须马上剖腹产。按照规定，进行任何手术前，必须得到患者或家属的签字同意。由于李丽云陷入昏迷，肖志军成为唯一有权签字的人。当医生将手术单递给肖志军时，肖志军拒签。医生两次对李丽云进行心肺复苏，肖志军仍然拒绝，他在手术通知单上写：坚持用药治疗，坚持不做剖腹手术，后果自负。第三次手术机会丧失后，晚7点20分，李丽云因为严重的呼吸、心肺衰竭而不治身亡。李丽云死后，其父母以朝阳医院没有对李丽云采取有效的救助措施，最终造成一尸两命的惨剧，朝阳医院具有不可推卸的责任，将朝阳医院起诉。此案一审期间，经司法鉴定，朝阳医院对患者李丽云的诊疗过程中存在一定不足，但医方的不足与患者的死亡无明确因果关系。朝阳法院认为，朝阳医院履行了医疗方面法律法规的要求，而患方却不予配合，这些因素均是造成患者最终死亡的原因。因朝阳医院的医疗行为与患者的死亡后果之间没有因果关系，故不构成侵权。考虑到本案的实际情况，法院判决朝阳医院补偿死者李丽云家属10万元。李丽云的父母不服一审判决提出上诉。北京市第二中级人民法院终审宣判维持原判。

2010年，卫生部修订《病历书写基本规范》，第十条规定：对需取得患者书面同意方可进行的医疗活动，应当由患者本人签署知情同意书。患者不具备完全民事行为能力时，应当由其法定代理人签字；患者因病无法签字时，应当由其授权的人员签字；为抢救患者，在法定代理人或被授权人无法及时签字的情况下,可由医疗机构负责人或者授权的负责人签字。

延伸阅读 2：

被告人刘某经注册取得执业助理医师资格。2003 年 2 月被告人刘某在未经核准取得《医疗机构执业许可证》的情况下开设个人美容整形诊所进行非法行医。2007 年 10 月 12 日 12 时许,被告人刘某应患者杨某(女,时年 40 岁)要求进行隆胸手术,手术后杨某觉得胸口不适,被告人刘某以为是术后正常情形,即按术后一般流程给杨某进行静脉注射,当天 13 时许杨某在输液过程中突感胸痛,口吐沫痰。13 时 20 分左右被家属送往医院抢救无效,于当天 13 时 45 分死亡。经医院医生诊断,杨某生前患有冠状动脉硬化性心脏病,在心功能耐受力较差的情况下输入液体速度过快,导致急性左心功能衰竭、肺水肿,又未能及时有效抢救治疗而死亡。

在本案审理中,对被告人刘某的行为如何定性,存在三种不同的观点：

观点 1：被告人刘某的行为构成非法行医罪；

观点 2：被告人刘某的行为构成重大医疗责任事故罪；

观点 3：被告人刘某的行为构成过失致人死亡罪。

分析：

1. 被告人刘某的行为不构成非法行医罪

所谓非法行医罪,依照《刑法》第三百三十六条的规定,是指未取得医生执业资格的人非法行医,情节严重的行为。本案中,被告人刘某已经注册取得执业助理医师资格,具有一定的医学知识和医疗技能,虽在未取得《医疗机构执业许可证》的情况下开设诊所进行行医,违反卫生行政部门对医师执业活动的行政管理法规,属行政违法行为,但不属《刑法》第三百三十六条规定的非法行医罪。因此被告人刘某的行为不符合非法行医罪的客观方面的犯罪特征,不构成非法行医罪。

2. 被告人刘某的行为不构成重大医疗责任事故罪

所谓重大医疗责任事故罪,依照《刑法》第三百三十五条的规定,是指医务人员由于严重不负责任,造成就诊人死亡或者严重损害就诊人身体健康的行为。该罪主体是特殊主体,即必须是医务人员,既包括各类卫生技术人员和从事医疗管理人员,也包括后勤服务人员;既包括全民所有制医疗单位和集体所有制医疗单位的医务人员,也包括有医疗执照的个体医务人员。但本案中被告人刘某未取得医疗执照,不符合重大医疗责任事故罪的特殊主体要求,不构成该罪。

3. 被告人刘某的行为符合过失致人死亡罪的法律特征

所谓过失致人死亡罪,是指依照《刑法》第二百三十三条规定,过失致人死亡的,构成过失致人死亡罪。本案中被告人刘某系已达刑事责任年龄而又具有刑事责任能力的人,具有一定的医学知识和医疗技能,对于其行为产生的后果负有预见的义务,并且有预见的能力和可能,但其在为杨某治疗输液过程中,在误诊的情况下,又违反诊疗护理常规和业务上的谨慎注意义务,应预见到对患者进行静脉注射可能发生心脏不适而导致死亡的后果,却因疏忽大意而没有预见,以致发生患者杨某因输入液体速度过快而导致心功能衰竭死亡的后果,被告人刘某主观上具有过失。同时杨某的死亡与被告人刘某的医疗行为具有法律上的因果关系,即杨某的死亡是被告人刘某治疗行为引起的后果。

[拓展练习]

1. 谈谈你对医疗机构设置规划应遵循的原则的理解。

2. 什么是非法行医？和未经核准取得《医疗机构执业许可证》有什么区别？

（朱晓卓）

项目二 医师执业法律规定

[学习目标]
1. 能够熟练分析执业医师的概念；
2. 能够清楚分析执业医师的考试和注册制度；
3. 能够清楚分析执业医师的执业规则；
4. 能够简单分析执业医师的法律责任。

工作任务1 认识执业医师

我国早在西周时代，《周礼》就有对医师进行年终考核以定其报酬的记载。以后历代的法典如《唐律》《大明会典》等都有规范医师执业行为的律条。20世纪20年代开始，我国出现了对医师执业管理的单行法律，如国民党政府于1929年颁布的《医师暂行条例》以及1943年颁布的《医师法》。

一、执业医师的概念

执业医师是指依法取得执业医师资格或者执业助理医师资格，经注册在医疗、预防或者保健机构（包括计划生育技术服务机构）中执业的专业医务人员。

为了加强医师队伍的建设，提高医师的职业道德和业务素质，保障医师的合法权益，保护人民健康，党的十一届三中全会以后，卫生部制定发布了一系列规范性文件，使医师执业管理法律法规逐步完善，如《卫生技术人员职称及晋升条例（试行）》（1979年）、《医院工作人员职责》（1982年）、《医师、中医师个体开业暂行管理办法》（1988年）、《外国医师来华短期行医管理办法》（1993年）等，1998年6月26日九届全国人大常委会第三次会议通过了《中华人民共和国执业医师法》（以下简称《执业医师法》），自1999年5月1日起施行。为了贯彻实施《执业医师法》，1999年卫生部成立了国家医师资格考试委员会，并相继发布了《医师资格考试暂行办法》（1999年）、《医师执业注册暂行办法》（1999年）、《传统医学师承和确有专长人员医师资格考核考试暂行办法》（1999年）、《关于医师资格考试报名资格暂行规定》（2001年）等配套规章，我国的执业医师管理走上了法制化、规范化的轨道。

二、《执业医师法》的适用范围

《执业医师法》的适用范围，也就是调整对象，是指在医疗、预防、保健机构中工作的，依法取得执业医师资格或者执业助理医师资格，并经注册取得医师执业证书，从事相应的医疗、预防、保健业务的专业医务人员。这里所称的医师，包括执业医师和执业助理医师。

三、实行执业医师制度的意义

(一)有利于加强医师队伍建设

多年来,医师执业管理一直是我国卫生工作的薄弱环节。随着社会主义市场经济的确立,社会办医、个体行医越来越多,暴露出不少问题。《执业医师法》的出台,有利于加强我国医师队伍建设,促进和保障我国医疗卫生事业的健康发展。

(二)有利于提高医师的职业道德和业务素质,维护医师的合法权益

医师的职业道德和业务素质是医师执业的前提和基础,医师只有具备良好的职业道德和业务素质,才能很好地履行防病治病、救死扶伤、保护人民健康的神圣职责。《执业医师法》明确规定:全社会应当尊重医师。医师依法履行职责,受法律保护。

(三)有利于保护广大群众的身体健康

医师执业直接关系到患者的生命安危与健康,只有建立良好的医师执业制度,才能很好地保护广大群众的身体健康,才能减少侵害患者合法权益的情况发生。

四、执业医师工作的管理

执业医师管理工作实行行政管理与行业自律性管理相结合的方式。《执业医师法》规定,国务院卫生行政部门主管全国的医师工作,县级以上地方人民政府卫生行政部门负责管理本行政区域内的医师工作。中国医师协会是医师行业自律性管理的社会组织。

工作任务 2　认识执业医师资格考试制度

知识链接:我国执业医师资格考试的情况

美国 1915 年建立了医师资格考试制度,目前美国医师执照考试是相对独立的阶段考试,分别考核考生是否具有从事医师职业必备的医学基础知识、临床医学基础知识和临床技能。

德国的医师资格考试由国家统一组织,考试机构由 60 名专职人员和 179 名咨询团成员组成,并且属于典型的考教分离的考试体制,考试从基础课程到临床技能,分为四段,各阶段考试中三次不及格即行淘汰。日本在 1870 年建立了医师资格考试制度,考试对象现要求为具有六年制以上高等医学院校本科毕业资格,但其法律还规定:"考试合格后,一般还需在大学附属医院进行为期两年的临床训练,而后才能成为独立的医师。"中国香港地区医师执照考试每年举行一次,由专业知识考试、医学英语水平考试和临床考试三部分组成,内容涉及 21 个医学专业学科,考试对象为五年以上全日制医学院校毕业并经临床实习者。并规定,通过专业知识考试和英语水平考试后才能参加临床考试。

一、实行医师资格考试制度的意义

《执业医师法》规定,国家实行医师资格考试制度。医师资格考试是评价申请医师资格者是否具备执业所必需的专业知识与技能的考试,是医师执业的准入考试。

1.实行医师资格考试制度可以最大限度地保证医师队伍的质量。确立国家医师资格考试制度可以用相对科学、公平的方法来检验国家医学教育的水平,把住医师队伍的入口关。

2.实行医师资格考试制度,有利于医学院校不断改进教学,提高办学质量,培养出能够热心为群众服务的、具有现代医学科学技术水平的医学人才。

3.依法确立医师资格考试制度,是适应改革开放新形势的需要。

二、医师资格考试的种类

医师资格考试实行统一办法、统一标准、统一组织。考试办法由国务院卫生行政部门制定。考试由省级以上人民政府卫生行政部门组织实施。我国医师资格考试的种类包括执业医师资格考试和执业助理医师资格考试两种。考试的类别分为临床医师、中医(包括中医、民族医、中西医结合)师、口腔医师、公共卫生医师四类。考试方式分为实践技能考试和医学综合笔试。

三、参加医师资格考试的条件

（一）参加执业医师资格考试的条件

具有下列条件之一的,可以参加执业医师资格考试:

1.具有高等学校医学专业本科以上学历,在执业医师指导下,在医疗、预防、保健机构中试用期满一年。

2.取得执业助理医师执业证书后,具有高等学校医学专科学历,在医疗、预防、保健机构中工作满两年。

3.取得执业助理医师执业证书后,具有中等专业学校医学专业学历,在医疗、预防、保健机构中工作满五年。

（二）参加执业助理医师资格考试的条件

具有高等学校医学专科学历或者中等专业学校医学专业学历,在执业医师指导下,在医疗、预防、保健机构中试用期满一年的,可以参加执业助理医师资格考试。

（三）其他参加医师资格考试的条件

以师承方式学习传统医学满三年或者经多年实践医术确有专长的,经县级以上人民政府卫生行政部门确定的传统医学专业组织或者医疗、预防、保健机构考核合格并推荐,可以参加执业医师资格或者执业助理医师资格考试。考试的内容和办法与一般的医师资格考试不同,1999年卫生部颁布的《传统医学师承和确有专长人员医师资格考核考试暂行办法》对此专门做了规定。

四、医师资格的取得

医师资格是指国家确认的、准予从事医师职业的资格,是公民从事医师职业必须具备的条件和身份。医师资格证书是证明某人具有医师资格的法律文件,必须依法取得。对参加全国统一的执业医师资格考试或者执业助理医师资格考试,成绩合格的,授予执业医师资格或者执业助理医师资格,由省级卫生行政部门颁发国家卫健委统一印制的医师资格证书。医师资格一经合法取得,任何人不得非法剥夺。

工作任务3　认识执业医师的注册

　　温州建国医院自 2005 年 7 月 16 日开诊以来,其广告以狂轰滥炸之势充斥在当地电视台、报纸、广播等媒体上。在 2006 年 4 月 6 日"建国医院率先推出五项惠民助医行动"广告中,其列出的 39 位医生中,有 28 位没有注册,比例为 71.8%;在 4 月 26 日"百位沪温名医五一黄金周照常坐诊"广告中列出的 50 位"名医"中,有 32 位没有注册。截至 2006 年 5 月 15 日,温州建国医院在卫生行政部门进行注册的医师为 30 人,也与该医院广告宣称拥有数百医生的实际不符。早在 2005 年 8 月,温州市卫生局就对温州建国医院违法执业行为进行了通报。通报的主要内容为:大量使用未经注册的人员开展诊疗活动,最多时达到了数十名;擅自安排外籍人员来院开展医疗活动;大肆发布违法医疗广告。

一、执业医师的申请注册

　　国家实行医师执业注册制度。未经医师执业注册取得执业证书,不得从事医师执业活动。医师资格和医师执业实行相分离原则,仅获得医师资格还不能从事执业活动,必须经过注册。

　　(一)注册的组织管理

　　国家卫健委负责全国医师执业注册监督管理工作。县级以上地方卫生行政部门是医师执业注册的主管部门,负责本行政区域内的医师执业注册监督管理工作。

　　(二)注册条件和程序

　　1.申请

　　凡取得执业医师资格或者执业助理医师资格的,均可向所在地县级以上卫生行政部门申请医师执业注册。拟在医疗、保健机构中执业的人员,应当向批准该机构执业的卫生行政部门申请注册。拟在预防机构中执业的人员,应当向该机构的同级卫生行政部门申请注册。拟在机关、企业和事业单位的医疗机构中执业的人员,应当向核发该机构《医疗机构执业许可证》的卫生行政部门申请。

　　2.审核

　　注册主管部门应当自收到注册申请之日起 30 日内,对申请人提交的申请材料进行审核。

　　3.注册

　　经审核合格的,主管部门予以注册,并发给国家卫健委统一印制的《医师执业证书》。中医(包括中医、民族医、中西医结合)医疗机构的医师执业注册管理由中医(药)主管部门负责。

　　为方便注册申请人,简化注册手续,医疗、预防、保健机构可以为本机构中的医师集体办理注册手续。

　　(三)医师执业证书的法律效力

　　医师经注册取得医师执业证书后,方可按照注册的执业地点、执业类别、执业范围,从事相应的医疗、预防、保健活动。其执业活动受法律保护,未经注册取得医师执业证书者,不得从事医疗、预防、保健活动。

医师的执业地点是指医师执业的医疗、预防、保健机构及其登记注册的地址。执业类别是指医师从事医疗、预防、保健三类医务工作中哪类执业活动,必须以取得医师资格的类别为依据。执业范围是指医师执业的具体诊疗科目。

二、重新注册和不予注册的情形

（一）重新注册的情形

有下列情形之一的,应当重新申请注册:

1. 中止医师执业活动两年以上的;

2. 法定的不予注册的情形消失的。

重新申请注册的人员,应当首先到县级以上卫生行政部门指定的医疗、预防、保健机构或组织,接受 3～6 个月的培训,并经考核合格,方可重新申请执业注册。

（二）不予注册的情形

有下列情形之一的,不予注册:

1. 不具有完全民事行为能力的;

2. 因受刑事处罚,自刑罚执行完毕之日起至申请注册之日止不满两年的;

3. 受吊销医师执业证书行政处罚,自处罚决定之日起至申请注册之日止不满两年的;

4. 甲类、乙类传染病传染期、精神病发病期以及身体残疾等健康状况不适宜或者不能胜任医疗、预防、保健业务工作的;

5. 重新申请注册,经卫生行政部门指定机构或组织考核不合格的;

6. 有国家卫健委规定不宜从事医疗、预防、保健业务的其他情形的。

受理申请的卫生行政部门对不符合条件不予注册的,应当自收到申请之日起 30 日内书面通知申请人,并说明理由。申请人有异议的,可以自收到通知之日起 15 日内,依法申请复议或者向人民法院提起行政诉讼。

三、注销注册和变更注册的情形

（一）注销注册的情形

医师注册后有下列情形之一的,其所在的医疗、预防、保健机构应当在 30 日内报告注册主管部门,办理注销注册:

1. 死亡或者被宣告失踪的;

2. 受刑事处罚的;

3. 受吊销医师执业证书行政处罚的;

4. 因考核不合格,暂停执业活动期满,经培训后再次考核仍不合格的;

5. 中止医师执业活动满 2 年的;

6. 身体健康状况不适宜继续执业的;

7. 有出借、出租、抵押、转让、涂改医师执业证书行为的;

8. 国家卫健委规定不宜从事医疗、预防、保健业务的其他情形的。

注册主管部门对具有上述情形的,应当予以注销注册,收回医师执业证书。被注销注册的当事人如有异议的,可以自收到注销注册通知之日起 60 日内,依法申请行政复议或者向人民法院提起诉讼。

(二)变更注册的情形

医师变更执业地点、执业类别、执业范围等注册事项的,应当到注册主管部门办理变更注册手续,并提交医师变更执业注册申请审核表、医师资格证书、医师执业证书以及省级以上卫生行政部门规定提交的其他材料。但经医疗、预防、保健机构批准的卫生支农、会诊、进修、学术交流、承担政府交办的任务和卫生行政部门批准的义诊等除外。

注册主管部门应当自收到变更注册申请之日起 30 日内办理变更注册手续。对因不符合变更注册条件不予变更的,应当自收到变更注册申请之日起 30 日内书面通知申请人,并说明理由。申请人如有异议的,可以依法申请行政复议或者向人民法院提起行政诉讼。

四、个体行医的条件

个体行医必须具备如下条件:

1.具有执业医师资格;

2.注册后在医疗、预防、保健机构中执业满 5 年;

3.依据《医疗机构管理条例》取得医疗机构执业许可证。

个体开业医师、中医师应当按照注册的执业地点、执业类别、执业范围依法执业。

工作任务 4　认识医师的执业权利

2006 年 12 月 12 日上午,正在新会人民医院住院部上班的五官科主任林医生,被老病号陈某叫了出去。两人行至大楼三楼至四楼楼梯拐角处,陈某突然从口袋里掏出 2 把菜刀,朝林医生头部猛砍过去。等闻讯赶来的医生将陈某制伏,此时倒在血泊中的林医生已昏迷不醒。据了解,林医生曾经为陈某做了双侧下鼻甲肥大切除手术,后有复发,来复诊过几次,后因为病情反复,陈某多次向当地卫生行政部门反映,但处理结果未能让其满意。

医师执业权利是指取得医师资格、依法注册的医师,在执业活动中依法享有的权利。医师在执业活动中主要享有以下权利。

一、医学诊查权

医学诊查权是指医师在执业过程中,对患者身体、心理状态进行诊断检查的权利。这是医师从事执业活动应当享有的基本权利。诊查的目的是为了发现患者的病理、生理改变,从而做出正确诊断,选择正确的治疗方案。

医师的诊查权是法律赋予的,是医师在其执业过程中必然具有的。但具体到某个患者来说,医师是否对其具有诊查权,还必须有前去就诊的人的知情同意为前提,医师应充分尊重患者的意愿,但某些传染病患者除外。

二、疾病调查权

疾病调查权是医师为明确诊断,就患者患病情况、身体状况、生活习惯以及有无不良行为等进行的询问和调查。医师在开展诊治活动前,一般要询问病史,询问病史实际上就是对患者患病情况展开调查。患者应主动配合医师,详细如实地向医师提供自己的病情,不可隐瞒或伪造病情,否则将影响诊断的准确性,有时还会带来灾难性的后果。当然,医师对在行使疾病调查权时所了解到的病人的有关隐私问题,负有保密的义务。

三、医学处置权

医学处置权是指医师在询问调查的基础上,在明确诊断或已初步诊断的情况下,根据患者的病情采取一定的医学处理措施,以控制病情的进一步发展、恶化,或遇有昏迷、大出血等危及患者生命的紧急情况时,对患者采取紧急性、及时性的抢救措施。这实际上是法律赋予医师在某些特殊情况下的紧急处置权,这一权利对执业医师来说是完全独立的,患者或其家属无权强行干预、逼迫、威胁医务人员接受不合理的要求或改变医师在科学基础上做出的处置决定或治疗方案。

四、出具医学证明文件权

《执业医师法》中明确规定,医师在执业活动中,享有在注册的执业范围内出具相应的医学证明文件的权利。医学证明文件是指疾病诊断书、健康证明书、出生证明书或死亡证明书等具有医学内容的证明文书。执业医师在出具医学证明文书时,必须实事求是,对诊查、处置的患者做客观、真实的记录。不得违反法律规定,出具假诊断证明书、假健康证明书等,否则要承担相应的法律责任。

五、获得医疗设备基本条件权

医师在执业活动中,有权按照国务院卫生行政部门规定的标准,获得与本人执业活动相当的医疗设备基本条件。这是医师开展执业活动应当具备的先决条件。

六、从事医学研究、学术交流、参加专业学术团体的权利

医师在完成其本职工作的前提下,有权进行科学研究、技术开发、撰写学术论文、著作,参加医学会等学术机构举办的学术交流活动,有权参加医学会、医师学会等专业学术团体,进行学术研究,并公开自己的学术观点。

七、参加专业培训,接受继续教育的权利

现代科学高速发展,要求医师及时更新知识,调整知识结构,不断提高自己的业务水平。医疗、预防、保健机构以及卫生行政部门应当有计划、有步骤地采取各种方式,开辟多种渠道,为医师参加培训、进修和各种形式的继续教育创造条件,提供机会,切实保障此项权利的行使。

八、人格尊严、人身安全不受非法侵犯权

医师的人格尊严是指作为一个医师所应有的最起码的社会地位,并且应受到社会和患者最起码的尊重。医师的人身安全是指医师的身体不受攻击、不受侵犯。人格尊严、人身安全都是人身权的保护范围。医师的人身权利是医师权利的基础,是医师履行其职责的基础和前提。如果医师在执业活动中的人身权利都不能保障,医师的诊查权、调查权、处置权便

无从谈起。

九、获得工资、报酬、津贴、福利待遇权

获得工资报酬、津贴和享受国家规定的福利待遇是医师的基本物质保障权利。医师是专业性强、脑力和体力消耗较大的一种职业,医师的这项权利是维持其个人及家庭生活,保持良好工作体能与状态,安心于本职工作的基本保障。

十、参与所在机构民主管理权

医师有权对所在机构的医疗、预防、保健工作和卫生行政部门的工作提出意见和建议,有权依法参加所在机构的民主管理,促进医疗卫生工作规范化、科学化、民主化。

工作任务5　认识医师的执业义务

2005年北京市共受理医疗纠纷案件806件,其中调解737件,诉讼69件。截至2006年11月30日受理医疗纠纷案件1233件,其中调解1067件,诉讼166件。有关人士分析认为,医疗纠纷主要和八大因素相关:告知、责任心、技术水平、病历书写、药械、管理、服务态度、并发症可否避免。

医师的义务是法律赋予医师在执业活动中必须履行的责任,具体指依据法律规定,医师在执业过程中必须为一定行为或不为一定行为,以维护法律正确实施和患者合法权利的必要性。医师的义务是法律明确规定的,具有法定性。其实质是为或不为一定行为。作为的义务,指医师必须为一定行为,比如医师在执业活动中必须遵守技术操作规范的义务。不作为的义务,指医师必须不为一定行为,比如医师不得泄露患者的隐私。

执业医师法规定的医师义务主要有。

(一)遵守法律、法规和技术操作规范的义务

医师应当遵守国家有关部门颁布的法律法规。技术性操作规范是指卫生行政部门以及有关部门针对本行业、本机构的特点所制定的有关技术操作方面的各种规章、章程和条例的总称。这些规范从内容上具有技术性,但经一定的机关或机构制定和发布后,便具有了规范医师执业行为的法律性,医师在执业活动中必须遵守,否则构成违法。

(二)树立敬业精神,遵守职业道德,履行医师职责,尽职尽责为患者服务的义务

医师必须具有崇高的职业献身精神,树立牢固的事业心,刻苦钻研,不断提高自己的医疗技术水平,遵守各项职业道德,全心全意为患者服务。这是医师执业最基本、最重要的义务。

(三)关心、爱护、尊重患者,保护患者隐私的义务

医师应当同情、关心和体贴病人,为患者保守秘密,不得泄露患者的隐私和秘密。

(四)努力钻研业务,更新知识,提高专业技术水平的义务

医疗工作是一项专业性、技术性很强的工作,医师除具有良好的医德外,还必须具备扎实的业务知识和熟练的技能。医师只有努力进取、不断学习、刻苦钻研,不断更新自己的知识结构,提高专业技术水平,才能适应医疗工作的需要。

（五）宣传卫生保健知识，对患者进行健康教育的义务

医师除了从事诊疗活动，解除患者病痛外，还应当倡导健康文明的生活方式，普及卫生保健知识，教育和引导患者养成良好的卫生习惯，提高健康意识和自我保健能力。

工作任务 6　认识医师的执业规则

张某，女，53 岁，2002 年 3 月住进山西省汾阳医院妇科，入院时被诊断患有卵巢畸胎瘤并蒂扭转和高血压。入院后第二天，张某接受手术，术后即出现心跳和呼吸停止，经抢救病情稍稳定，CT 显示左脑梗死，之后行开颅手术。两个多月后，张某出院时已完全失语，右侧肢体肌力零级，肌张力低下。事后其子发现母亲病历上出现的改动痕迹多达 183 处。2005 年 9 月，吕梁市中级人民法院做出鉴定质证，认定张某在汾阳医院妇产科的病历共 72 页，涂改 152 处，添加 31 处，共修改 183 处，其中有 157 处院方认可涂改添加，有 26 处院方不认可或者认为是笔误。

一、正确书写医学文书和出具医学证明文件

医学文书是医师在诊疗疾病的过程中对患者病情以及诊疗、处置过程的记载。《执业医师法》规定，医师签署有关医学文书时，必须在法律法规规定的时间内及时填写，并不得隐匿、伪造或者销毁。

医学证明文件是患者身体健康状况或出生死亡等情况的真实记载。医师在执业活动中，签署的有关医学证明文件的种类有出生证、死亡证、健康证明书、疾病诊断证明书、伤残证明书、功能鉴定书等。医学证明书一经签署，就要产生一定的法律效力。为保证医学证明文件的真实性、合法性、有效性，要求医师签署的有关医学证明文件，必须是亲自诊断、调查的结果。医师不得出具与自己执业范围无关或者与执业类别不相符的医学证明文件，医师出具的医学证明文件应限于本人的执业范围和执业类别内。

二、急危病人的救治

对急危患者，医师应当采取紧急措施进行诊治，不得拒绝急救处置。在任何情况下，医师都应当履行救治患者的义务，抢救急危患者更应全力以赴。

三、合理使用药品、消毒药剂和医疗器械

医师应当使用经国家有关部门批准使用的药品、消毒药剂和医疗器械。药品、消毒药剂和医疗器械作为特殊产品，直接影响到医疗效果。未经国家有关部门批准使用的药品、消毒药剂和医疗器械，很难保证其质量，应用于临床，可能给患者造成严重危害。

除正当诊断治疗外，医师不得使用麻醉药品、医疗用毒性药品、精神药品和放射药品。这些药品统称为特殊药品。由于人体能对其产生依赖性，易使人中毒死亡或产生其他危害，医师在执业活动中应合理使用，不得滥用。

四、尊重患者或者其家属的知情同意权

在医疗活动中，医师对患者的健康状况掌握着主动权，应当为解除患者病痛做出最佳选

择,但患者并不因此而丧失其独立自主的地位。医师应在不影响治疗的前提下,充分尊重患者和家属的意愿,如实向患者或者其家属介绍病情,使患者能及时地了解有关诊断、治疗预后等方面的信息,使其能及时行使相关权利,如同意手术或不同意手术的权利,接受或拒绝某种治疗方案的权利。但医师应注意避免对患者产生不利的后果,要防止如实告知病情后产生的不良后果。

此外,医师进行实验性临床医疗时,应当经医院批准并征得患者本人或者其家属同意。实验性临床医疗具有一定的危险性,医师开展此项工作时,必须由医院批准并征得患者本人或者其家属同意。严禁医师为了科研目的,置患者生命安全不顾,强行推行实验性临床医疗。

五、恪守职业道德,培养良好的医德、医风

在医疗活动中,医师对患者的健康状况掌握着主动权,通常处于主动地位,而患者则往往处于被动接受地位。这就要求医师在医疗服务中必须具备良好的职业道德,全心全意为患者提供服务,不得利用职务之便,索取、非法收受患者财物或者牟取其他不正当利益。

医师利用职务之便索取患者财物是指医师利用自己职务的便利条件,以公开或暗示的手法,主动向病人索取财物的行为。利用职务之便,非法收受患者财物是指医师利用职务之便,在没有任何法律依据或规定的情况下主动收受了患者的财物。利用职务之便,牟取其他不正当利益是指医师利用职务上的便利条件,利用患者具有的某种特殊权力,为自己牟取不正当的利益。

六、服从卫生行政部门调遣

遇有自然灾害、传染病流行、突发重大伤亡事故及其他严重威胁人民生命健康的紧急情况时,医师应当服从县级以上人民政府卫生行政部门的调遣,赶赴防病救灾第一线,为保护人民生命安全和健康做贡献。

七、严格执行报告制度

医师在发生医疗事故或者发现传染病疫情时,应当按照有关规定,及时向所在机构或者卫生行政部门报告。

医师发现患者涉嫌伤害事件或者非正常死亡时,应当按照《中华人民共和国刑事诉讼法》和《医院工作制度》的有关规定,及时向公安机关或人民法院或其他有关部门报告。

八、执业助理医师的有关规定

执业助理医师应当在执业医师的指导下,在医疗、预防、保健机构中按照其执业类别执业。在乡、民族乡、镇的医疗、预防、保健机构中工作的执业助理医师,可以根据医疗诊治的情况和需要,独立从事一般的执业活动。

工作任务7 认识执业医师的法律责任

2008 年 6 月前后,44 岁的浙江省人民医院康复医学科主任邱纪方被人举报开大处方吃

回扣。6月11日,杭州市下城区检察院对邱纪方进行刑事拘留。9月22日,检察机关以涉嫌受贿罪,对邱纪方依法提起公诉。检察机关指控邱纪方利用担任医院康复医学科主任的职务便利,2005年、2007年两次收受医药代表王剑让其提交川威(盐酸法舒地尔针)新药申请报告的好处费共计人民币2000元;2006年1月至2008年4月,邱纪方在担任医院康复医学科主任及主任医师期间,利用职务便利,为他人谋取利益,多次非法收受医药代表王某等三人所送的药品销售回扣费总计人民币248978元。12月4日下午,被杭州市下城区人民法院以非国家工作人员受贿罪一审判处有期徒刑五年半。这是《关于办理商业贿赂刑事案件适用法律若干问题的意见》出台后,浙江省首次以非国家工作人员受贿罪对医务人员定罪判刑。

一、执业医师的行政责任

执业医师的行政法律责任是指医师在执业活动中违反行政管理法律规定,但尚未构成犯罪时所应承担的法律责任。

1. 以不正当手段取得医师执业证书的,由发给证书的卫生行政部门予以吊销;对负有直接责任的主管人员和其他直接责任人员,依法给予行政处分。

2. 医师在执业活动中有下列行为之一的,由县级以上人民政府卫生行政部门给予警告或者责令暂停6个月以上1年以下执业活动;情节严重的,吊销其执业证书:

(1)违反卫生行政规章制度或者技术操作规范,造成严重后果的;

(2)由于不负责任延误危急患者的抢救和诊治,造成严重后果的;

(3)造成医疗事故的;

(4)未经亲自诊查、调查,签署诊断、治疗、流行病学等证明文件或者有关出生、死亡等证明文件的;

(5)隐匿、伪造或者擅自销毁医学文书及有关资料的;

(6)使用未经批准使用的药品、消毒药剂和医疗器械的;

(7)不按照规定使用麻醉药品、医疗用毒性药品、精神药品和放射性药品的;

(8)未经患者或者家属同意,对患者进行实验性临床医疗的;

(9)泄露患者隐私,造成严重后果的;

(10)利用职务之便,索取、非法收受患者财物或者牟取其他不正当利益的;

(11)发生自然灾害、传染病流行、突发重大伤亡事故以及其他严重威胁人民生命健康的紧急情况时,不服从卫生行政部门调遣的;

(12)发生医疗事故或者发现传染病疫情,患者涉嫌伤害事件或者非正常死亡,不按照规定报告的。

3. 未经批准擅自开办医疗机构行医或者非医师行医的,由县级以上人民政府卫生行政部门予以取缔,没收其违法所得及其药品、器械,并处10万元以下的罚款;对医师吊销其执业证书。

4. 阻碍医师依法执业,侮辱、诽谤、威胁、殴打医师或者侵犯医师人身自由、干扰医师正常工作、生活的,如尚不构成犯罪,依照治安管理处罚条例的规定处罚。

5. 医疗、预防、保健机构未按照规定履行报告职责,导致严重后果的,由县级以上人民政府卫生行政部门给予警告;并对该机构的行政负责人依法给予行政处分。

6. 卫生行政部门工作人员或者医疗、预防、保健机构工作人员违反执业医师法的有关规定,弄虚作假、玩忽职守、滥用职权、徇私舞弊,尚不构成犯罪的,依法给予行政处分。

二、执业医师的民事责任

医师在医疗、预防、保健工作中造成事故的,依照法律或者国家有关规定处理。未经批准擅自开办医疗机构行医或者非医师行医,给患者造成损害的,依法承担赔偿责任。

三、执业医师的刑事责任

《执业医师法》规定,违反执业医师法,构成犯罪的,依法追究刑事责任。

《刑法》第三百三十五条规定,医务人员由于严重不负责任,造成就诊人死亡或者严重损害就诊人身体健康的,处3年以下有期徒刑或者拘役。

《刑法》第三百三十六条规定,未取得医师执业资格的人非法行医,情节严重的,处3年以下有期徒刑、拘役或者管制,并处或者单处罚金。严重损害就诊人身体健康的,处3年以上10年以下有期徒刑并处罚金。造成就诊人死亡的,处10年以上有期徒刑并处罚金。

未取得医师执业资格的人擅自为他人进行节育复通手术、假节育手术、终止妊娠手术或者摘取宫内节育器,情节严重的,处3年以下有期徒刑、拘役或者管制,并处或者单处罚金;严重损害就诊人身体健康的,处3年以上10年以下有期徒刑并处罚金。造成就诊人死亡的,处10年以上有期徒刑并处罚金。

延伸阅读:

2001年9月15日,22岁未婚先孕的阿静在男友陪同下来到新疆石河子医科大学第一附属医院做人工流产,在妇产科医生孙某的安排下,阿静按要求做好准备,躺在检查床上等待检查。这时,医生叫进20多名身穿白大褂的男女围在床前,阿静非常紧张,要求医生让他们出去。医生说,没关系,他们都是实习生。医生让阿静躺好,一边触摸阿静的身体,一边向实习生介绍各部位名称、症状等,检查讲解过程达五六分钟。据了解,那天的见习生是石河子大学医学院本科生。事后,气愤难平的阿静和男友经咨询律师,决定用法律手段维护自己的合法权益。

这一事件在全国医学界和法学界引起了极大的争议。医学界认为,作为教学和实习医院,这种做法很正常,谈不上侵犯隐私权,不然,怎样完成培养医学院学生的任务。按照惯例,一般都不提前给患者打招呼,如征求患者意见,患者肯定不同意。再说几十年来各医院都是这么做的,也没有法规和文件规定不能这样做。医学院校及其附属医院基本都认同这一观点。而为阿静提供法律援助的新疆天宇律师事务所律师王次松认为,医院的做法严重侵害了患者的人格尊严和隐私权。人的特殊部位有权利不让他人观看、探究或拍摄。医生检查患者身体原则上不构成侵犯隐私权,因为患者去医院看病,接受相应的检查甚至很多专家会诊有时是必需的。但此事的关键是接诊或主管医生以外的人对患者的隐私部位进行观看和讲解,这是不能允许的。对医学院学生的实习,应做出相应的规范。

[拓展练习]

1. 谈谈你对医师执业中患者隐私权保护的认识。
2. 讨论:婚检一方发现是梅毒患者,医师按照执业规则是否需要告知另一方?

(朱晓卓 米岚)

项目三　乡村医生执业法律规定

［学习目标］

1. 能够清楚分析乡村医生的法律界定；
2. 能够清楚分析乡村医生从业资格的获得途径；
3. 能够熟练分析乡村医生执业的权利和义务；
4. 能够清楚分析违反乡村医生管理的法律责任。

视频精选:乡村医生

工作任务　认识乡村医生执业的法律规定

2009年6月24日上午,在沪打工的刘女士发现5岁的儿子感冒了,因为觉得不是大病,为了省点钱,刘女士便带着儿子来到曾听老乡说起过的定边路附近的私人诊所。诊所医生检查后,安排小男孩到楼上打点滴。一个多小时后,嘉定公安分局民警会同区卫生局执法人员来到诊所依法进行检查,发现有三名患者正在输液,诊所内摆放着血压计、听诊器等简单的医疗器械,但诊所内唯一一名医生却拿不出开设诊所必须具备的《医疗机构执业许可证》和《医师资格证书》。

经查,这名医生即为该诊所的经营者,名叫陈定国,38岁。陈定国自幼读书至中专毕业后,一直在老家村医疗室工作,有当地县卫生局发给的乡村医生证。2006年,他来到上海,在嘉定区真新街道开起了私人诊所。没多久,嘉定区卫生局在对陈定国的诊所进行检查时,发现他并未取得《医疗机构执业许可证》和《医师资格证书》,而擅自从事医疗执业活动。对他的行为,嘉定区卫生局处以1万元的处罚。此后,换了一处出租房后的陈定国仍然继续开设诊所,2007年10月,嘉定区卫生局对他处以罚款9000元;2008年9月,擅自执业的陈定国又被处以罚款9000元。

2009年6月再次被查获后,警方对陈定国非法行医案立案侦查。该案移送嘉定区检察院后,陈定国在提审中告诉承办检察官,2006年第一次处罚时,卫生部门已经告知他在不具备"两证"的情况下,是不能在上海开设诊所行医的。但为了赚钱,自认为做过乡村医生、不会出大事的陈定国,换了一处出租房后,仍然继续开设诊所。承办检察官审查发现,陈定国在未取得《医疗机构执业许可证》和《医师资格证书》的情况下,私自开办私人诊所,符合非法行医的行为;虽然并未造成求诊人员伤亡的严重后果,但被嘉定区卫生局查获并行政处罚3次后,仍继续非法行医。承办检察官根据最高人民法院于2008年4月29日颁布的《关于审理非法行医刑事案件具体应用法律若干问题的解释》的相关规定,陈定国的行为属非法行医情节严重,已涉嫌构成非法行医罪。

一、乡村医生的法律界定

乡村医生是指尚未取得执业医师资格或者执业助理医师资格，经注册在村医疗卫生机构从事预防、保健和一般医疗服务的医生。为了提高乡村医生的职业道德和业务素质，加强乡村医生从业管理，保护乡村医生的合法权益，保障村民获得初级卫生保健服务，国务院出台了《乡村医生从业管理条例》，自 2004 年 1 月 1 日起施行。

二、乡村医生从业资格的获得途径

（一）乡村医生执业考试

乡村医生应当按照要求至少每两年接受一次培训，并由县级人民政府卫生行政主管部门负责组织本地区乡村医生的考核工作。乡村医生经考核合格的，可以继续执业；经考核不合格的，在 6 个月之内可以申请进行再次考核。逾期未提出再次考核申请或者经再次考核仍不合格的乡村医生，原注册部门应当注销其执业注册，并收回乡村医生执业证书。

（二）乡村医生执业注册

国家实行乡村医生执业注册制度。《乡村医生从业管理条例》实施前，取得县级以上地方人民政府卫生行政主管部门颁发的乡村医生证书，并符合下列条件之一的，可以向县级人民政府卫生行政主管部门申请乡村医生执业注册：

1.已经取得中等以上医学专业学历的；

2.在村医疗卫生机构连续工作 20 年以上的；

3.按照省、自治区、直辖市人民政府卫生行政主管部门制定的培训规划，接受培训取得合格证书的。

《乡村医生从业管理条例》实施后进入村医疗卫生机构从事预防、保健和医疗服务的人员，应当具备执业医师资格或者执业助理医师资格。尚不具备条件的地区，根据实际需要，可以允许具有中等医学专业学历的人员，或者经培训达到中等医学专业水平的其他人员申请执业注册，进入村医疗卫生机构执业

符合条件的在村医疗卫生机构执业的人员，应当向村医疗卫生机构所在地的县级人民政府卫生行政主管部门申请执业注册。审核后符合规定的，准予执业注册，发《乡村医生执业证书》；对不符合规定的，不予注册，并书面说明理由。《乡村医生执业证书》有效期为5 年。

三、乡村医生执业的权利和义务

（一）乡村医生在执业活动中享有的权利

1.进行一般医学处置，出具相应的医学证明；

2.参与医学经验交流，参加专业学术团体；

3.参加业务培训和教育；

4.在执业活动中，人格尊严、人身安全不受侵犯；

5.获取报酬；

6.对当地的预防、保健、医疗工作和卫生行政主管部门的工作提出意见和建议。

（二）乡村医生在执业活动中享有的义务

1. 遵守法律、法规、规章和诊疗护理技术规范、常规；

2. 树立敬业精神，遵守职业道德，履行乡村医生职责，为村民健康服务；

3. 关心、爱护、尊重患者，保护患者的隐私；

4. 努力钻研业务，更新知识，提高专业技术水平；

5. 向村民宣传卫生保健知识，对患者进行健康教育。

四、违反乡村医生管理的法律责任

1. 乡村医生在执业活动中，有下列行为之一的，由县级人民政府卫生行政主管部门责令限期改正，给予警告；逾期不改正的，责令暂停 3 个月以上 6 个月以下执业活动；情节严重的，由原发证部门暂扣《乡村医生执业证书》：

（1）执业活动超出规定的执业范围，或者未按照规定进行转诊的；

（2）违反规定使用乡村医生基本用药目录以外的处方药品的；

（3）违反规定出具医学证明，或者伪造卫生统计资料的；

（4）发现传染病疫情、中毒事件不按规定报告的。

2. 乡村医生在执业活动中，违反规定进行实验性临床医疗活动，或者重复使用一次性医疗器械和卫生材料的，由县级人民政府卫生行政主管部门责令停止违法行为，给予警告，可以并处 1000 元以下的罚款；情节严重的，由原发证部门暂扣或者吊销《乡村医生执业证书》。

3. 乡村医生变更执业的村医疗卫生机构，未办理变更执业注册手续的，由县级人民政府卫生行政主管部门给予警告，责令限期办理变更注册手续。

4. 以不正当手段取得乡村医生执业证书的，由发证部门收缴乡村医生执业证书；造成患者人身损害的，依法承担民事赔偿责任；构成犯罪的，依法追究刑事责任。

5. 未经注册在村医疗卫生机构从事医疗活动的，由县级以上地方人民政府卫生行政主管部门予以取缔，没收其违法所得以及药品、医疗器械，违法所得 5000 元以上的，并处违法所得 1 倍以上 3 倍以下的罚款；没有违法所得或者违法所得不足 5000 元的，并处 1000 元以上 3000 元以下的罚款；造成患者人身损害的，依法承担民事赔偿责任；构成犯罪的，依法追究刑事责任。

延伸阅读：

乡村医生最初的名字叫"赤脚医生"，诞生于 20 世纪 50 年代。由于当时农村卫生条件极其恶劣，各种疾病肆意流行，在严重缺少药品的情况下，政府部门提出把卫生工作的重点放到农村，培养和造就了一大批"赤脚医生"，他们一般是未经正式医疗训练、仍持农业户口、一些情况下"半农半医"的农村医疗人员。当时来源主要有三部分：一是医学世家；二是高中毕业且略懂医术病理；三是一些上山下乡的知识青年。"赤脚医生"为解救中国一些农村地区缺医少药的燃眉之急做出了积极的贡献。1968 年 9 月，当时中国最具有政治影响力的《红旗》杂志发表了一篇题为"从'赤脚医生'的成长看医学教育革命的方向"的文章，1968年 9 月 14 日，《人民日报》刊载。随后《文汇报》等各大报刊纷纷转载。"赤脚医生"的名称走向了全国。到 1977 年底，全国有 85% 的生产大队实行了合作医疗，"赤脚医生"数量一度达到 150 多万名。1985 年 1 月 25 日，《人民日报》发表"不再使用'赤脚医生'名称，巩固发展乡村医生队伍"一文，到此"赤脚医生"逐渐消失。根据 2004 年 1 月 1 日起实行的《乡村医生从业管理条例》,乡村医生经过相应的注册及培训考试后,以正式的名义执照开业。我国目前有乡村医生近百万人。

[拓展练习]

谈谈你对乡村医生执业的权利和义务的理解。

(朱晓卓)

项目四 护士执业法律规定

[学习目标]

1. 能够清楚分析执业护士的法律界定；
2. 能够清楚分析执业护士资格的获得途径；
3. 能够熟练分析执业护士的权利和义务；
4. 能够清楚分析违反护士管理的法律责任。

知识链接：我国护士
执业的相关法律规定

工作任务 认识护士执业的法律规定

2009 年 4 月 2 日 13 时 30 分许,瓜州县西湖乡城北村农民李明因儿子亚轩(5 岁)出现咳嗽等感冒症状,于是带孩子到西湖乡卫生院中沟第二门诊就诊。当时,该门诊只有护士汪俊汝在岗。汪俊汝在简单检查后开出处方,经皮试而配兑了清开灵、先锋 6 号、穿琥宁等消炎药给小孩输液。几分钟后,小孩感觉扎针处瘙痒,但汪俊汝却说是贴了胶布的缘故,稍后,小孩因嗓子疼得厉害而抠挠喉咙等部位,随即出现呼吸困难、大小便失禁等症状。汪俊汝注射盐酸肾上腺素进行抢救,但小男孩已经口吐白沫,嘴唇发紫,神志不清。此时距小男孩走进门诊部仅 1 个小时。此后,120 急救车将小男孩送进瓜州县人民医院儿科进行抢救,15 时30 分,小男孩抢救无效死亡,医院的死亡诊断结论是"呼吸心搏骤停,过敏性休克"。

当日下午 6 时许,受害人亲属向瓜州县公安局报警,汪俊汝随即因涉嫌非法行医罪被拘留。4 月 16 日,汪俊汝被瓜州县检察院批捕。据了解,现年 44 岁的汪俊汝具有护士职业资格,但不具备行医资格。该门诊实有医护人员 3 名,一名主治医师、一名助理医师和护士汪俊汝。正常情况下,两名医师分早晚班轮流坐诊,事发前主治医师请假,门诊部仅有助理医师和护士汪俊汝轮流值班。办案机关查明,该门诊部的管理长期存在漏洞,汪俊汝虽然不具备行医资格,但其经常以医生身份坐诊开处方,时间长达 8 个月之久。事发前的两个多月,汪俊汝几乎每天都在开处方。

一、执业护士的法律界定

护理是以维护和促进健康、减轻痛苦、提高生命质量为目的,运用专业知识和技术为人民群众健康提供服务的工作。法律意义上的护士,是指经执业注册取得护士执业证书,依法从事护理活动,履行保护生命、减轻痛苦、增进健康职责的卫生技术人员。护士作为护理职业的从业人员,在医疗、预防、保健和康复工作中有着重要作用。

二、执业护士资格的获得途径

护士执业,应当经执业注册取得护士执业证书。申请护士执业注册,应当具备下列条件：

1. 具有完全民事行为能力;

2. 在中等职业学校、高等学校完成国务院教育主管部门和国务院卫生主管部门规定的普通全日制 3 年以上的护理、助产专业课程学习,包括在教学、综合医院完成 8 个月以上护理临床实习,并取得相应学历证书;

3. 通过国务院卫生主管部门组织的护士执业资格考试;

4. 符合国务院卫生主管部门规定的健康标准。

护士执业注册申请,应当自通过护士执业资格考试之日起 3 年内向拟执业地省、自治区、直辖市人民政府卫生主管部门提出申请;逾期提出申请的,还应当在符合国务院卫生主管部门规定条件的医疗卫生机构接受 3 个月临床护理培训并考核合格。

护士执业注册有效期为 5 年。

三、执业护士的权利和义务

（一）护士的权利

1. 享受福利待遇的权利

知识链接:南丁格尔誓言

护士执业,有按照国家有关规定获取工资报酬、享受福利待遇、参加社会保险的权利。任何单位或者个人不得克扣护士工资,降低或者取消护士福利等待遇。

2. 获得职业防护的权利

护士执业,有获得与其所从事的护理工作相适应的卫生防护、医疗保健服务的权利。从事直接接触有毒有害物质、有感染传染病危险工作的护士,有依照有关法律、行政法规的规定接受职业健康监护的权利;患职业病的,有依照有关法律法规的规定获得赔偿的权利。

3. 提升业务能力的权利

护士有按照国家有关规定获得与本人业务能力和学术水平相应的专业技术职务、职称的权利;有参加专业培训、从事学术研究和交流、参加行业协会和专业学术团体的权利。

4. 获得履行护理职责的权利

护士在执业中应获得疾病诊疗、护理相关信息的权利和其他与履行护理职责相关的权利。

5. 参与民主管理的权利

护士在执业中可以对医疗卫生机构和卫生主管部门的工作提出意见和建议。

6. 获得表彰奖励的权利

国务院有关部门对在护理工作中做出杰出贡献的护士,应当授予全国卫生系统先进工作者荣誉称号或者颁发白求恩奖章,受到表彰、奖励的护士享受省部级劳动模范、先进工作者待遇;对长期从事护理工作的护士应当颁发荣誉证书。

（二）护士的义务

1. 遵守法律、法规、规章和护理诊疗技术规范的义务。

2. 护士在执业活动中,发现患者病情危急,应当立即通知医师;在紧急情况下为抢救垂危患者生命,应当先行实施必要的紧急救护。

3. 护士发现医嘱违反法律、法规、规章或者诊疗技术规范规定的,应当及时向开具医嘱的医师提出;必要时,应当向该医师所在科室的负责人或者医疗卫生机构负责医疗服务管理的人员报告。

　　4.尊重、关心、爱护患者,保护患者的隐私。

　　5.参与公共卫生和疾病预防控制工作的义务。

四、违反护士管理的法律责任

　　护士在执业活动中有下列情形之一的,由县级以上地方人民政府卫生主管部门依据职责分工责令改正,给予警告;情节严重的,暂停其 6 个月以上 1 年以下执业活动,直至由原发证部门吊销其护士执业证书:

　　1.发现患者病情危急未立即通知医师的;

　　2.发现医嘱违反法律、法规、规章或者诊疗技术规范的规定,未按规定提出或者报告的;

　　3.泄露患者隐私的;

　　4.发生自然灾害、公共卫生事件等严重威胁公众生命健康的突发事件,不服从安排参加医疗救护的。

　　护士在执业活动中造成医疗事故的,依照医疗事故处理的有关规定承担法律责任。护士被吊销执业证书的,自执业证书被吊销之日起两年内不得申请执业注册。

　　延伸阅读:

　　1860 年,英国女护士南丁格尔(1820—1910)在伦敦圣多马医院创建了第一所护士学校后,护理在深度及广度上有了长足的进展,使护理专业走向正规化。南丁格尔说过:"护士工作的对象,不是冷冰冰的石块、木片和纸片,而是有热血和生命的人。"护士工作的基本内容不仅仅是测量体温、铺床发药、清毒打针、备皮导尿,而且还应该有社会、心理的护理。1909 年中华护士会正式成立。1914 年第一届全国护士会议在上海召开,会上首次将 nurse 完整地译为中文"护士"。"护"即保护、养育、爱护、乳母之义;"士"是指从事此职业的人员必须有专门的学问和科学知识。这一创译得到了大会的通过。从此,护士作为一个职业的从业人员的统称一直沿用至今。1922 年,国际护士大会在日内瓦召开,正式接纳中华护士会为第十一个成员。

　　[拓展练习]

　　讨论:从法律角度谈谈执业护士和执业医生在资格准入以及工作职责上的区别。

(曹莹 米岚)

项目五 医疗事故与医疗损害法律规定

[学习目标]

1. 掌握医疗事故的概念及构成要件、医疗事故的处理方式、医疗事故技术鉴定的程序;
2. 熟悉医疗损害的认定、医疗事故的责任;
3. 了解医疗事故处理立法现状。

1987 年 6 月 29 日,国务院颁布了我国第一部处理医疗事故的专门法规《医疗事故处理办法》。1997 年 3 月 14 日,八届全国人大第五次会议修订通过的《中华人民共和国刑法》对发生严重医疗责任事故的医务人员做出了刑事处罚规定。1998 年 6 月 29 日九届全国人大常委会第三次会议通过的《执业医师法》对造成医疗责任事故的医师做出了明确的行政处罚规定。

2002 年 2 月 20 日,国务院通过了新修订的《医疗事故处理条例》(以下称《条例》),该条例于 4 月 4 日正式公布,并于 9 月 1 日生效。2002 年 8 月,卫生部又分别颁布了《医疗机构病历管理规定》《医疗事故技术鉴定暂行办法》《医疗事故分级标准(试行)》《医疗事故争议中尸检机构及专业技术人员资格认定办法》《中医、中西医结合病历书写基本规范(试行)》《重大医疗过失和医疗事故报告制度的规定》《医疗事故技术鉴定专家库学科专业组名录(试行)》等配套法规。

工作任务 1 认识医疗事故

林女士到南京浦口区人民医院治疗胆结石,医生开了一种冲剂。一个多星期后,林女士拿了药品包装盒到药房买药,准备继续服用。但药房药师却告诉她,这种名为"排石颗粒"的冲剂是用来治疗尿路结石的,不能治胆结石。当林女士找到当时看病的医生时,医生表示他没开这个药。而医院药房当天的电脑记录当时发出的药确实是"排石颗粒"冲剂。药房人员找出了当天的处方仔细核对,发现处方上开的药名是"排石利胆",药师发药时把"排石利胆"发成了"排石颗粒"冲剂。林女士认为,这家医院应该为员工在工作中的失误承担赔偿责任。院方却认为,一般情况下,只有出了医疗事故才谈得上赔偿,而目前林女士并没有身体不适。

一、医疗事故处理的概念及构成要件

(一)概念

医疗事故是指医疗机构及其医务人员在医疗活动中,违反医疗卫生管理法律、行政法规、部门规章和诊疗护理规范、常规,过失造成患者人身损害的事故。

（二）构成要件

1. 医疗事故是在医疗活动过程中发生的

既然是医疗事故，就必然要与医疗活动有关。诊疗护理是医疗活动的主要内容和形式。没有医疗活动内容的事故，不能称为医疗事故。所以事故是不是在医疗活动中发生的，是区分医疗事故和其他事故的关键。有鉴于此，日常工作中，应严格禁止医务人员在非紧急情况下和不合法的执业场所实施医疗活动，否则将涉嫌非法行医。

2. 医疗事故是违法违规的过失

医疗活动充满了风险，这个风险来自多方面。首先，来自于医学发展本身的阶段性、局限性。目前在医学上仍存在很多"盲区"和"误区"，对许多疾病还处在不断探索过程中。其次，来自于医务人员对疾病的认识。由于医护人员技术水平不一，采取医护措施的办法、时机、尺度等有异，医疗效果也就有可能不同。再次，来自于患者的疾病。疾病本身就是一种风险，诊疗护理实质上是在化解风险。基于上述原因，在化解风险的过程中又产生了新的风险。医疗有风险是一个客观事实，但法律对这种风险性质有一个明确的界限，即合法的风险和非法的风险。所谓合法的风险，是指医疗管理法律、法规、规章和诊疗护理规范、常规允许的风险；非法的风险，则是指医疗管理法律、法规、规章和诊疗护理规范、常规不允许的风险。对合法的风险，医务人员不承担任何责任，实行责任豁免；对非法的风险，医务人员要承担相应的责任。甄别合法风险和非法风险的标准就是在医疗活动中是否存在过失，也就是在诊疗护理中是否违反医疗管理法律、法规、规章和诊疗护理规范常规。法律、法规、规章一般是由不同的立法机构制定的见诸文字的规范性文件，而诊疗护理的规范、常规既包括由卫生行政部门以及全国性行业协（学）会基于维护公民健康权利的原则，在总结以往科学技术成果的基础上，针对本行业的特点，制定的具有技术性、规定性、可操作性，医务人员在执业活动中必须严格遵守、认真执行的各种标准、规程、规范、制度，又包括医疗机构制定的本机构医务人员在进行医疗、护理、检验、医技诊断治疗及医用物品供应等各项工作应遵循的工作方法、步骤。

3. 医疗事故是由医疗机构及其医务人员直接造成的

国家对有权开展医疗活动的医疗机构和有权从事医疗活动的医务人员规定了严格的许可制度。医疗事故的主体必须是依法取得执业许可或执业资格的医疗机构及其工作人员。未取得《医疗机构执业许可证》的单位和组织，未取得执业医师或护士资格的人，他们只能是非法行医的主体。非法行医造成患者身体健康损害的，不属于医疗事故，而是一般的过失人身伤害。当然，患者由于自己的过错造成的不良后果，也不能认定为医疗事故。

4. 医疗事故给患者造成了人身损害的严重后果

在医疗活动中，由于各种原因难免会出现一些不良后果，有些不良后果在不同程度上给患者的健康带来了影响、痛苦，有的甚至造成了人身损害。所以，为了保护患者利益，《条例》将造成患者死亡、残废、组织器官损伤导致功能障碍以及明显的人身损害的其他后果的，定为医疗事故，并对造成医疗事故的责任人规定了明确的处罚。应该强调的是，这里的严重后果只能是过失违法行为的后果。所谓过失是指行为人行为时的主观心理不是故意伤害患者，即行为人在做出行为时，决不希望或追求损害结果的发生，但由于自己的行为违法，造成了人身损害后果。

5. 医疗过失行为和患者的人身损害后果之间存在直接必然的因果关系

过失行为和损害后果之间存在的因果关联是判定医疗事故成立的重要因素。在某些时候，虽然医务人员存在过失行为，甚至也的确存在损害结果，但该损害结果与过失行为之间并不存在因果关联，医疗事故因而也就不能成立。此外，因果关系的判定，还涉及追究医疗机构及医务人员的法律责任以及确定对患者的具体赔偿数额等重要问题。

二、不属于医疗事故的情形

根据《条例》，有六种情形不属于医疗事故，包括：①在紧急情况下为抢救垂危患者生命而无法按照常规采取急救措施而造成不良后果的；②在诊疗过程中由于病情异常或者患者体质特殊而发生医疗意外的；③现有医学科学技术无法预料、防范的不良后果的；④无过错输血感染造成不良后果的；⑤因患方原因延误诊疗导致不良后果的；⑥因不可抗力造成不良后果的。

三、医疗事故的分级

根据《条例》，将医疗事故分为四级：

一级医疗事故，是指造成患者死亡、重度残疾的医疗事故。

二级医疗事故，是指造成患者中度残疾、器官组织损伤导致严重功能障碍的医疗事故。

三级医疗事故，是指造成患者轻度残疾、器官组织损伤导致一般功能障碍的医疗事故。

四级医疗事故，是指造成患者明显人身损害的其他后果的医疗事故。

四、医疗事故的预防与处置

（一）医疗事故的预防

医疗机构及其医务人员在医疗活动中，必须严格遵守医疗卫生管理法律、行政法规、部门规章和诊疗护理规范、常规，恪守医疗服务职业道德。医疗机构应当对其医务人员进行医疗卫生管理法律、行政法规、部门规章和诊疗护理规范、常规的业务培训和医疗服务职业道德教育。医疗机构应当设置医疗服务质量监控部门或者配备专（兼）职人员，具体负责监督本医疗机构的医务人员的医疗服务工作，检查医务人员执业情况，接受患者对医疗服务的监督投诉，向其提供咨询服务。医疗机构应当制定防范、处理医疗事故的预案，预防医疗事故的发生，减轻医疗事故的损害。

（二）有关病历资料等的规定

1. 病历资料的书写与保管

医疗机构应当按照国务院卫生行政部门规定的要求，书写并妥善保管病历资料。因抢救急危患者，未能及时书写病历的，有关医务人员应当在抢救结束后 6 小时内据实补记，并加以注明。严禁涂改、伪造、隐匿、销毁或者抢夺病历资料。

2. 病历资料的复制

患者有权复印或者复制其门诊病历、住院志、体温单、医嘱单、化验单（检验报告）、医学影像检查资料、特殊检查同意书、手术同意书、手术及麻醉记录单、病理资料、护理记录以及国务院卫生行政部门规定的其他病历资料。患者按规定复印或者复制病历资料的，医疗机构应当提供复印或者复制服务并在复印或者复制的病历资料上加盖证明印记。复印或者复制病历资料时,应当有患者在场。医疗机构应患者的要求,为其复印或者复制病历资料,可以按照规定收取工本费。

3. 病历资料和现场实物的封存

(1)病历资料的封存

发生医疗事故争议时,死亡病例讨论记录、疑难病例讨论记录、上级医师查房记录、会诊意见、病程记录应当在医患双方在场的情况下封存和启封。封存的病历资料可以是复印件,由医疗机构保管。

(2)现场实物的封存

疑似输液、输血、注射、药物等引起不良后果的,医患双方应当共同对现场实物进行封存和启封,封存的现场实物由医疗机构保管;需要检验的,应当由双方共同指定的、依法具有检验资格的检验机构进行检验;双方无法共同指定时,由卫生行政部门指定。疑似输血引起不良后果,需要对血液进行封存保留的,医疗机构应当通知提供该血液的采供血机构派员到场。

(三)尸检及尸体的处理

1. 尸检

患者死亡,医患双方当事人不能确定死因或者对死因有异议的,应当在患者死亡后 48 小时内进行尸检;具备尸体冻存条件的,可以延长至 7 日。尸检应当经死者近亲属同意并签字。尸检应当由按照国家有关规定取得相应资格的机构和病理解剖专业技术人员进行。承担尸检任务的机构和病理解剖专业技术人员有进行尸检的义务。医疗事故争议双方当事人可以请法医病理学人员参加尸检,也可以委派代表观察尸检过程。拒绝或者拖延尸检,超过规定时间,影响对死因判定的,由拒绝或者拖延的一方承担责任。

2. 尸体的处理

患者在医疗机构内死亡的,尸体应当立即移放太平间。死者尸体存放时间一般不得超过两周。逾期不处理的尸体,经医疗机构所在地卫生行政部门批准,并报经同级公安部门备案后,由医疗机构按照规定进行处理。

(四)医疗事故报告制度

1. 内部报告制度

医务人员在医疗活动中发生或者发现医疗事故、可能引起医疗事故的医疗过失行为或者发生医疗事故争议时,应当立即向所在科室负责人报告,科室负责人应当及时向本医疗机构负责医疗服务质量监控的部门或者专(兼)职人员报告;负责医疗服务质量监控的部门或者专(兼)职人员接到报告后,应当立即进行调查、核实,将有关情况如实向本医疗机构的负责人报告,并向患者通报、解释。

2. 向卫生行政部门报告

发生医疗事故时,医疗机构应当按照规定向所在地卫生行政部门报告。发生下列重大医疗过失行为的,医疗机构应当在 12 小时内向所在地卫生行政部门报告:①导致患者死亡或者可能为二级以上的医疗事故;②导致 3 人以上人身损害后果;③国务院卫生行政部门和省、自治区、直辖市人民政府卫生行政部门规定的其他情形。

3. 防止损害扩大

发生或者发现医疗过失行为，医疗机构及其医务人员应当立即采取有效措施，避免或者减轻对患者身体健康的损害，防止损害扩大。

工作任务 2　认识医疗事故的技术鉴定

陈某，女，居住在上海，到宁波旅游期间因突发阑尾炎在宁波市甲卫生院手术，其后因其刀口久久难以愈合，出现严重的感染，被迫送至杭州乙医院治疗，在乙医院的手术发现患者腹腔内有一块医用纱布，患者目前的损伤也是由这块纱布所造成的，陈某遂与甲卫生院发生纠纷。考虑到自己方便，陈某向上海市卫生局提出医疗事故技术鉴定申请，但被告知不予受理。

一、医疗事故鉴定概述

（一）鉴定主体及职责分工

根据《条例》规定，医疗事故技术鉴定由医学会组织专家鉴定组进行。我国医学会是指由医学科学工作人员、医疗技术人员等中国公民、医学科研组织、医疗机构等单位自愿组成，为实现会员的共同意愿，按照其章程开展活动的非营利性医学社会组织。它是独立存在的社会团体法人，与任何机关和组织都不存在管理上的、经济上的、责任上的必然联系和利害关系，其权威性使其在我国现阶段的医疗事故的技术鉴定工作中具备了专业性、中介性、客观性的条件。

（二）专家库的建立

负责组织医疗事故技术鉴定工作的医学会应当建立专家库。专家库由具备下列条件的医疗卫生专业技术人员组成：①有良好的业务素质和执业品德；②受聘于医疗卫生机构或者医学教学、科研机构并担任相应专业高级技术职务 3 年以上。符合第①项规定条件并具备高级技术任职资格的法医可以受聘进入专家库。负责组织医疗事故技术鉴定工

知识链接：医疗事故技术鉴定的专家库

作的医学会依照《条例》规定聘请医疗卫生专业技术人员和法医进入专家库，可以不受行政区域的限制。

二、医疗事故技术鉴定组织

（一）鉴定程序的启动

卫生行政部门接到医疗机构关于重大医疗过失行为的报告或者医疗事故争议当事人要求处理医疗事故争议的申请后，对需要进行医疗事故技术鉴定的，交由负责医疗事故技术鉴定工作的医学会组织鉴定；医患双方协商解决医疗事故争议，需要进行医疗事故技术鉴定的，由双方当事人共同委托负责医疗事故技术鉴定工作的医学会组织鉴定。当事人对首次医疗事故技术鉴定结论不服的，可以自收到首次鉴定结论之日起 15 日内向医疗机构所在地卫生行政部门提出再次鉴定的申请。

（二）鉴定程序

1. 提交材料

负责组织医疗事故技术鉴定工作的医学会应当自受理医疗事故技术鉴定之日起 5 日内通知医疗事故争议双方当事人提交进行医疗事故技术鉴定所需的材料。当事人应当自收到医学会的通知之日起 10 日内提交有关医疗事故技术鉴定的材料、书面陈述及答辩。医疗机构提交的有关医疗事故技术鉴定的材料应当包括下列内容：①住院患者的病程记录、死亡病例讨论记录、疑难病例讨论记录、会诊意见、上级医师查房记录等病历资料原件；②住院患者的住院志、体温单、医嘱单、化验单（检验报告）、医学影像检查资料、特殊检查同意书、手术同意书、手术及麻醉记录单、病理资料、护理记录等病历资料原件；③抢救急危患者，在规定时间内补记的病历资料原件；④封存保留的输液、注射用物品和血液、药物等实物，或者依法具有检验资格的检验机构对这些物品、实物做出的检验报告；⑤与医疗事故技术鉴定有关的其他材料。在医疗机构建有病历档案的门诊、急诊患者，其病历资料由医疗机构提供；没有在医疗机构建立病历档案的，由患者提供。医患双方应当依照规定提交相关材料。医疗机构无正当理由未依照规定如实提供相关材料，导致医疗事故技术鉴定不能进行的，应当承担责任。

2. 成立专家鉴定组

医患双方在医学会的主持下，从医学会建立的专家库中随机编号、等量抽取，最后一名专家由医学会抽取（保证单数），组长由组员推举或由最高专业技术职务者担任。医疗事故技术鉴定过程中专家回避的情形有三种：医疗事故争议当事人或者当事人近亲属；与医疗事故争议有利害关系；与医疗事故争议当事人有其他关系，可能影响公正鉴定。

3. 调查取证、听取陈述及答辩并进行核实

（1）调查取证

负责组织医疗事故技术鉴定工作的医学会应当自接到当事人提交的有关医疗事故技术鉴定的材料、书面陈述及答辩之日起 45 日内组织鉴定并出具医疗事故技术鉴定书。负责组织医疗事故技术鉴定工作的医学会可以向双方当事人调查取证。

（2）听取陈述及答辩并进行核实

专家鉴定组应当认真审查双方当事人提交的材料，听取双方当事人的陈述及答辩并进行核实。双方当事人应当按照规定如实提交进行医疗事故技术鉴定所需要的材料，并积极配合调查。当事人任何一方不予配合，影响医疗事故技术鉴定的，由不予配合的一方承担责任。

4. 医疗事故技术鉴定的内容

（1）医疗行为是否违反了医疗技术标准和规范

医疗技术标准和规范是诊疗护理的准则，遵守医疗技术标准和规范是医疗活动的基本要求，也是保证医疗质量的基本条件。

（2）医疗过失行为与医疗事故争议的事实之间是否存在因果关系

医疗过失行为是指违反医疗技术标准和规范的医疗行为。医疗事故争议是指患者对医疗机构的医疗行为的合法性提出争议，并认为不合法的医疗行为导致了医疗事故。

（3）医疗过失行为在医疗事故中的责任程度

由于患者的病情轻重和个体差异，相同的医疗过失行为在造成的医疗事故中所起的作

用并不相同,分为完全责任(指医疗损害后果完全由医疗过错行为造成)、主要责任(指医疗损害后果主要由医疗过错行为造成,其他因素起次要作用)、次要责任(指医疗损害后果主要由其他因素造成,医疗过错行为起次要作用)和轻微责任(指医疗损害后果绝大部分由其他因素造成,医疗过错行为起轻微作用)等四种。

5.做出鉴定结论

专家鉴定组应当在事实清楚、证据确凿的基础上,综合分析患者的病情和个体差异,做出鉴定结论,并制作医疗事故技术鉴定书,如实记载鉴定过程和鉴定结论。鉴定结论须经专家鉴定组成员的过半数通过。鉴定过程应当如实记载。

(三)鉴定费用

医疗事故技术鉴定可以收取鉴定费用。经鉴定,属于医疗事故的,鉴定费用由医疗机构支付;不属于医疗事故的,鉴定费用由提出医疗事故处理申请的一方支付。因鉴定程序等不合法导致鉴定结论被认定无效的,须重新鉴定,重新鉴定时不得收取鉴定费。鉴定费用标准由省、自治区、直辖市人民政府价格主管部门会同同级财政部门、卫生行政部门规定。

三、医疗事故鉴定的工作原则

(一)依法鉴定

是不是医疗事故,关键是看医疗行为有无违反医疗管理法律、法规、规章和诊疗护理规范、常规。专家鉴定组通过审查、调查,在弄清事实、证据确凿的基础上,综合分析患者的病情和个体差异,经过充分论证,审慎地做出相关医疗行为是否违法的结论,整个过程应依法进行。

(二)独立鉴定

医疗事故技术鉴定本质上说是一种医学辨别与判定,它应当尊重科学、尊重事实。在独立做出鉴定结论的过程中,不应受到医患双方或任何第三方的非法定的影响或干扰,以保证鉴定结论的科学、公正与客观。

(三)实行合议制

医疗事故技术鉴定是由若干专家组成的专家鉴定组来完成的。由于医学科学本身的特殊性和复杂性,加之鉴定专家个人对疾病的认识存在着思维方式的不同、看问题的角度不同、关注的重点不同以及可能存在的一定的认识盲点和误区,将难免使鉴定过程中出现认识上的不一致。因此,要求在充分讨论的基础上,通过表决,以超过半数成员的意见作为鉴定结论,当然少数人的意见也应该记录在案。

(四)当事人参与

当事人参与技术鉴定是多方面的。如有权抽取鉴定专家,有权要求可能影响鉴定结论的鉴定专家回避,有权向专家鉴定组提供相关材料、陈述意见等。

四、医疗事故鉴定的法律地位

医疗事故技术鉴定结论对于医疗事故的处理具有重要意义。因当事人拒绝配合,无法进行医疗事故技术鉴定的,应当终止本次鉴定,由医学会告知移交鉴定的卫生行政部门或共同委托鉴定的双方当事人,说明不能鉴定的原因。由此造成的法律后果由相关责任方承担。

依法做出医疗事故技术鉴定结论,可以作为卫生行政部门对发生医疗事故的单位和人员进行行政处理的依据,可以作为人民法院审理医疗事故侵权案件的依据,可以作为医疗事故纠纷非讼处理的依据。

五、鉴定报告书及鉴定异议

（一）鉴定报告书

医疗事故技术鉴定专家组应当在医疗事故技术鉴定结论中体现以下方面:

(1)医疗行为是否违反医疗管理法律、法规、规章和诊疗护理规范、常规;

(2)医疗过失行为与医疗事故争议的事实之间是否存在因果关系;

(3)医疗过失行为在医疗事故中的责任程度;

(4)医疗事故的等级。

医疗事故技术鉴定书内容一般包括:双方当事人一般情况、当事人提交的材料和医学会的调查材料、对鉴定过程的说明、双方争议的主要事项、主要分析意见、鉴定结论、对医疗事故当事人的诊疗护理医学建议、鉴定时间等。

医疗事故鉴定结果及相应材料医学会应至少存档 20 年。

（二）鉴定异议

1. 首次鉴定和再次鉴定

由设区的市级地方医学会和省、自治区、直辖市直接管理的县(市)地方医学会负责组织首次医疗事故技术鉴定工作,当事人对于首次鉴定结论不服的,省、自治区、直辖市地方医学会负责组织再次鉴定工作,如果对再次鉴定结论不服从,可以申请中华医学会组织鉴定,但中华医学会仅负责组织在全国有重大影响的、复杂和疑难的医疗事故的鉴定。

需要注意的是不同层级医学会组织鉴定产生的医疗事故技术鉴定结论并没有效力上的等级差异,当一件案件有多份医疗事故技术鉴定报告时,人民法院有权在审理相关案件时根据情况判断选择采信哪份鉴定报告。

2. 重新鉴定

医学会对经卫生行政部门审核认为参加鉴定的人员资格和专业类别或者鉴定程序不符合规定,需要重新鉴定的,应当重新组织鉴定。如果参加鉴定的人员资格和专业类别不符合规定,应当重新抽取专家,组成专家鉴定组进行重新鉴定。如果鉴定的程序不符合规定而参加鉴定的人员资格和专业类别符合规定,可以由原专家鉴定组进行重新鉴定。

工作任务 3　认识医疗事故的解决

2007 年 11 月,宁波市人民政府第 16 次常务会议审议通过《宁波市医疗纠纷预防与处置暂行办法》(市长令 153 号),并于 2008 年 3 月 1 日起实施,从地方行政规章的立法高度建立了医疗纠纷预防与处置制度。该制度在保留原有《医疗事故处理条例》规定的解决途径(即医患协商、卫生行政部门调解和法院诉讼)的基础上,创造性地引入第三方介入处理医疗纠纷,并同时限制了医患协商中医疗机构的处置权力,对于患方索赔在 1 万元以上的,医疗机构无权自行赔偿,此时保险公司应介入处理,由此构建两个具有宁波特色的医疗纠纷处理的制度,一是医疗责任保险制度,二是医疗纠纷人民调解制度,自此,被社会称为医疗纠纷的"宁波解法"得以开始实施。

医疗事故争议的解决方式主要有以下几种。

一、协商解决

发生医疗事故的赔偿等民事责任争议,医患双方可以协商解决。双方当事人协商解决医疗事故的赔偿等民事责任争议的,应当制作协议书。协议书应当载明双方当事人的基本情况和医疗事故的原因、双方当事人共同认定的医疗事故等级以及协商确定的赔偿数额等,并由双方当事人在协议书上签名。

二、调解解决

1. 行政调解

发生医疗事故的赔偿等民事责任争议,医患双方不愿意协商或者协商不成时,可以向卫生行政部门提出调解申请。已确定为医疗事故的,卫生行政部门应医疗事故争议双方当事人请求,可以进行医疗事故赔偿调解。调解时,应当遵循当事人双方自愿原则,并应当依据《条例》的规定计算赔偿数额。经调解,双方当事人就赔偿数额达成协议的,制作调解书,双方当事人应当履行;调解不成或者经调解达成协议后一方反悔的,卫生行政部门不再调解。

2. 人民调解

（1）概念

医疗纠纷人民调解是指在医疗纠纷人民调解委员会的主持下,依据法律法规、规章、政策以及社会公德、公序良俗等,对涉及民事权利义务的医疗纠纷,在查明事实、分清是非的基础上,通过说服教育和规劝疏导的方法,促使当事人在自愿平等和互相谅解的前提下,达成调解协议从

知识链接：人民调解委员会

而解决医疗纠纷的活动;其所针对的纠纷是发生在医疗机构和患者之间涉及民事权利与义务的各类纠纷。

考虑到司法体制尚不完善,医患纠纷案件审理耗时长、成本高,加上医疗机构与卫生行政部门的隶属关系致使行政调解缺乏信任的基础,由此,客观、公正、中立的第三方介入更显其现实价值。2010年2月卫生部等五部委联合发布的《关于公立医院改革试点的指导意见》提出建立医患纠纷的人民调解机制,各地先后成立医疗纠纷人民调解委员会作为完全独立的第三方参与医疗损害赔偿争议的解决。医疗纠纷人民调解作为一种诉讼外的纠纷解决机制,效率高、程序简便、公信度高,可以让相当数量的医疗纠纷不用进入人民法院的诉讼程序就可以得到及时有效的解决,它以妥协而不是对抗的方式解决纠纷,允许医患当事人根据自主和自律原则选择适用的规范如地方惯例、行业习惯和标准等解决纠纷,有利于维护需要长久维系的医患关系和社会的稳定,提升了医疗纠纷的化解率,减轻了政府机关以及人民法院的行政成本,节约了政府资源、减少了诉累,减轻了社会民众的负担,成为缓解各级政府维护社会秩序职责压力的有力措施。

（2）特征

人民调解是解决医疗纠纷的重要方法之一,对于我国依法维护医患合法权益,构建和谐

医疗环境具有重要的实践价值。其主要的特征包括了以下几点。

①人民性。医疗纠纷人民调解员由具有较强专业知识和较高调解技能、热心调解事业的离退休医学专家、法官、检察官、警官,以及律师、公证员、法律工作者组成,是经过人民群众选举或接受聘任的;调解的对象是医疗纠纷;调解的依据是国家的政策法规和社会公德;调解的目的是平息医患之间的纷争,维护医患双方合法权益,维护社会稳定,保障正常医疗秩序。

②自治性。医疗纠纷人民调解必须坚持自愿、平等、合法的原则,调解必须建立在双方当事人自愿的基础上,表现出明显的当事人主义。医疗纠纷人民调解委员会无权强迫任何一方当事人接受调解或者履行义务,更无权对当事人的人身或者财产采取强制性措施,当然也不能违反国家的法律法规、规章制度以及方针政策,也不能和社会道德风俗相违背。对于医疗纠纷人民调解的协议,当事人应当履行,但是如果任何一方当事人反悔,双方当事人都可以向人民法院提起司法诉讼加以解决,即医疗纠纷人民调解协议没有强制执行的法律效力,这体现了医疗纠纷人民调解的自治性;此外,医疗纠纷人民调解员在调解医疗纠纷时可以运用疏导规劝、说服教育、协商和解的方法,这也是自治性的体现。

③准司法性。医疗纠纷人民调解必须在医疗纠纷人民调解委员会主持下进行,和群众自发组织的协调和解行为是不同的,更具有组织性;作为诉讼外的医疗纠纷解决机制,人民调解员必须有相应的工作方式、工作程序以及工作纪律,这些均是由国家法律法规进行规范的;医疗纠纷人民调解组织一方面分担了国家权力组织的一部分工作,同时也承担了国家权力组织的权威,使得人民调解工作具有较高的社会公信力;医疗纠纷人民调解还要接受司法行政部门和人民法院的监督和指导。

④独立性。医疗纠纷人民调解和行政调解在主持部门上有明显区别,前者由于是一种群众性自治行为,具有民间调解的性质,调解组织从归属上并不隶属卫生行政部门,脱离了医疗卫生系统,也不代表当事人任何一方,在医疗纠纷调解过程中具有完全独立第三方的性质,调解工作的独立性在工作方式、工作纪律和工作程序等方面予以保证,例如调解过程中的回避制度。调解工作为独立性开展,调解协议为第三方所做出,调解结论具有独立性。医疗纠纷行政调解是在医疗卫生系统内开展的调解工作,是在卫生行政部门的监督和指导下进行的,并且从本质上代表了医疗机构的利益,调解工作不具有第三方性质。因此,只有医疗纠纷人民调解具有独立性。

⑤便利性。医疗纠纷人民调解方式便利,速度较快,效果较好。在城市,由于组成调解委员会的多半是一些管理工作者或者专业技术人员,其素质普遍较高,如退休法官、退休检察官等,其法律意识、个人素质、工作经验较好,并且有较高的社会信任度。所以对于调解一些争议不大、事故责任明确、标的较小、伤害轻微的医患纠纷,能及时解决问题,如果调解得当,可以减轻医院压力,减少患者及家属的痛苦和来回奔波。同时,医疗纠纷人民调解委员会是社会公益性组织,社会及经济成本较低,其调解不以赢利为目的,调解医疗纠纷不收取费用,调解工作经费由政府保障,有利于减轻医患双方的经济负担。

3. 仲裁

《条例》对于医疗纠纷的处理并没有仲裁途径的规定。但是根据2017年9月1日第十二届全国人民代表大会常务委员会第二十九次会议(第二次修正)的《中华人民共和国仲裁法》的规定,平等主体的公民、法人和其他组织之间发生的合同纠纷和其他财产权益纠纷可以仲裁。其中第三条列举了不能仲裁的情形,包括婚姻、收养、监护、扶养、继承纠纷和依法应当由行政机关处理的行政争议,尽管并没有明确禁止医疗纠纷仲裁的规定,但是由仲裁来处理医疗纠纷仍需要法律进一步明确。

2006年12月8日,天津市仲裁委员会医疗纠纷调解中心正式挂牌成立,天津市仲裁委员会医疗纠纷调解中心制定了《天津市仲裁委员会医疗纠纷调解规则》,根据该规则,中心只受理事实清楚、责任明确、当事人仅对赔偿方案有争议的医疗纠纷。医疗纠纷仲裁调解坚持当事人自愿原则,医疗纠纷的双方当事人如果达成协议将纠纷提交调解中心调解,即可以向调解中心提出申请,并提交协议、调解申请书、申请人主体资格的证明。调解中心收到当事人提交的调解申请书等相关资料后两日内,将受理符合条件的申请,并通知当事人。当事人在收到调解受理通知书5日内,在调解员名册中共同选定调解员成立调解庭,调解庭将在10天内开庭,开庭3天前将通知当事人开庭日期和地点。医疗纠纷的调解期限为20天,自调解庭第一次开庭之日起计算,但双方当事人同意延长的可以适当地延长。

三、诉讼解决

发生医疗事故的赔偿等民事责任争议,医患双方不愿意协商、调解或者协商、调解不成的,可以直接向人民法院提起民事诉讼。但当事人申请卫生行政部门或者医疗纠纷人民调解委员会等组织进行调解的,对调解结果不服,不能向人民法院提起行政诉讼,而只能按照民事诉讼法规定,向人民法院提起民事诉讼。诉讼解决是用司法程序解决医疗事故争议,是最具强制力的一种解决途径,也是解决医疗事故争议的最终途径。

工作任务4　认识医疗事故的法律责任

孕妇水某在某某县中医院剖腹产分娩,该院在没有具备上岗资质的妇产科医生的情况下找来外科医生倪某做手术,倪某在手术中失误造成水某的子宫切口延撕约2厘米,血管破裂。由于失血过多,院方进行输血,但检验医生把水某本为AB型的血型又检验成A型,输入了A型血600毫升。水某情况十分危险,后又转到该县人民医院急救,但该县人民医院的验血化验结果完全不同,未引起在场所有包括县中医院的医生的注意,临床医生又给开了400毫升的B型血,当时水某两条腿上分别输着A型和B型两种血。最终水某死去。法医鉴定为溶血性休克死亡。当事医生被当地卫生行政部门吊销了执业资格,检察机关以医疗事故罪对当事医生提出公诉,受害者家属同时也对死者的人身损害提出了民事索赔。

一、医疗事故的行政责任

卫生行政部门接到医疗机构关于重大医疗过失行为的报告后未及时组织调查的;接到医疗事故争议的处理申请后,未在规定时间内审查或移送上一级政府卫生行政部门处理的;未将应当进行医疗事故技术鉴定的重大医疗过失行为或者医疗事故争议移交医学会组织鉴定的;未依法逐级将当地发生的医疗事故以及依法对发生医疗事故的医疗机构和医务人员的行政处理情况上报的以及未依法审核医疗事故技术鉴定书,由上级卫生行政部门给予警告并责令限期改正,情节严重的,对负有责任的主管人员和其他直接责任人员依法给予行政处分。

医疗机构发生医疗事故的,由卫生行政部门根据医疗事故的等级和情节,给予警告。情节严重的,责令限期停业整顿直至由原发证部门吊销执业许可证。对负有责任的医务人员依法给予行政处分或纪律处分,对发生医疗事故的有关医务人员,卫生行政部门还可以责令暂停 6 个月以上 1 年以下执业活动,情节严重的,应吊销其执业证书。

医疗机构未如实告知患者病情、医疗措施和医疗风险的;没有正当理由,拒绝为患者提供复印或者复制病历资料的;未按国务院卫生行政部门规定的要求书写和妥善保管病历资料的;未在规定时间内补记抢救工作病历内容的,未依法封存、保管和启封病历资料和实物的;未设置医疗服务质量监控部门或配备专(兼)职人员的;未制定有关医疗事故防范和处理预案的;未在规定时间内向卫生行政部门报告重大过失医疗行为的;未依法向卫生行政部门报告医疗事故以及未按规定进行尸检和保存、处理尸体的,卫生行政部门将责令其改正,情节严重的,对负有责任的主管人员和其他直接责任人员依法给予行政处分或纪律处分。

医疗机构或者其他有关机构,如应由其承担尸检任务又无正当理由而拒绝进行尸检的以及涂改、伪造、隐匿、销毁病历资料的,由卫生行政部门责令改正,给予警告,对负有责任的主管人员和其他直接责任人员依法给予行政处分或纪律处分,情节严重的,由原发证部门吊销其执业许可证或资格证书。

二、医疗事故的刑事责任

卫生行政部门的工作人员在处理医疗事故的过程中违反法律的规定,利用职务上的便利收受他人财物或者其他利益,滥用职权,玩忽职守,或发现违法行为不予查处,造成严重后果的,依照《刑法》关于受贿罪、滥用职权罪、玩忽职守罪或者其他有关罪的规定,依法追究刑事责任。

医疗机构发生情节严重的医疗事故的,对负有责任的医务人员依照《刑法》第 335 条关于医疗事故罪的规定,依法追究刑事责任。参加医疗事故鉴定的人员违反纪律的规定,接受申请鉴定双方或一方当事人的财物或者其他利益,出具虚假医疗事故技术鉴定书,造成严重后果的,依照《刑法》关于受贿罪的规定,依法追究刑事责任。以医疗事故为由,寻衅滋事,抢夺病历资料,扰乱医疗机构正常医疗秩序和医疗事故技术鉴定工作的,依照《刑法》关于扰乱社会秩序罪的规定,依法追究刑事责任。非法行医,造成患者人身损害,不属于医疗事故,构成犯罪的,依法追究刑事责任。

三、医疗事故的民事责任

医疗事故的损害后果,是对自然人生命健康权的侵害。生命健康权是公民的一项基本权利,也是享有其他一切权利的基础,对公民生命健康权的损害赔偿是针对损伤公民健康权所造成的财产损失的赔偿,其实质是一种财产责任。

根据《条例》,确定医疗事故赔偿具体数额有三个基本原则。

(一)医疗事故赔偿数额应当与具体案件的医疗事故等级相适应

医疗事故的等级体现了患者人身遭受损害的实际程度,是对受害人身致伤、致残及其轻重程度的客观评价。医疗事故具体赔偿数额与医疗事故等级相适应,体现了我国民法在民事赔偿上的实际赔偿原则,体现了赔偿的公平性和合理性。

（二）医疗事故赔偿数额应当与医疗行为在医疗事故损害后果中的责任程度相适应

医疗事故与医疗过失责任程度相适应的原则，是说在医疗方所承担的赔偿份额，应当与其过错行为对损害后果的作用相一致。首先必须确定医疗行为本身是否有过错，有过错也不意味着承担全部责任，还要看过错行为对损害方损害结果所占的责任程度的大小，有多大责任就承担多大的赔偿责任。责任程度原则，使医疗事故直接损害的基本原则更加科学化、规范化。这样规定既符合法律的基本原则，也符合医学的基本原则，有利于维护医患双方的合法权益。一方面避免在确定为医疗事故后就判定医疗主体承担全部损失的责任，使医疗主体承受起超过其实际致害行为责任程度的赔偿义务，合法权益受到损害；另一方面也避免对医疗过失责任程度较小的损害后果，在鉴定中不能确定为医疗事故，使患方应当得到的补偿不能得到。因此，责任程度原则是一个较合理的赔偿适用规则。

（三）应客观考虑医疗事故损害后果与患者原有疾病状况之间的关系

这一原则要求确定医疗事故赔偿时，应当实事求是，客观地分析患者原有疾病状况对医疗事故损害后果的影响因素以及其与损害结果之间的关系，免除医疗主体不应承担的赔偿成分，体现了法律的公平性，以及责任方应承担责任份额时以事实为根据、以法律为准绳的法治原则。

工作任务 5　认识医疗损害

我国对医疗损害的专门立法始于 1987 年国务院颁布的《医疗事故处理办法》。该办法共有六章二十九条，对医疗事故的分类和等级、医疗事故的处理程序、医疗事故的鉴定、医疗事故的处理等做出规定。2002 年 4 月 1 日起，《最高人民法院关于民事诉讼证据的若干规定》明确规定了医疗行为侵权纠纷赔偿适用举证倒置原则，该项规定称："因医疗行为引起的侵权诉讼，由实施危险行为的人就其行为与损害结果之间不存在因果关系承担举证责任。"此后，为适应新形势的需要，2002 年 9 月国务院对《医疗事故处理办法》进行了大幅度修订，出台了《医疗事故处理条例》。同年，卫生部颁布《医疗事故技术鉴定暂行办法》。该办法主要是为规范医疗事故技术鉴定工作，确保医疗事故技术鉴定工作有序进行，对专家库的建立、鉴定的提起、鉴定的受理以及专家鉴定组的组成等做了详细规定。2003 年，为解决法院审理医疗纠纷民事案件中的法律适用问题，最高人民法院发布《关于参照〈医疗事故处理条例〉审理医疗纠纷民事案件的通知》，其规定医疗事故处理条例施行后发生的医疗事故引起的医疗赔偿纠纷，诉到法院的，参照条例的有关规定办理；因医疗事故以外的原因引起的其他医疗赔偿纠纷，适用民法通则的规定。同年，最高人民法院发布《关于审理人身损害赔偿案件适用法律若干问题的解释》，其与《医疗事故处理条例》在赔偿项目和计算标准上有较大差别。2009 年 12 月 26 日，第十一届全国人大常委会第十二次会议通过《中华人民共和国侵权责任法》（以下称《侵权责任法》），其中第七章"医疗损害责任"，共 11 条。根据《中华人民共和国立法法》的规定，《条例》的规定与《侵权责任法》不一致时，应适用《侵权责任法》的相关规定。

一、医疗损害的概念

民法中的损害一词，是指一种事实状态，因一定的行为或事件使某种合法权益遭受某种不利的影响。损害具体表现为各种形式的财产损失、人身伤亡、精神痛苦等。广义而言，医疗损害一般是指医疗机构及其医务人员的故意或过失(即医疗过错)的医疗行为介入(非因疾病本身)而导致的伤害，或者是指医疗行为产生的负面结果，包括身体上或精神上的损害结果。仅从民法角度，医疗损害是指医疗机构及其医务人员在诊疗活动中因过失致患者遭受的损害，或因使用有缺陷的医疗产品和不合格血液引起的患者损害。

二、医疗损害过错责任的认定

（一）医疗机构应承担赔偿责任的情形

根据《侵权责任法》规定，有下列情形的，医疗机构应承担赔偿责任。

1. 实施手术、特殊检查、特殊治疗的，医务人员应当及时向患者说明医疗风险、替代医疗方案等情况，并取得其书面同意；不宜向患者说明的，应当向患者的近亲属说明，并取得其书面同意。如未尽上述义务，造成患者损害的，医疗机构应承担赔偿责任。

2. 医务人员在诊疗活动中未尽到与当时的医疗水平相应的诊疗义务，造成患者损害的，医疗机构应承担赔偿责任。

3. 医疗机构或医务人员违反法律、行政法规、规章以及其他有关诊疗规范的规定，或隐匿或者拒绝提供与纠纷有关的病历资料，或伪造、篡改或者销毁病历资料，患者有损害，推定医疗机构有过错，医疗机构应承担赔偿责任。

4. 因药品、消毒药剂、医疗器械的缺陷，或者输入不合格的血液造成患者损害的，患者可以向生产者或者血液提供机构请求赔偿，也可以向医疗机构请求赔偿。患者向医疗机构请求赔偿的，医疗机构赔偿后，有权向负有责任的生产者或者血液提供机构追偿。

5. 医疗机构及其医务人员泄露患者隐私或者未经患者同意公开其病历资料，造成患者损害的，应当承担侵权责任。

（二）医疗机构不承担赔偿责任的情形

根据《侵权责任法》规定，患者有损害，因下列情形之一的，医疗机构不承担赔偿责任。

1. 患者或者其近亲属不配合医疗机构进行符合诊疗规范的诊疗(如医疗机构及其医务人员也有过错的，应当承担相应的赔偿责任)。

2. 医务人员在抢救生命垂危的患者等紧急情况下已经尽到合理诊疗义务。

3. 限于当时的医疗水平难以诊疗。

（三）医疗损害侵权的防范措施

1. 因抢救生命垂危的患者等紧急情况，不能取得患者或者其近亲属意见的，经医疗机构负责人或者授权的负责人批准，可以立即实施相应的医疗措施。

2. 医疗机构及其医务人员应当对患者的隐私保密。

3. 医疗机构及其医务人员应当按照规定填写并妥善保管住院志、医嘱单、检验报告、手术及麻醉记录、病理资料、护理记录、医疗费用等病历资料。患者要求查阅、复制前款规定的病历资料的，医疗机构应当提供。

4. 医疗机构及其医务人员不得违反诊疗规范实施不必要的检查。

5. 医疗机构及其医务人员在执业过程过程中要严格依照卫生管理的法律法规、部门规章以及诊疗护理常规，做好医患沟通。

三、医疗损害赔偿的范围

《条例》规定,医疗事故赔偿项目包括医疗费、误工费、住院伙食补助费、陪护费、残疾生活补助费、残疾用具费、丧葬费、被扶养人生活费、交通费、住宿费、精神损害抚慰金。参加医疗事故处理的患者近亲属所需交通费、误工费、住宿费,参照有关规定计算,计算费用的人数不超过两人。医疗事故造成患者死亡的,参加丧葬活动的患者的配偶和直系亲属所需交通费、误工费、住宿费,参照有关规定计算,计算费用的人数不超过两人。

《侵权责任法》规定,侵害他人造成人身损害的,应当赔偿医疗费、护理费、交通费等为治疗和康复支出的合理费用,以及因误工减少的收入。造成残疾的,还应当赔偿残疾生活辅助具费和残疾赔偿金。造成死亡的,还应当赔偿丧葬费和死亡赔偿金。侵害他人人身权益,造成他人严重精神损害的,被侵权人可以请求精神损害赔偿。

我国对医疗事故受害者实行一次性结算经济赔偿原则。经确定为医疗事故的,由医疗机构按照医疗事故等级、造成医疗事故的情节和患者的情况等,给予受害者一次性经济赔偿。由于部分医疗事故的受害者存在后续治疗及其费用问题,法院不能解决尚未发生的损失,并据此做出赔偿判决,因此,在处理这部分患者的相关费用时,应综合、客观地予以考虑。

延伸阅读:

根据 2002 年 4 月 1 日施行的《最高人民法院关于民事诉讼证据的若干规定》,下列侵权诉讼按照以下规定承担举证责任:(一)因新产品制造方法发明专利引起的专利侵权诉讼,由制造同样产品的单位或者个人对其产品制造方法不同于专利方法承担举证责任;(二)高度危险作业致人损害的侵权诉讼,由加害人就受害人故意造成损害的事实承担举证责任;(三)因环境污染引起的损害赔偿诉讼,由加害人就法律规定的免责事由及其行为与损害结果之间不存在因果关系承担举证责任;(四)建筑物或者其他设施以及建筑物上的搁置物、悬挂物发生倒塌、脱落、坠落致人损害的侵权诉讼,由所有人或者管理人对其无过错承担举证责任;(五)饲养动物致人损害的侵权诉讼,由动物饲养人或者管理人就受害人有过错或者第三人有过错承担举证责任;(六)因缺陷产品致人损害的侵权诉讼,由产品的生产者就法律规定的免责事由承担举证责任;(七)因共同危险行为致人损害的侵权诉讼,由实施危险行为的人就其行为与损害结果之间不存在因果关系承担举证责任;(八)因医疗行为引起的侵权诉讼,由医疗机构就医疗行为与损害结果之间不存在因果关系及不存在医疗过错承担举证责任。

[拓展练习]

职业角色训练:分小组,编排一场医患纠纷相关的小品,表演时间约 15 分钟。

(朱晓卓)

单元三　食品、药品安全与法律

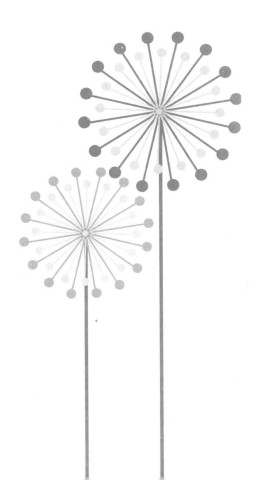

项目一　药师执业法律规定

[学习目标]
1. 能够熟练分析执业药师的法律界定；
2. 能够清楚分析执业药师的获得途径；
3. 能够清楚分析执业药师的职责；
4. 能够清楚分析违反药师执业管理的法律责任。

知识链接：执业药师
资格考试的相关情况

工作任务　认识药师执业的法律规定

　　某市药监局对通过 GSP 认证的药店进行重点规范,加强了对药师资格证的审核。在审核过程中,该局会同当地人事部门,要求药店所聘药师在送审其资格证时须同时提交专业技术职务呈报表和人事部门公布职称的文件。但有些药店的药师迟迟不能提供该局要求提交的材料(据了解可能存在造假现象),还有个别药店的药师提供的资格证经人事部门确认属于假证。经确认属于假证的,执法人员责令药店更换人员,聘请有药师资格证的人员上岗,但药店迟迟未能聘请到新的药师。对此,药品监管部门该如何处理? 对不能提供有关材料的情况,又该如何处理呢?

一、执业药师的法律界定

　　"药师"在《执业药师注册管理暂行办法》中的解释为:"经全国统一考试合格,取得《执业药师资格证书》,并经注册登记,在药品生产、经营、使用单位执业的药学技术人员。"执业药师则指依法经资格认定,准予在药事单位主要是药房执业的药师。

二、执业药师的获得途径

（一）执业药师资格考试

　　执业药师资格考试属于职业资格准入考试,实行全国统一大纲、统一命题、统一组织的考试制度。学历和从事药学、中药工作的时间应符合以下要求:取得药学、中药学或相关专业博士学位者;取得药学、中药学或相关专业第二学士学位、研究生毕业的或取得硕士学位从事专业工作满一年者;取得药学、中药学或相关专业大学本科学历,从事专业工作满三年者;取得药学、中药学或相关专业的大专学历,从事专业工作满五年者;取得药学、中药学或相关专业的中专学历,从事专业工作满七年者。国家执业药师资格考试以两年为一周期。参加全部科目考试的人员须在连续两个考试年度内通过全部科目的考试,而参加部分免试科目的人员须在一个考试年度内通过应试科目。执业药师资格考试合格者发给《执业药师资格证书》,

案例精选：马云出手
"共享药师"执业药
师或将月入过万

该证书在全国范围内有效。

（二）执业药师注册

执业药师实行注册制度。国务院食品药品监督管理部门为全国执业药师注册管理机构，省级药品监督管理部门为本辖区执业药师注册机构。申请人必须同时具备以下4项条件：

1. 取得《执业药师资格证书》。

2. 遵纪守法，遵守职业道德。

3. 身体健康，能坚持在执业药师岗位工作。

4. 经执业单位同意。

有下列情况之一者不予注册：

1. 不具有完全民事行为之一者。

2. 因受刑事处罚，自处罚执行完毕之日到申请之日不满两年的。

3. 受过取消执业药师资格处分不满两年的。

4. 国家规定不宜从事执业药师业务的其他情形的。

首次申请人填写执业药师首次注册申请表，按规定提交有关材料。注册机构在收到申请30日内，对符合条件者根据专业类别进行注册；在《执业药师资格证书》中的注册情况栏内加盖注册专用印章；发给国家食品药品监督管理部门统一印制的《执业药师注册证》。执业药师注册有效期为3年，有效期满前3个月，持证者须到原注册机构申请办理再次注册。再次注册必须填写执业药师再次注册申请表，并提交相应材料。

开展执业药师注册是对执业药师进行行政管理、加强监督调控的一种手段，通过注册对药品生产、经营、使用单位的用人依法实行监督管理。

三、执业药师的职责

1. 执业药师必须遵守职业道德，忠于职守，以对药品质量负责、保证人民用药安全有效为基本准则。

2. 执业药师必须严格执行《药品管理法》及国家有关药品研究、生产、经营、使用的各项法规及政策。执业药师对违反《药品管理法》及有关法规的行为或决定，有责任提出劝告、制止、拒绝执行并向上级报告。

3. 执业药师在执业范围内负责对药品质量的监督和管理，参与制定、实施药品全面质量管理及对本单位违反规定的处理。

4. 执业药师负责处方的审核及监督调配，提供用药咨询与信息，指导合理用药，开展治疗药物的监测及药品疗效的评价等临床药学工作。

四、违反药师执业管理的法律责任

（一）《执业药师资格制度暂行规定》中对违法执业药师的相关罚则

1. 对未按规定配备执业药师的单位，应限期配备，逾期将追究单位负责人的责任。

2. 对已在需由执业药师担任的岗位工作，但尚未通过执业药师资格考试的人员，要进行强化培训，限期达到要求。对经过培训仍不能通过执业药师资格考试者，必须调离岗位。

3. 对涂改、伪造或以虚假和不正当手段获取《执业药师资格证书》或《执业药师注册证》

的人员,发证机构应收回证书,取消其执业药师资格,注销注册,并根据有关规定对直接责任者给予行政处分,直至送交有关部门追究法律责任。

4.对执业药师违反本规定有关条款的,所在单位须如实上报,由药品监督管理部门根据情况给予处分。注册机构对执业药师所受处分,应及时记录在其《执业药师资格证书》中的备注执业情况记录栏内。

5.执业药师在执业期间违反《药品管理法》及其他法律法规构成犯罪的,由司法机关依法追究其刑事责任。

(二)《执业药师注册管理暂行办法》中相关的罚则

1.执业药师注册机构工作人员,在注册工作中玩忽职守、滥用职权、徇私舞弊,由所在单位给予行政处分;构成犯罪的,依法追究刑事责任。

2.凡以骗取、转让、借用、伪造《执业药师资格证书》《执业药师注册证》等不正当手段进行注册的人员,由执业药师注册机构收缴注册证并注销注册;构成犯罪的,依法追究其刑事责任。

3.当执业药师在执业期间,违反《执业药师资格制度暂行规定》有关条款的,由所在地药品监督管理局根据情况给予处分。注册机构对执业药师所受处分及时地记录在其《执业药师资格证书》中的备注"执业情况纪录"栏目内。

延伸阅读:

1.日本药剂师制度

日本药剂师制度建立于1874年。当时,日本明治维新进行社会变革,打破闭关锁国走向开放,政府派遣医药代表团前往德国、法国以及荷兰等欧洲国家进行考察,学习、借鉴西洋式药剂师制度。经过15年的社会实践,日本政府于1889年才正式立法并依据《药剂师法》在全国范围内实行药剂师制度。

日本药剂师制度及其实施办法,由政府厚生省药务局负责,成立由38人组成的药剂师资格国家考试委员会,负责确定全国药剂师出题基准(相当于考试大纲)、命题、试卷等工作。出题基准每两年修改公布一次。药剂师资格考试由药务局统一组织,统一管理。每年四月举行一次全国统考。具体考务由各部、道、州、县保健所负责实施。考试合格者由厚生省大臣签发《药剂师允许证书》,药务局统一登记注册,经当地保健所将证书发给本人,作为社会求聘药剂师或独立开业的必备法律依据。

日本药剂师报考对象及条件,均为药科大学(四年制)毕业生,即凡通过毕业考试并获得学士以上学位者,均由所在院校统一报名,就地参加全国药剂师资格考试,当年考试不合格者仍在所在母校报名参加第二年或更长时间的全国统考,只要本人自愿,直至考试通过为止。

日本药剂师资格必须通过考试取得。其资格考试内容包括基础药学、临床药学、药学相关法律和法规,考试方法既有笔试又有实际技能操作。日本现有46所药科大学,每年约有8000名应届毕业生参考,合格率约为80%。资格证书终身有效。

日本《药剂师法》规定,在医院药房(局)、制药生产企业的主管或副主管以及药品生产主要环节主管和质检人员,药品批发、贩卖(零售)店的主管和质检人员,化妆品批发、贩卖的技术人员,必须是药剂师。而在药品研究单位从事研究、在药学院从事教学的人员,可以是药剂师,也可以不是药剂师。

目前，日本有 23 万左右的药剂师队伍。政府为充分发挥这支队伍在国民用药医疗保健方面的作用，在《药剂师法》中不仅要求药剂师必须具备良好的职业道德，而且规定每年不得少于 60 学时相关知识的生涯研修和学术交流，具体由药剂师协会组织、检查、督促。

日本药剂师制度建立运行有 120 多年历史，现在面临着新问题。日本是一个全民享受医疗保险的国家，随着经济的飞跃发展、国民保健水平的不断提高、人口老龄化等，社会需求量与日俱增，近年来平均每年处方达 13 亿张，其中 11 亿张在医院调剂，2 亿张在贩卖药店，不仅导致医药经费的严重赤字，而且医药行业的竞争愈来愈烈。厚生省及政府其他部门采取了一系列相关的措施。药剂师协会认为，在欧美经济发达国家早已实行医药分业，医师只是诊断，处方用药以及贩卖完全由药剂师控制。而目前日本药剂师完全是在医生处方下调剂药品，从病人角度，经常出现病人重复滥用药品以及用药疗效相互拮抗，甚至发生不安全事件。同时必然导致以药养医、财政赤字。药剂师协会呼吁，一是政府应从法制上尽快着手医药分业，二是要求文部省增设必要的临床课程，延长药学院学制（延至 6 年），与医科大学平等，加紧培养高质量、高水平的药剂师人才。对行业协会的呼吁，日本政府正在研究中。

2. 美国药剂师制度

美国药剂师制度建立于 1869 年。实际上美国政府并无这方面的统一法规，而是由各州政府制定《药剂师法》，依法施行药剂师资格制度。

美国药剂师通过资格考试取得。其资格考试命题机构按资格考试科目分两个层次，一是美国药剂师协会，负责制定代表国家水平全美药剂师专业与实践技能操作的考试大纲和命题，二是各州药剂师专业委员会负责药剂师相关法律、法规的命题。资格考试由州政府统一组织。代表国家水平的专业与技能考试，每年举行三次。州法律、法规知识考试每年举行两次。考试采取单科计算方法，五年为一周期，考试成绩全部合格者，由州药剂师主管部门统一登记注册。

美国药剂师报考对象及条件，必须是美联邦法、州法承认的 75 所（五年制）药学高等院校毕业并在药剂师指导下见习半年期满取得结业证的人员，方可报名参加所在州的药剂师资格考试，取得药剂师资格者终身有效。每隔三年在州政府重新登记一次。如果州与州流动转换，发生重新申报参加通过该州相应法律法规知识的考试，由相关资格主管部门重新认定。

美国也是一个全民享受医疗保险的国家，联邦政府十分重视医药事业的均衡发展，早已实现医药分业。随着医疗水平和药品标准化生产质量的不断提高，药剂师作为国民医疗保健这一特殊职业，已与人们日常生活越来越密切，无论是医师处方治疗用药，还是预防保健用药，人们都要去咨询药剂师，以求得正确合理使用。现在医院或药店药剂师对每个病人求治的用药情况都有电脑档案，并且越来越多地参与医疗。因此，美国的百种职业民意测验中，药剂师已成为社会最受尊重的职业。

目前美国拥有约 16 万人的药剂师队伍，成立有美国药剂师协会，为美国最大的专业协会之一。协会每年 3 月定期召开一次全体大会，除负责制定每年药剂师资格国家水平考试范围命题工作，同时还制定药剂师知识更新计划，收集整理医药信息，组织出版刊物和学术交流活动。此外还有一个重要职责，即代表行业协会定期向联邦政府反映专业教育情况以及与其他行业协调管理等立法草案。

[拓展练习]

讨论:你觉得执业药师执业活动中有什么需要特别注意的地方?

（刘秋风 米岚）

项目二　医药企业管理法律规定

[学习目标]
1. 能够清楚分析开办医药企业的法定条件及程序；
2. 能够熟练分析 GMP 与 GSP 的主要内容；
3. 能够清楚分析违反医药企业管理的法律责任。

案例精选："齐二药"假药事件

工作任务　认识医药企业管理的法律规定

　　据中国医药报 2006 年 10 月 16 日讯,国家食品药品监管局召开新闻发布会,通报"欣弗"不良事件处理情况。据透露,国家食品药品监管局和安徽省有关部门,已对在"欣弗"不良事件中负有相关责任的单位和个人做出严肃处理。

　　安徽华源生物药业有限公司在生产克林霉素磷酸酯葡萄糖注射液(欣弗)过程中,违反规定生产未按批准的工艺参数灭菌,降低灭菌温度,缩短灭菌时间,增加灭菌柜装载量,影响了灭菌效果,给公众健康和生命安全带来了严重威胁,并造成了恶劣的社会影响。药品监管部门根据《药品管理法》有关规定,对安徽华源生产的克林霉素磷酸酯葡萄糖注射液(欣弗)药品按劣药论处,并做出如下处理决定:①由安徽省食品药品监管局没收该企业违法所得,并处 2 倍罚款;②责成安徽省食品药品监管局监督该企业停产整顿,收回该企业的大容量注射剂《药品 GMP 证书》;③由国家食品药品监管局撤销该企业克林霉素磷酸酯葡萄糖注射液(欣弗)药品的批准文号,委托安徽省食品药品监管局收回批件;④对安徽华源召回的"欣弗"药品,由安徽省药品监管部门依法监督销毁。

　　安徽省"欣弗"不良事件调查处理领导小组根据有关规定,对相关责任人做出处理:鉴于安徽华源生物药业有限公司总经理裘祖贻、常务副总经理周仓、副总经理潘卫、企业二车间主任袁海泉、企业质量保证部部长崔同欣对"欣弗"不良事件负有主要领导责任和直接责任,给予撤销职务处分。企业法人代表孙莹对"欣弗"不良事件负有重要领导责任,给予记大过处分。企业生产管理部部长刘劲松,企业二车间副主任贾毅柏、王殿林,工艺员陈萍对"欣弗"不良事件负有责任,给予记大过处分。

　　安徽省阜阳市食品药品监管局局长张国栋负责市局食品药品监管全面工作,对"欣弗"不良事件的发生负有重要领导责任,给予行政警告处分。阜阳市食品药品监管局副局长尚文学分管药品安全监管工作,对"欣弗"不良事件的发生负有主要领导责任,给予行政记过处分。阜阳市食品药品监管局药品安全监管科科长宁宇南,对企业日常监管不到位,对"欣弗"不良事件的发生负有监管不到位的直接责任,给予行政记大过处分。

　　有关部门指出,这起不良事件暴露出我国药品生产企业存在的突出问题,也暴露出药品监管工作中存在的不足。有关企业和人员一定要深刻吸取"欣弗"不良事件的教训,诚实守信,依法经营。政府有关部门一定要采取有力措施,加强和改进监管工作,深入开展整顿和规范药品市场秩序专项行动,查找药品监管薄弱环节,进一步加强对重点企业、重点品种、重点环节的监管。通过进一步完善长效机制,为老百姓用药安全提供可靠保障,为经济社会发展营造良好环境。

一、开办医药企业的法定条件及程序

(一)开办药品生产企业必须具备的基本条件

首先,是人员条件。必须具有依法经过资格认定的药学技术人员、工程技术人员及相应的技术工人,依法经过资格认定是指国家有关部门依照执业药师法或其他相关法律的规定对药学技术人员、工程技术人员及相应技术工人进行资格认定,符合法定条件的人员才有资格从事药品生产,因为具备掌握药学科学知识和技能的药学技术人员是开办药品生产企业必不可少的条件。

其次,是厂房、设施和卫生环境条件。必须具有与其药品生产相适应的厂房、设施和卫生环境。药品生产必须具备相应的硬件条件,厂址的选择必须适当,厂房、生产车间的设计,洁净空气洁净级别必须与所生产的药品、剂型相适应,厂区环境必须符合要求,达到空气清新、远离污染排放源的要求等。

再次,是生产质量控制条件。应当具有能对所生产药品进行质量管理和质量检验的机构、人员以及必要的仪器设备。药品生产企业应当具备质量控制的能力,必须能够利用自身的条件对药品生产中的质量管理方面所出现的问题做出正确的判断和处理。即必须对生产药品的原料、辅料、半成品、环境状况、空气洁净度级别、工艺用水等进行测试和监控,同时必须对即将出厂销售的药品进行质量检验,符合法定标准后方可出厂销售。因此企业必须建立起相应的质量管理和质量检验的组织机构,具有达到要求的仪器设备。

最后,是规章制度条件。必须具有保证药品质量的规章制度,即具备相应的软件条件。药品生产企业必须制订保证药品质量的各项规章制度,包括技术标准、产品标准和卫生标准等,并且做到实施标准时都要有相应的原始记录和凭证。

(二)开办药品生产企业即办理和变更《药品生产许可证》的具体程序

申办人应当向拟办企业所在地省、自治区、直辖市人民政府药品监督管理部门提出申请。省、自治区、直辖市人民政府药品监督管理部门应当自收到申请之日起 30 个工作日内,按照国家发布的药品行业发展规划和产业政策进行审查,并做出是否同意筹建的决定;申办人完成拟办企业筹建后,应当向原审批部门申请验收。原审批部门应当自收到申请之日起 30 个工作日内,依据《药品管理法》第四十二条、第五十二条规定的开办条件组织验收;验收合格的,发给《药品生产许可证》。申办人凭《药品生产许可证》到工商行政管理部门依法办理登记注册。

药品生产企业变更《药品生产许可证》许可事项的,应当在许可事项发生变更 30 日前,向原发证机关申请《药品生产许可证》变更登记;未经批准,不得变更许可事项。原发证机关应当自收到申请之日起 15 个工作日内做出决定。申请人凭变更后的《药品生产许可证》到工商行政管理部门依法办理变更登记手续。《药品生产许可证》有效期届满,需要继续生产药品的,持证企业应当在许可证有效期届满前 6 个月,按照国务院药品监督管理部门的规定申请换发《药品生产许可证》。

二、GMP 与 GSP 的主要内容

(一)药品生产质量管理规范(GMP)

药品生产质量管理规范(Good Manufacture Practices for Drugs,GMP)目前已在世界上大多数国家立法,成为正式的法律规范,约束着世界上大多数制药企业的生产行为。药品生产过程十分复杂,涉及许多学科和专业,从原料到成品的生产过程中,要涉及许多技术细节和管理规范,其中任何一个环节的疏忽,都可能导致药品质量不符合要求,就可能生产出不合格药品。因此,GMP 的内涵其实就是必须对药品生产全过程进行全面质量管理与控制,达到保证药品质量的目的,而不是仅仅把检验作为评判药品合格与否的唯一手段。

GMP 的内容涉及药品生产的方方面面,总体内容包括组织机构与人员、厂房与设施、设备、卫生管理、文件管理、物料控制、验证、生产控制、质量控制、产品销售管理和投诉与不良反应报告等。从专业化管理的角度来区分,GMP 可以分为质量控制系统和质量保证系统两大方面:一是对原材料、中间产品、成品进行系统质量控制,即质量控制系统;二是对可能影响药品质量的,生产过程中易产生的人为差错和污染等问题进行系统的严格管理,以保证药品质量,可称为质量保证系统。从硬件和软件的角度来分,GMP 可分为硬件系统和软件系统。硬件系统主要包括对人员、厂房、设施、设备等的目标要求,主要是企业资本资金的投入。软件系统主要包括组织机构、组织工作、生产工艺、记录、制度、方法、文件化程序、培训等,主要是企业智力为主的投入产出。

中国 GMP 的主要内容有以下方面。

1.组织机构和人员

药品生产企业应建立生产和质量管理机构。

各级机构和人员职责应明确,并配备一定数量的与药品生产相适应的具有专业知识、生产经验及组织能力的管理人员和技术人员。

药品生产企业人员素质的原则性要求是:企业主管药品生产管理和质量管理负责人应具有医药或相关专业大专以上学历,药品生产管理部门和质量管理部门负责人不得互相兼任。要重视人员的专业技术培训,对从事药品生产的各级人员应按药品生产质量管理规范的要求进行培训和考核。

2.厂房和设施

药品生产企业必须有整洁的生产环境。

厂区的地面、路面及运输等不应对药品的生产造成污染;生产、行政、生活和辅助区的总体布局应合理,不得互相妨碍。

厂房应按生产工艺流程及所要求的空气洁净级别进行合理布局。同一厂房内以及相邻厂房之间的生产操作不得相互妨碍。厂房应有防尘及捕尘设施及防止昆虫和其他动物进入的设施。

生产区和储存区应有与生产规模相适应的面积和空间用以安置设备、物料,便于生产操作,存放物料、中间产品、待验品和成品,应最大限度地减少差错和交叉污染。

洁净室(区)的表面应平整光滑、无裂缝、接口严密、无颗粒物脱落,并能耐受清洗和消毒,墙壁与地面的交界处宜成弧形或采取其他相应措施,以减少灰尘积聚和便于清洁。

药品生产洁净室(区)内各种管道、灯具、风口以及其他公用设施。在设计和安装时,应考虑使用中避免出现不易清洁的部位。

洁净室(区)应根据生产要求提供足够的照明。对照度有特殊要求的生产部位可设置局部照明。厂房应有应急照明设施。

进入洁净室(区)的空气必须净化,并根据生产工艺要求,划分空气洁净级别。洁净室(区)内空气的微生物和尘粒数应定期监测,监测结果应记录存档。药品生产洁净室(区)的空气洁净度划分为四个级别,即 100 级、10000 级、100000 级和 300000 级。

洁净室(区)的窗户、天棚及进入室内的管道、风口、灯具与墙壁或天棚的连接部位均应密封。空气洁净级别不同的相邻房间之间的静压差应大于 5Pa,洁净室(区)与室外大气的静压差应大于 10Pa,并应有指示压差的装置。洁净室(区)的温度和相对湿度应与药品生产工艺要求相适应。当无特殊要求时,温度应控制在 18~26℃,相对湿度控制在 45%~65%。

生产青霉素类等高致敏性药品必须使用独立的厂房与设施,分装室应保持相对负压,排至室外的废气应经净化处理并符合要求,排风口应远离其他空气净化系统的进风口。生产内酰胺结构类药品必须使用专用设备和独立的空气净化系统,并与其他药品生产区域严格分开。

避孕药品的生产厂房应与其他药品生产厂房分开,并装有独立的专用空气净化系统。生产激素类、抗肿瘤类化学药品应避免与其他药品使用同一设备和空气净化系统。放射性药品的生产、包装和储存应使用专用的、安全的设备,生产区排出的空气不应循环使用。

生产用菌毒种与非生产用菌毒种,生产用细胞与非生产用细胞,强毒与弱毒、死毒与活毒、脱毒前与脱毒后的制品和活疫苗与灭活疫苗,人血液制品,预防制品等的加工或分装不得同时在同一生产厂房内进行,其贮存要严格分开。

中药材的炮制操作应有良好的通风、除烟、除尘、降温设施。

3. 设备

设备的设计、选型、安装应符合生产要求,便于生产操作和维修、保养和灭菌,并能防止差错和减少污染。与药品直接接触的设备表面应光洁、平整、易清洗或消毒、耐腐蚀,不与药品发生化学变化或吸附药品。与设备连接的主要固定管道应标明管内物料名称、流向。纯化水、注射用水的制备、储存和分配应能防止微生物的滋生和污染。储罐和输送管道所用材料应无毒、耐腐蚀。管道的设计和安装应避免死角、盲管。储罐和管道要规定清洗、灭菌周期。注射用水储罐的通气口应安装不脱落纤维的疏水性除菌滤器。注射用水的储存应在规定的温度范围内,水处理及其配套系统的设计、安装和维护应能确保供水达到设定的质量标准。用于生产和检验的仪器、仪表、量具、衡器等,其适用范围和精密度应符合生产和检验要求,有明显的合格标志,并定期校验。生产设备应有明显的状态标志,并定期维修、保养和验证。设备安装、维修、保养的操作不得影响产品的质量。不合格的设备应搬出生产区,未搬出前应有明显标志。

4. 物料

药品生产所用物料的购入、储存、发放、使用均应制定管理制度。

药品生产所用的物料应符合药品标准、包装材料标准、生物制品规程或其他有关标准,不得对药品的质量产生不良影响。进口原料药应有口岸药品检验所的药品检验报告。药品生产所用物料应从符合规定的单位购进,并按规定入库。

待验、合格、不合格物料要严格管理,不合格的物料要专区存放。有易于识别的明显标志,并按有关规定及时处理。

对温度、湿度或其他条件有特殊要求的物料、中间产品和成品,应按规定条件储存。

麻醉药品、精神药品、毒性药品、放射性药品及易燃、易爆和其他危险品的验收、储存、保管要严格执行国家有关的规定。菌毒种的验收、储存、保管、使用、销毁应执行国家有关医学微生物菌种保管的规定。物料应按规定的使用期限储存。无规定使用期限的,其储存一般不超过3年,期满后复验。

药品的标签、使用说明书必须与药品监督管理部门批准的内容、式样、文字相一致。标签、使用说明书需经企业质量管理部门校对无误后印制、发放、使用。药品的标签、使用说明书应由专人保管、领用。

5. 卫生

药品生产企业应有防止污染的卫生措施,制定各项卫生管理制度,并由专人负责。

药品生产车间、工序、岗位均应按生产和空气洁净度等级的要求制定厂房、设备、容器等清洁规程。

生产区不得存放非生产物品和个人杂物。生产中的废弃物应及时处理。更衣室、浴室及厕所的设置不得对洁净室(区)产生不良影响。进入洁净室(区)的人员不得化妆和佩戴饰物,不得裸手直接接触药品。洁净室(区)应定期消毒。使用的消毒剂不得对设备、物料和成品产生污染。

药品生产人员应有健康档案,直接接触药品的生产人员每年至少体检一次,传染病、皮肤病患者和体表有伤口者不得从事直接接触药品的生产工作。

6. 验证

验证是证明任何程序、生产过程、设备、物料、活动或系统确实能达到预期结果的有文件证明的一系列活动。药品生产验证应包括厂房、设施及设备安装确认、运行确认、性能确认和产品验证。

产品的生产工艺及关键设施、设备应按验证方案进行验证。当影响产品质量的主要因素,如工艺、质量控制方法、主要原辅料、主要生产设备等发生改变时,以及生产一定周期后,应进行再验证。

应根据验证对象提出验证项目、制定验证方案,并组织实施。验证工作完成后应写出验证报告,由验证工作负责人审核、批准。验证过程中的数据和分析内容应以文件形式归档保存。验证文件应包括验证方案、验证报告、评价和建议、批准人等。

7. 文件

药品生产企业应有生产管理、质量管理的各项制度和记录。具体包括:厂房、设施和设备的使用、维护、保养、检修等制度和记录;物料验收、生产操作、检验、发放、成品销售和用户投诉等制度和记录;不合格品管理、物料退库和报废、紧急情况处理等制度和记录;环境、厂房、设备、人员等卫生管理制度和记录;GMP和专业技术培训等制度和记录。

产品生产管理文件主要有生产工艺规程、岗位操作法或标准操作规程、批生产记录。

标准操作规程的内容包括:题目、编号、制定人及制定日期、审核人及审核日期批准人及批准日期、颁发部门、生效日期、分发部门、标题及正文。

批生产记录内容包括:产品名称、生产批号、生产日期、操作者、复核者的签名,有关操作与设备、相关生产阶段的产品数量、物料平衡的计算、生产过程的控制记录及特殊问题记录。

产品质量管理文件主要有：① 药品的申请和审批文件；② 物料、中间产品和成品质量标准及其检验操作规程；③ 产品质量稳定性考察；④ 批检验记录。

药品生产企业制定文件的要求是生产企业应建立文件的起草、修订、审查、批准、撤销、印制及保管的管理制度。分发、使用的文件应为批准的现行文本。已撤销和过时的文件除留档备查外，不得在工作现场出现。

制定生产管理文件和质量管理文件的要求：① 文件的标题应能清楚地说明文件的性质；②各类文件应有便于识别其文本、类别的系统编码和日期；③ 文件使用的语言应确切、易懂；④ 填写数据对应有足够的空格；⑤ 文件制定、审查和批准的责任应明确，并由责任人签名。

8. 生产管理

生产工艺规程、岗位操作法和标准操作规程不得任意更改。如需更改时，应按制定时的程序办理修订、审批手续。每批产品应按产量和数量的物料平衡进行检查，如有显著差异，必须查明原因，在得出合理解释、确认无潜在质量事故后，方可按正常产品处理。

在规定限度内具有同一性质和质量，并在同一连续生产周期中生产出来的一定数量的药品为一批。每批药品均应编制生产批号。批生产记录应字迹清晰、内容真实、数据完整，并由操作人及复核人签名。记录应保持整洁，不得撕毁和任意涂改；更改时，在更改处签名，并使原数据仍可辨认。批生产记录应按批号归档，保存至药品有效期后 1 年。未规定有效期的药品，其批生产记录至少保存 3 年。

为防止药品被污染和混淆，生产操作应采取以下措施：① 生产前应确认无上次生产遗留物；② 应防止尘埃的产生和扩散；③ 不同产品品种、规格的生产操作不得在同一生产操作间同时进行；有数条包装线同时进行包装时，应采取隔离或其他有效防止污染或混淆的设施；④ 生产过程中应防止物料及产品所产生的气体、蒸汽、喷洒物或生物体等引起的交叉污染；⑤ 每一生产操作间或生产用设备、容器应有所生产的产品或物科名称、批号、数量等状态标志；⑥ 拣选后药材的洗涤应使用流动水，用过的水不得用于洗涤其他药材。不同药性的药材不得在一起洗涤。洗涤后的药材及切制和炮制品不宜露天干燥。药材及其中间产品的灭菌方法应以不改变药材的药效、质量为原则。直接入药的药材粉末，配料前应做微生物检查。

根据产品工艺规程选用工艺用水。工艺用水应符合质量标准，并定期检验，检验应有记录。应根据验证结果，规定检验周期。

产品应有批包装记录。批包装记录的内容应包括：① 待包装产品的名称、批号、规格；② 印有批号的标签和使用说明书以及产品合格证；③ 待包装产品和包装材料的领取数量及发放人、领用人、核对人签名；④ 已包装产品的数量；⑤ 前次包装操作的清场记录（副本）及本次包装清场记录（正本）；⑥ 本次包装操作完成后的检验核对结果、核对人签名；⑦ 生产操作负责人签名。

每批药品的每一生产阶段完成后必须由生产操作人员清场，填写清场记录。清场记录内容包括：工序、品名、生产批号、清场日期、检查项目及结果、清场负责人及复查人签名。清场记录应纳入批生产记录。

9. 质量管理

药品生产企业的质量管理部门应负责药品生产全过程的质量管理和检验,受企业负责人直接领导。质量管理部门应配备一定数量的质量管理和检验人员,并备有与药品生产规模、品种、检验要求相适应的场所、仪器、设备。

质量管理部门的主要职责:① 制定和修订物料、中间产品和成品的内控标准和检验操作规程,制定取样和留样制度;② 制定检验用设备、仪器、试剂、试液、标准品(或对照品)、滴定液、培养基、实验动物等管理办法;③ 决定物料和中间产品的使用;④ 审核成品发放前批生产记录,决定成品发放;⑤ 审核不合格品处理程序;⑥ 对物料、中间产品和成品进行取样、检验、留样,并出具检验报告;⑦ 监测洁净室(区)的尘粒数和微生物数;⑧ 评价原料、中间产品及成品的质量稳定性,为确定物料贮存期、药品有效期提供数据;⑨ 制定质量管理和检验人员的职责。

质量审核:药品放行前应由质量管理部门对有关记录进行审核。审核内容应包括:配料、称重过程中的复核情况;各生产工序检查记录;清场记录;中间产品质量检验结果;偏差处理;成品检验结果等。符合要求并有审核人员签字后方可放行。

质量评估:质量管理部门应会同有关部门对主要物料供应商质量体系进行评估。

10. 产品销售与收回

每批成品均应有销售记录。根据销售记录能追查每批药品的售出情况,必要时应能及时全部追回。销售记录内容应包括:品名、剂型、批号、规格、数量、收货单位和地址、发货日期。

销售记录应保存至药品有效期后1年。未规定有效期的药品,其销售记录应保存3年。

药品生产企业应建立药品退货和收回的书面程序,并有记录。药品退货和收回记录内容应包括:品名、批号、规格、数量、退货和收回单位及地址、退货和收回原因及日期、处理意见。

因质量原因退货和收回的药品制剂,应在质量管理部门监督下销毁,涉及其他批号时,应同时处理。缺陷产品的召回同时应遵循2007年12月生效的《药品召回管理办法》的相关规定。

11. 投诉与不良反应报告

企业应建立药品不良反应监测报告制度,指定专门机构或人员负责管理。对用户的药品质量投诉和药品不良反应应详细记录和调查处理。对药品不良反应应及时向当地药品监督管理部门报告。药品生产出现重大质量问题时,应及时向当地药品监督管理部门报告。

12. 自检

药品生产企业应定期组织自检。自检应按预定的程序,对人员、厂房、设备、文件、生产、质量控制、药品销售、用户投诉和产品收回的处理等项目定期进行检查,以证实与规范要求的一致性。自检应有记录。自检完成后应形成自检报告,内容包括自检的结果、评价的结论以及改进措施和建议。

(二)药品质量管理规范(GSP)

根据《药品管理法》第五十三条规定:从事药品经营活动,应当遵守药品经营质量管理规范,建立健全药品经营质量管理体系,保证药品经营全过程持续符合法定要求。药品监督管理部门按照规定对药品经营企业是否符合《药品经营质量管理规范》的要求进行认证;对认证合格的,发给认证证书。国家药品监督管理局规定,所有药品经营企业必须通过 GSP 认证,否则将不予发放《药品经营企业许可证》。GSP 标准为国家强制性标准,与其他商品的行业标准大多为推荐标准不同,这是因为药品是一种特殊商品,它关系着人民群众的生命安全问题,必须对其进行严格管理。

GSP 主要是针对药品经营企业药品的购进、储运和销售等环节实行质量管理,建立包括组织结构、职责制度、过程管理和设施设备等方面的质量体系,并使之有效运行。由于药品经营企业分为批发和零售两种,GSP 针对企业的不同情况分别予以了相关规定。对于批发企业,要求企业应设置专门的质量管理机构,包括与经营规模相适应的药品检验部门和验收、养护等组织,行使质量管理职能。企业负责人中应有具有药学专业技术职称的人员,负责质量管理工作。企业质量管理机构的负责人,应是执业药师或具有相应的药学专业技术职称,其他从事药品质量工作的人员都应具有药学或相关专业的学历,或者具有药学专业技术职称,并定时接受培训,考核合格方能上岗。在设施设备方面 GSP 进一步具体化了《药品管理法》的规定,如仓库应划分待验区(区)、合格品库(区)、发货库(区)、不合格品库(区)、退货库(区)等专用场所,经营中药饮片还应划分零货称取专库(区)。仓库设备应包括:保持药品与地面之间有一定距离的设备,避光、通风和排水的设备,检测和调节温度、湿度的设备,防尘、防潮、防霉、防污染以及防虫、防鼠、防鸟的设备,照明设备,适宜拆零及拼箱发货的工作场所和包装物料等的储存场所和设备,等等。在进货、验收、储存和养护方面,GSP 重点着眼于日常工作规范的完善和执行,强调防患于未然,进行事前管理,保证在每个环节都将影响药品质量的可能降到最低。在出库与运输方面,GSP 规定,药品出库应进行复核和质量检查。麻醉药品、一类精神药品、医疗用毒性药品应建立双人核对制度。药品出库还应做好药品质量跟踪记录,以保证能快速、准确地进行质量跟踪。记录应保存至超过药品有效期一年,但不得少于三年。销售和售后服务方面,GSP 对销售记录、发票、药品质量投诉及药品追回等问题也都做出了详细规定。

零售企业与批发企业相比,少了检验、储存、养护和运输等环节,增加了药品的陈列和柜台销售两个方面。在陈列方面,GSP 规定,药品应按剂型或用途以及储存要求分类陈列和储存:① 药品与非药品、内服药与外用药应分开存放,易串味的药品与一般药品应分开存放。② 药品应根据其温度、湿度要求,按照规定的储存条件存放。③ 处方药与非处方药应分柜摆放。④ 特殊管理的药品应按照国家的有关规定存放。⑤ 危险品不应陈列。如因需要必须陈列时,只能陈列代用品或空包装。危险品的储存应按国家有关规定管理和存放。⑥ 拆零药品应集中存放于拆零专柜,并保留原包装的标签。⑦ 中药饮片装斗前应做质量复核,不得错斗、串斗,防止混药。饮片斗前应写正名正字。柜台销售应注意销售药品时,处方要经执业药师或具有药师以上(含药师和中药师)职称的人员审核后方可调配和销售。对处方所列药品不得擅自更改或代用。对有配伍禁忌或超剂量的处方,应当拒绝调配、销售,必要时,需经原处方医生更正或重新签字方可调配和销售。审核、调配或销售人员均应在处方上签字或盖章,处方按有关规定保存备查。

我国 GSP 的历程从 1984 年《医药商品质量管理规范(试行)》的颁布开始。1992 年,该版 GSP 经修订由原国家医药管理局正式发布实施,使 GSP 正式成为实行医药行业管理的部门规章,20 世纪 90 年代后期,我国大部分省区都开始了以"合格"或"达标"为特征的 GSP 推行工作,仅在 1998 年,全国就有 20 多个省(市、区)近 400 家药品经营企业达到了 GSP 合格标准;有160家药品经营企业被授予了GSP达标企业的称号。在医药行业推行GSP的同时,中医药行业管理和卫生行政管理部门也结合自身职能特点,将GSP作为有效的管理手段。GSP已成为医药经营领域内质量管理工作的统一标准。

自20世纪80年代初发布第一部GSP,到1998年国家药品监督管理体制改革的完成,经过十几年的不断探索和实践,推行GSP工作取得了令人瞩目的成就。2001年GSP正式列入我国《药品管理法》,被赋予了法律地位。这意味着医药经营企业的市场准入标准的提高,标志着监督实施GSP工作开始步入了法治化的正轨。

三、违反医药企业管理的法律责任

(一)违反药品生产管理规范的法律责任

1.行政责任

(1)生产主体违法的行政责任

未取得药品生产许可证、药品经营许可证或者医疗机构制剂许可证生产、销售药品的,责令关闭,没收违法生产、销售的药品和违法所得,并处违法生产、销售的药品(包括已售出和未售出的药品,下同)货值金额十五倍以上三十倍以下的罚款;货值金额不足十万元的,按十万元计算。

药品生产企业、药品经营企业和医疗机构变更药品生产经营许可事项,应当办理变更登记手续而未办理的,由原发证部门给予警告,责令限期补办变更登记手续;逾期不补办的,宣布其《药品生产许可证》《药品经营许可证》和《医疗机构制剂许可证》无效;仍从事药品生产经营活动的,依照《药品管理法》第七十三条的规定给予处罚。

提供虚假的证明、数据、资料、样品或者采取其他手段骗取临床试验许可、药品生产许可、药品经营许可、医疗机构制剂许可或者药品注册等许可的,撤销相关许可,十年内不受理其相应申请,并处五十万元以上五百万元以下的罚款;情节严重的,对法定代表人、主要负责人、直接负责的主管人员和其他责任人员,处两万元以上二十万元以下的罚款,十年内禁止从事药品生产经营活动,并可以由公安机关处五日以上十五日以下的拘留。

(2)违反药品生产法定要求的行政责任

生产、销售假药的,没收违法生产、销售的药品和违法所得,责令停产停业整顿,吊销药品批准证明文件,并处违法生产、销售的药品货值金额十五倍以上三十倍以下的罚款;货值金额不足十万元的,按十万元计算;情节严重的,吊销药品生产许可证、药品经营许可证或者医疗机构制剂许可证,十年内不受理其相应申请;药品上市许可持有人为境外企业的,十年内禁止其药品进口。

生产、销售劣药的,没收违法生产、销售的药品和违法所得,并处违法生产、销售的药品货值金额十倍以上二十倍以下的罚款;违法生产、批发的药品货值金额不足十万元的,按十万元计算,违法零售的药品货值金额不足一万元的,按一万元计算;情节严重的,责令停产停业整顿直至吊销药品批准证明文件、药品生产许可证、药品经营许可证或者医疗机构制剂许可证。

生产、销售的中药饮片不符合药品标准,尚不影响安全性、有效性的,责令限期改正,给予警告;可以处十万元以上五十万元以下的罚款。

（3）违反药品生产质量管理规范的行政责任

除《药品管理法》另有规定的情形外，药品上市许可持有人、药品生产企业、药品经营企业、药物非临床安全性评价研究机构、药物临床试验机构等未遵守药品生产质量管理规范、药品经营质量管理规范、药物非临床研究质量管理规范、药物临床试验质量管理规范等的，责令限期改正，给予警告；逾期不改正的，处十万元以上五十万元以下的罚款；情节严重的，处五十万元以上两百万元以下的罚款，责令停产停业整顿直至吊销药品批准证明文件、药品生产许可证、药品经营许可证等，药物非临床安全性评价研究机构、药物临床试验机构等五年内不得开展药物非临床安全性评价研究、药物临床试验，对法定代表人、主要负责人、直接负责的主管人员和其他责任人员，没收违法行为发生期间自本单位所获收入，并处所获收入百分之十以上百分之五十以下的罚款，十年直至终身禁止从事药品生产经营等活动。

（4）违反药品委托生产法律规定的行政责任

擅自委托或者接受委托生产药品的，对委托方和受托方均依照生产、销售假药的法律责任给予处罚。

2.民事责任

药品上市许可持有人、药品生产企业、药品经营企业或者医疗机构违反本法规定，给用药者造成损害的，依法承担赔偿责任。

（二）违反药品经营管理的法律责任

1.无证经营的法律责任

未取得药品生产许可证、药品经营许可证或者医疗机构制剂许可证生产、销售药品的，责令关闭，没收违法生产、销售的药品和违法所得，并处违法生产、销售的药品（包括已售出和未售出的药品，下同）货值金额十五倍以上三十倍以下的罚款；货值金额不足十万元的，按十万元计算。

属于无证经营的情形有：

（1）未经批准，擅自在城乡集市贸易市场设点销售药品或者在城乡集市贸易市场设点销售的药品超出批准经营的药品范围的，依照《药品管理法》第一百一十五条的规定给予处罚。

（2）个人设置的门诊部、诊所等医疗机构向患者提供的药品超出规定的范围和品种的，依照《药品管理法》第一百一十五条的规定给予处罚。

（3）药品生产企业、药品经营企业和医疗机构变更药品生产经营许可事项，应当办理变更登记手续而未办理的，由原发证部门给予警告，责令限期补办变更登记手续；逾期不补办的，宣布其《药品生产许可证》《药品经营许可证》和《医疗机构制剂许可证》无效；仍从事药品生产经营活动的，依照《药品管理法》第一百一十五条的规定给予处罚。

根据 2007 年 5 月 1 日施行的《药品流通监督管理办法》的相关规定，药品流通领域 17 种违法行为被设置了行政处罚，这有力地规范了药品的流通秩序。

2.销售假药、劣药的法律责任

（1）生产、销售假药的，没收违法生产、销售的药品和违法所得，责令停产停业整顿，吊销药品批准证明文件，并处违法生产、销售的药品货值金额十五倍以上三十倍以下的罚款；货值金额不足十万元的，按十万元计算；情节严重的，吊销药品生产许可证、药品经营许可证或者医疗机构制剂许可证，十年内不受理其相应申请；药品上市许可持有人为境外企业的，十年内禁止其药品进口。

（2）生产、销售劣药的，没收违法生产、销售的药品和违法所得，并处违法生产、销售的药品货值金额十倍以上二十倍以下的罚款；违法生产、批发的药品货值金额不足十万元的，按十万元计算，违法零售的药品货值金额不足一万元的，按一万元计算；情节严重的，责令停产停业整顿直至吊销药品批准证明文件、药品生产许可证、药品经营许可证或者医疗机构制剂许可证。

（3）生产、销售的中药饮片不符合药品标准，尚不影响安全性、有效性的，责令限期改正，给予警告；可以处十万元以上五十万元以下的罚款。

（4）生产、销售假药，或者生产、销售劣药且情节严重的，对法定代表人、主要负责人、直接负责的主管人员和其他责任人员，没收违法行为发生期间自本单位所获收入，并处所获收入百分之三十以上三倍以下的罚款，终身禁止从事药品生产经营活动，并可以由公安机关处五日以上十五日以下的拘留。

对生产者专门用于生产假药、劣药的原料、辅料、包装材料、生产设备予以没收。

（5）药品经营企业、医疗机构未违反《药品管理法》及其实施条例的有关规定，并有充分证据证明其不知道所销售或者使用的药品是假药、劣药的，应当没收其销售或者使用的假药、劣药和违法所得；但是，可以免除其他行政处罚。

3. 未按规定实施 GSP 规范的法律责任

除《药品管理法》另有规定的情形外，药品上市许可持有人、药品生产企业、药品经营企业、药物非临床安全性评价研究机构、药物临床试验机构等未遵守药品生产质量管理规范、药品经营质量管理规范、药物非临床研究质量管理规范、药物临床试验质量管理规范等的，责令限期改正，给予警告；逾期不改正的，处十万元以上五十万元以下的罚款；情节严重的，处五十万元以上两百万元以下的罚款，责令停产停业整顿直至吊销药品批准证明文件、药品生产许可证、药品经营许可证等，药物非临床安全性评价研究机构、药物临床试验机构等五年内不得开展药物非临床安全性评价研究、药物临床试验，对法定代表人、主要负责人、直接负责的主管人员和其他责任人员，没收违法行为发生期间自本单位所获收入，并处所获收入百分之十以上百分之五十以下的罚款，十年直至终身禁止从事药品生产经营等活动。

4. 从无证企业购进药品的法律责任

药品上市许可持有人、药品生产企业、药品经营企业或者医疗机构未从药品上市许可持有人或者具有药品生产、经营资格的企业购进药品的，责令改正，没收违法购进的药品和违法所得，并处违法购进药品货值金额两倍以上十倍以下的罚款；情节严重的，并处货值金额十倍以上三十倍以下的罚款，吊销药品批准证明文件、药品生产许可证、药品经营许可证或者医疗机构执业许可证；货值金额不足五万元的，按五万元计算。

5. 药品销售过程中给予、收受回扣的法律责任

（1）药品上市许可持有人、药品生产企业、药品经营企业或者医疗机构在药品购销中给予、收受回扣或者其他不正当利益的，药品上市许可持有人、药品生产企业、药品经营企业或者代理人给予使用其药品的医疗机构的负责人、药品采购人员、医师、药师等有关人员财物或者其他不正当利益的，由市场监督管理部门没收违法所得，并处三十万元以上三百万元以下的罚款；情节严重的，吊销药品上市许可持有人、药品生产企业、药品经营企业营业执照，并由药品监督管理部门吊销药品批准证明文件、药品生产许可证、药品经营许可证。

药品上市许可持有人、药品生产企业、药品经营企业在药品研制、生产、经营中向国家工

作人员行贿的,对法定代表人、主要负责人、直接负责的主管人员和其他责任人员终身禁止从事药品生产经营活动。

(2)药品上市许可持有人、药品生产企业、药品经营企业的负责人、采购人员等有关人员在药品购销中收受其他药品上市许可持有人、药品生产企业、药品经营企业或者代理人给予的财物或者其他不正当利益的,没收违法所得,依法给予处罚;情节严重的,五年内禁止从事药品生产经营活动。

医疗机构的负责人、药品采购人员、医师、药师等有关人员收受药品上市许可持有人、药品生产企业、药品经营企业或者代理人给予的财物或者其他不正当利益的,由卫生健康主管部门或者本单位给予处分,没收违法所得;情节严重的,还应当吊销其执业证书。

6. 从重处罚的情形

(1)有下列行为之一的,在本法规定的处罚幅度内从重处罚:

①以麻醉药品、精神药品、医疗用毒性药品、放射性药品、药品类易制毒化学品冒充其他药品,或者以其他药品冒充上述药品;

②生产、销售以孕产妇、儿童为主要使用对象的假药、劣药;

③生产、销售的生物制品属于假药、劣药;

④生产、销售假药、劣药,造成人身伤害后果;

⑤生产、销售假药、劣药,经处理后再犯;

⑥拒绝、逃避监督检查,伪造、销毁、隐匿有关证据材料,或者擅自动用查封、扣押物品。

(2)伪造、变造、出租、出借、非法买卖许可证或者药品批准证明文件的,没收违法所得,并处违法所得一倍以上五倍以下的罚款;情节严重的,并处违法所得五倍以上十五倍以下的罚款,吊销药品生产许可证、药品经营许可证、医疗机构制剂许可证或者药品批准证明文件,对法定代表人、主要负责人、直接负责的主管人员和其他责任人员,处两万元以上二十万元以下的罚款,十年内禁止从事药品生产经营活动,并可以由公安机关处五日以上十五日以下的拘留;违法所得不足十万元的,按十万元计算。

(3)提供虚假的证明、数据、资料、样品或者采取其他手段骗取临床试验许可、药品生产许可、药品经营许可、医疗机构制剂许可或者药品注册等许可的,撤销相关许可,十年内不受理其相应申请,并处五十万元以上五百万元以下的罚款;情节严重的,对法定代表人、主要负责人、直接负责的主管人员和其他责任人员,处两万元以上二十万元以下的罚款,十年内禁止从事药品生产经营活动,并可以由公安机关处五日以上十五日以下的拘留。

(4)药品经营企业购销药品未按照规定进行记录,零售药品未正确说明用法、用量等事项,或者未按照规定调配处方的,责令改正,给予警告;情节严重的,吊销药品经营许可证。

延伸阅读:

美国 FDA 对药品生产准入的法律控制

美国食品药品监督管理局(FDA)对药品生产准入的控制主要是通过新药评审(NDA)和仿制药评审(ANDA)的结果来实现的。美国《食品、药品和化妆品法》(FDCA)规定制药企业经过 FDA 药品审评与研究中心(CDER)注册即可成立,无须行政许可,但是企业生产药品的行为却受到准入控制,企业必须使自己生产的药品通过 CDER 的 NDA 或 ANDA 才能使生产行为合法化,NDA 和 ANDA 程序均包括对企业生产现场进行 GMP 考核内容,也就是 GMP 检查是药品审评制度的一部分。通过注册,FDA 掌握并公开了制药企业的基本情况,便于对其进行有效的管理与监督,保护了消费者和其他市场主体的利益,通过药品评审,上市药品的质量得以保证。

[拓展练习]

请收集药品生产企业的一些照片,上传分享,并举例说明它们是如何执行 GMP 的相关规定的。

（刘秋风　米岚）

项目三　医疗机构药事管理法律规定

[学习目标]
1. 能够熟练分析医疗机构药事管理的法律界定；
2. 能够清楚分析医疗机构药事管理组织和药学部门的构成；
3. 能够清楚分析医疗机构药事管理和制剂管理的相关制度；
4. 能够清楚分析违反医疗机构药事管理的法律责任。

工作任务　认识医疗机构药事管理的法律规定

某中医医院具有《医疗机构制剂许可证》，但未在获得批准文号的情况下，于 2002 年 8 月开始，利用其现有的设备、包装材料、原辅料，在配置合法制剂的同时，擅自配置使用胃复冲剂、除湿丸、生化颗粒、补肾复坤丸等九种制剂，2002 年 10 月被药监部门在检查时发现。根据院方提供的价格，查获的非法制剂货值金额为 8527.52 元。

院方辩解，由于体制上的原因，他们曾将上述制剂提交药监部门审批，但因制剂审批工作暂停而搁置，另外，所配制剂与纯粹的假药不同，疗效较好，临床无不良反应。

具体处理：没收违法配制制剂的九种制剂和使用所得，并处违法配制制剂货值金额 8527.52 元 2 倍的罚款，同时责令停止配制上述九种制剂，进行整改。之所以处以 2 倍罚款，是考虑该中医医院违法情节并不严重，而且此前向药监部门提交过制剂审批材料，所配制制剂有一定疗效，与纯粹的假药应有所区别。基于同样的理由，也不宜吊销其《医疗机构制剂许可证》。

一、医疗机构药事管理的法律界定

医疗机构药事管理是指医疗机构内以医院药学为基础，以临床药学为核心，促进临床科学、合理用药的药学技术服务和相关的药品管理工作。医疗机构药事管理的内容主要包括药品供应与管理、药品调剂管理、医院制剂管理、医院药物质量控制、临床药学管理、药物信息与研究管理、药物经济学和对医疗机构的人员管理等。相关的法律法规有《药品管理法》《医疗机构管理条例》《医疗用毒性药品管理办法》《麻醉药品管理办法》《精神药品管理办法》《医疗器械监督管理条例》等，特别是以 2002 年颁布的《医疗机构药事管理暂行规定》以及 2007 年施行的《处方管理办法》为核心，更加科学、规范地规定引导医疗机构的药事管理工作，保证了群众的用药安全。

二、医疗机构药事管理组织和药学部门的组成

（一）医疗机构药事管理组织

根据国家卫健委、国家药品监督管理局的规定,二级以上的医疗单位要成立药事管理机构;二级以上单位应设药事管理委员会,其他医疗机构可成立药事管理组;药事管理委员会(组)设主任委员一名,副主任委员若干名;医药机构医疗业务主管负责人任主任委员,药学部门负责人任副主任委员;医疗机构药事管理委员会(组)应建立相应的工作制度,日常工作由药学部门负责。药事管理委员会是医院药事管理具有权威性的管理组织,是医院药事管理的最高机构。

（二）药学部门

医院药学指研究医院药品供应、药学技术、药事管理和临床用药的一门科学,是与医院临床工作接触的药学工作,它是以药剂学为中心开展的药事管理和药学技术工作,以临床医师和病人为服务对象,以供应药物和指导、参与临床安全、合理、有效的药物治疗为职责,以治疗效果为质量标准,在医院特定环境下的药学工作。

药剂科是医院的一个重要职能部门,是提高医疗质量,保证病人用药安全有效的重要环节。药剂科的性质具有专业技术性、经济管理性、信息指导性和监督检查性。

常见的医院药学部门组成如图 3-1 所示。

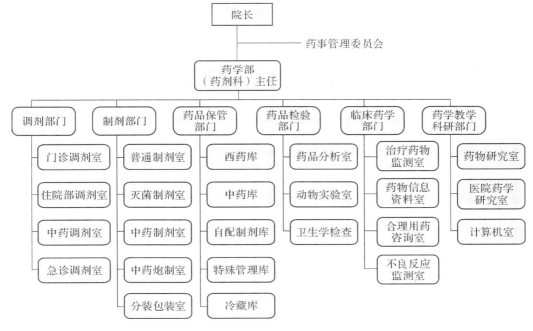

图 3-1　医院药学部门组成

三、医疗机构药事管理和制剂管理

（一）医疗机构药事管理

1. 药物临床应用管理

（1）药物临床应用是使用药物进行预防、诊断和治疗疾病的医疗过程。医师和药学专业技术人员在药物临床应用时须遵循安全、有效、经济的原则。医师应尊重患者对应用药物进行预防、诊断和治疗的知情权。

（2）医务人员在临床工作中如发现可能与用药有关的严重不良反应，在做好观察与记录的同时，应及时报告本机构药学部门和医疗管理部门，并按规定上报药品监督管理部门和卫生行政部门。而药学部门的药学技术人员在日常配合医生做好临床用药外，更应做好药物的不良反应监测工作。

（3）在药物临床应用过程中，药学专业技术人员发现处方或医嘱所列药品违反治疗原则时应当向医生指出并应拒绝调配；发现滥用药物或药物滥用者应及时报告本机构药学部门和医疗管理部门，并按规定上报卫生行政部门或其他有关部门。

2. 药品供应与管理

（1）药学部门要掌握新药动态和市场信息，制定药品采购计划，在保证药品供应前提下，加速周转，减少库存。同时，做好药品成本核算和账务管理。

（2）医疗机构药品采购要实行公开招标采购或参加集中招标采购。药学部门要参与药品采购工作，建立并执行药品进货检查验收制度，验明药品合格证明和其他标识；不符合规定要求的，不得购进和使用。

（3）药学部门必须制定和执行药品保管制度。药品仓库应具备冷藏、防冻、防潮、避光、通风、防火、防虫、防鼠等适宜的仓储条件，保证药品质量。

（4）化学药品、中成药和中药饮片应分别储存、分类定位、整齐存放。易燃、易爆、强腐蚀性等危险性药品必须另设仓库，单独存放，并采取必要的安全措施。对麻醉药品、精神药品、医疗用毒性药品、放射性药品必须按国家有关规定进行管理，并监督使用。

（5）定期对库存药品进行养护，防止变质失效。过期、失效、淘汰、霉烂、虫蛀、变质的药品不得出库，并按有关规定及时处理。

3. 调剂管理

（1）门诊药房实行大窗口或柜台式发药，住院药房实行药学专业技术人员单剂量配发药品。

（2）医疗机构的药学专业技术人员必须严格执行操作规程和处方管理制度，认真审查和核对，确保发出药品的准确、无误。发出药品应注明患者姓名、用法、用量，并交代注意事项。对处方所列药品，不得擅自更改或者代用。对有配伍禁忌、超剂量的处方，药学专业技术人员应拒绝调配。必要时，经处方医师更正或者重新签字，方可调配。为保证患者用药安全，药品一经发出，除医方责任外，不得退换。

（3）根据临床需要，可建立全肠道外营养和肿瘤化疗药物等静脉液体配制中心（室），实行集中配制和供应。

4. 药学研究管理

有条件的医疗机构应支持药学专业技术人员结合临床实际工作需要按照有关规定开展

药学研究工作。医疗机构药学研究工作的主要内容是：

（1）开展临床药学和临床药理研究。围绕合理用药、新药开发进行药效学、药物动力学、生物利用度以及药物安全性等研究；结合临床需要开展化学药品和中成药新制剂、新剂型的研究。

（2）运用药物经济学的理论与方法，对医疗机构药物资源利用状况和药品应用情况进行综合评估和研究，合理配置和使用卫生资源。

（3）开展医疗机构药事管理规范化、标准化的研究，完善各项管理制度，不断提高管理水平。

（4）开展药学伦理学教育和研究，不断提高医务人员的职业道德水准。

（二）医疗机构制剂管理

医疗机构制剂管理是指医疗机构根据临床需要进行自制制剂的生产与使用的管理。医疗机构制剂管理是医疗机构药事管理的重要组成部分，从事医疗机构制剂技术工作的人员规定和医疗机构制剂许可证的审批、品种审批及使用管理等方面都有相应的规定。

1. 人员资格的规定

医疗机构必须配备依法经过资格认定的药学技术人员。非药学技术人员不得直接从事药剂技术工作。"依法经过资格认定"是指国家正式大专院校毕业及经过国家有关部门考试合格后发给执业药师或专业技术职务证书的药学技术人员。医疗机构应由药学技术人员直接从事药剂技术工作，甚至包括调剂、制剂、采购、分发、保管等。随着医疗机构功能作用的变化，药剂技术工作将由保证临床实践和为病人直接服务转变为开展药学监护、临床治疗咨询、药物不良反应监测、药物经济学研究等，非药学技术人员未经过药学专业知识系统学习和上岗培训，且不具备相应技术资格和执业资格，只能从事一些辅助工作，如财会、统计、划价、消毒、蒸馏等，不能直接从事药剂技术工作。

2. 审批规定

医疗机构配制制剂，须经所在地省、自治区、直辖市人民政府卫生行政部门审核同意，由省、自治区、直辖市人民政府药品监督管理部门批准，发给《医疗机构制剂许可证》。无《医疗机构制剂许可证》的，不得配制制剂。《医疗机构制剂许可证》应当标明有效期，到期重新审查发证。

医疗机构制剂是指医疗机构根据本单位临床和科研需要，依照规定的药品生产工艺规程配制的符合质量标准的药物制剂。配制制剂首先应当获得批准。《医疗机构制剂许可证》的申请程序是：必须先经省级卫生行政部门审核同意，再报省级药品监督管理部门批准。药品监督管理部门是医疗机构配制制剂的审批部门和监督管理部门，有责任对持证单位进行经常的质量监督检查，发现任何违反《药品管理法》的行为，有权依法责令整顿、停止配制制剂、吊销制剂批准文号或《医疗机构制剂许可证》。《医疗机构制剂许可证》是医疗机构配制制剂的资格证明，是对医疗机构药剂部门人员、设备、检验、规章制度的总结。没有该证照的，医疗机构不得配制制剂。随着国家的药品监督管理政策、药品市场的变化及医体制改革的发展，医疗机构配制制剂的条件将发生变化，因此要实行动态管理。在规定的有效期满后，重新审查发证。

3. 硬件要求

医疗机构配制制剂，必须具有能够保证制剂质量的设施、管理制度、检验仪器和卫生条件。医疗机构配制制剂必须具备相应的硬件和软件才能充分保证所配制剂的质量。医疗机构配制的制剂有其特殊性,如使用量不定、规模小、贮存时间短、针对性强、临床必需等,是药品生产企业所无法代替的。但是,医疗机构配制制剂也是一种药品的生产过程,应当按药品生产企业进行管理,按 GMP 的要求进行规范。此外,医疗机构配制制剂还必须具备各种管理程序和管理制度。

4. 使用规定

医疗机构配制的制剂,应当是本单位临床需要而市场上没有供应的品种,并须经所在地省、自治区、直辖市人民政府药品监督管理部门批准后方可配制。配制的制剂必须按照规定进行质量检验;合格的,凭医师处方在本医疗机构使用。特殊情况下,经国务院或者省、自治区、直辖市人民政府的药品监督管理部门批准,医疗机构配制的制剂可以在指定的医疗机构之间调剂使用。医疗机构配制的制剂,不得进行市场销售。

医疗机构配制的制剂一般情况下是医疗机构在长期医疗实践中总结出来的经验方或协定处方,或处于保密或申请专利的制剂,它未按照有关审批办法的规定进行药理、药效、毒理、生物利用度等方面的实验,未按照规定的程序经专家审评后批准上市,没有完善的科学实验即规范的论证资料证明其安全性和有效性,一般是根据临床需要而配制,存在稳定性差、工艺不成熟及有效期短等特点。因此必须获得政府批准,生产合格,并且只能在本医疗机构中,根据医生的指导合理地使用,既明确了法律责任,又避免了因配制的制剂使用不当而引发的不必要纠纷。特殊情况下,由政府批准的医疗机构制剂可以在不同的医疗机构之间调剂使用。另外,正是由于医疗机构制剂存在上述特点,因此医疗机构配制的制剂不得在市场上进行销售。

四、违反医疗机构药事管理的法律责任

（一）医疗机构违反《药品管理法》有关规定的法律责任

1. 未取得药品生产许可证、药品经营许可证或者医疗机构制剂许可证生产、销售药品的,责令关闭,没收违法生产、销售的药品和违法所得,并处违法生产、销售的药品(包括已售出和未售出的药品,下同)货值金额十五倍以上三十倍以下的罚款;货值金额不足十万元的,按十万元计算。

2. 生产、销售劣药的,没收违法生产、销售的药品和违法所得,并处违法生产、销售的药品货值金额十倍以上二十倍以下的罚款;违法生产、批发的药品货值金额不足十万元的,按十万元计算,违法零售的药品货值金额不足一万元的,按一万元计算;情节严重的,责令停产停业整顿直至吊销药品批准证明文件、药品生产许可证、药品经营许可证或者医疗机构制剂许可证。

生产、销售的中药饮片不符合药品标准,尚不影响安全性、有效性的,责令限期改正,给予警告;可以处十万元以上五十万元以下的罚款。

3. 生产、销售劣药的,没收违法生产、销售的药品和违法所得,并处违法生产、销售的药品货值金额十倍以上二十倍以下的罚款;违法生产、批发的药品货值金额不足十万元的,按十万元计算,违法零售的药品货值金额不足一万元的,按一万元计算;情节严重的,责令停产停业整顿直至吊销药品批准证明文件、药品生产许可证、药品经营许可证或者医疗机构制剂许可证。

生产、销售的中药饮片不符合药品标准，尚不影响安全性、有效性的，责令限期改正，给予警告；可以处十万元以上五十万元以下的罚款。

4. 药品上市许可持有人、药品生产企业、药品经营企业或者医疗机构未从药品上市许可持有人或者具有药品生产、经营资格的企业购进药品的，责令改正，没收违法购进的药品和违法所得，并处违法购进药品货值金额两倍以上十倍以下的罚款；情节严重的，并处货值金额十倍以上三十倍以下的罚款，吊销药品批准证明文件、药品生产许可证、药品经营许可证或者医疗机构执业许可证；货值金额不足五万元的，按五万元计算。

5. 伪造、变造、出租、出借、非法买卖许可证或者药品批准证明文件的，没收违法所得，并处违法所得一倍以上五倍以下的罚款；情节严重的，并处违法所得五倍以上十五倍以下的罚款，吊销药品生产许可证、药品经营许可证、医疗机构制剂许可证或者药品批准证明文件，对法定代表人、主要负责人、直接负责的主管人员和其他责任人员，处两万元以上二十万元以下的罚款，十年内禁止从事药品生产经营活动，并可以由公安机关处五日以上十五日以下的拘留；违法所得不足十万元的，按十万元计算。

6. 提供虚假的证明、数据、资料、样品或者采取其他手段骗取临床试验许可、药品生产许可、药品经营许可、医疗机构制剂许可或者药品注册等许可的，撤销相关许可，十年内不受理其相应申请，并处五十万元以上五百万元以下的罚款；情节严重的，对法定代表人、主要负责人、直接负责的主管人员和其他责任人员，处两万元以上二十万元以下的罚款，十年内禁止从事药品生产经营活动，并可以由公安机关处五日以上十五日以下的拘留。

7. 医疗机构将其配制的制剂在市场上销售的，责令改正，没收违法销售的制剂和违法所得，并处违法销售制剂货值金额两倍以上五倍以下的罚款；情节严重的，并处货值金额五倍以上十五倍以下的罚款；货值金额不足五万元的，按五万元计算。

8. 药品上市许可持有人、药品生产企业、药品经营企业或者医疗机构在药品购销中给予、收受回扣或者其他不正当利益的，药品上市许可持有人、药品生产企业、药品经营企业或者代理人给予使用其药品的医疗机构的负责人、药品采购人员、医师、药师等有关人员财物或者其他不正当利益的，由市场监督管理部门没收违法所得，并处三十万元以上三百万元以下的罚款；情节严重的，吊销药品上市许可持有人、药品生产企业、药品经营企业营业执照，并由药品监督管理部门吊销药品批准证明文件、药品生产许可证、药品经营许可证。

药品上市许可持有人、药品生产企业、药品经营企业在药品研制、生产、经营中向国家工作人员行贿的，对法定代表人、主要负责人、直接负责的主管人员和其他责任人员终身禁止从事药品生产经营活动。

9. 药品上市许可持有人、药品生产企业、药品经营企业的负责人、采购人员等有关人员在药品购销中收受其他药品上市许可持有人、药品生产企业、药品经营企业或者代理人给予的财物或者其他不正当利益的，没收违法所得，依法给予处罚；情节严重的，五年内禁止从事药品生产经营活动。

医疗机构的负责人、药品采购人员、医师、药师等有关人员收受药品上市许可持有人、药品生产企业、药品经营企业或者代理人给予的财物或者其他不正当利益的，由卫生健康主管部门或者本单位给予处分，没收违法所得；情节严重的，还应当吊销其执业证书。

10. 药品上市许可持有人、药品生产企业、药品经营企业或者医疗机构违反本法规定，给用药者造成损害的，依法承担赔偿责任。

因药品质量问题受到损害的,受害人可以向药品上市许可持有人、药品生产企业请求赔偿损失,也可以向药品经营企业、医疗机构请求赔偿损失。接到受害人赔偿请求的,应当实行首负责任制,先行赔付;先行赔付后,可以依法追偿。

生产假药、劣药或者明知是假药、劣药仍然销售、使用的,受害人或者其近亲属除请求赔偿损失外,还可以请求支付价款十倍或者损失三倍的赔偿金;增加赔偿的金额不足一千元的,按一千元计算。

(二)医疗机构违反《药品管理法实施条例》相关规定的法律责任

1.未经批准,医疗机构擅自使用其他医疗机构配制的制剂的,依照《药品管理法》第一百三十二条的规定给予处罚。

2.个人设置的门诊部、诊所等医疗机构向患者提供的药品超出规定的范围和品种的,依照《药品管理法》第一百一十六条的规定给予处罚。

3.医疗机构使用假药、劣药的,依照《药品管理法》第一百一十七条、第一百一十八条的规定给予处罚。

4.擅自进行临床试验的,对承担药物临床试验的机构,依照《药品管理法》第一百二十九条的规定给予处罚。

5.医疗机构不按照省、自治区、直辖市人民政府药品监督管理部门批准的标准配制制剂的,依照《药品管理法》第一百一十八条的规定给予处罚。

6.医疗机构配制的制剂,其包装、标签、说明书违反《药品管理法》及实施条例规定的,依照《药品管理法》第一百三十八条的规定给予处罚。

7.医疗机构变更药品生产经营许可事项,应当办理变更登记手续而未办理的,由原发证部门给予警告,责令限期补办变更登记手续;逾期不补办的,宣布其《医疗机构制剂许可证》无效;仍从事药品生产经营活动的,依照《药品管理法》第一百一十六条的规定给予处罚。

8.医疗机构未违反《药品管理法》和实施条例的有关规定,并有充分证据证明其不知道所销售或者使用的药品是假药、劣药的,应当没收其销售或者使用的假药、劣药和违法所得,但是,可以免除其他行政处罚。

(三)《医疗机构管理条例》中有关法律责任的规定

1.未取得《医疗机构执业许可证》擅自执业的,由县级以上人民政府卫生行政部门责令其停止执业活动,没收非法所得和药品、器械,并可以根据情节处以1万元以下的罚款。

2.逾期不校验《医疗机构执业许可证》仍从事诊疗活动的,由县级以上人民政府卫生行政部门责令其限期补办校验手续;拒不校验的,吊销其《医疗机构执业许可证》。

3.出卖、转让、出借《医疗机构执业许可证》的,由县级以上人民政府卫生行政部门没收非法所得,并可以处以5000元以下的罚款;情节严重的,吊销其《医疗机构执业许可证》。

4.诊疗活动超出登记范围的,由县级以上人民政府卫生行政部门予以警告、责令其改正,并可以根据情节处以3000元以下的罚款;情节严重的,吊销其《医疗机构执业许可证》。

5.使用非卫生技术人员从事医疗卫生技术工作的,由县级以上人民政府卫生行政部门责令其限期改正,并可以处以5000元以下的罚款;情节严重的,吊销其《医疗机构执业许可证》。

6.出具虚假证明文件的,由县级以上人民政府卫生行政部门予以警告;对造成危害后果的,可以处以1000元以下的罚款;对直接责任人员由所在单位或者上级机关给予行政处分。

（四）医疗机构违反《麻醉药品和精神药品管理条例》《医疗用毒性药品管理办法》有关规定的法律责任

1.取得印鉴卡的医疗机构违反条例的规定，有下列情形之一：①未依规定购买、储存麻醉药品和一类精神药品的；②未依规定保存麻醉药品和精神药品专用处方或未依规定进行处方专册登记的；③未依规定报告麻醉药品、精神药品的进货、库存、使用数量；④紧急借用麻醉药品和一类精神药品后未备案的；⑤未依规定销毁麻醉药品的，由设区的市级卫生主管部门责令限期改正，给予警告；逾期不改正的，处5000元以上1万元以下罚款，情节严重的，吊销其印鉴卡并处分主管人员和责任人员。

2.具有麻醉药品和一类精神药品处方资格的执业医师违反条例规定开具相关处方，或未按临床指导原则使用麻醉药品的，由其所在医疗机构取消其麻醉药品和一类精神药品处方资格，造成严重后果的，由原发证机关吊销其执业证书。

3.未取得麻醉药品和一类精神药品处方资格的执业医师擅自开具麻醉药品和一类精神药品处方的，由县级以上卫生主管部门给予警告，暂停执业活动；造成严重后果的，吊销其执业证书；构成犯罪的，依法追究刑事责任。

4.处方的调配人、核对人违反条例的规定未对麻醉药品和一类精神药品处方进行核对，造成严重后果的，由原发证部门吊销其执业证书。

5.医疗机构擅自生产、收购、经营毒性药品，由县级以上卫生主管部门没收其全部毒性药品，给予警告或按照非法所得的5至10倍罚款；情节严重、致人伤残或死亡，构成犯罪的，依法追究刑事责任。

（五）医疗机构违反《中医药条例》有关规定的法律责任

1.医疗机构违反规定，有下列情形之一的，由县级以上地方人民政府负责中医药管理的部门责令限期改正；逾期不改正的，责令停业整顿，直至由原审批机关吊销其医疗机构执业许可证、取消其城镇职工基本医疗保险定点医疗机构资格，并对负有责任的主管人员和其他直接责任人员依法给予纪律处分：

（1）不符合中医医疗机构设置标准的。

（2）获得城镇职工基本医疗保险定点医疗机构资格，未按照规定向参保人员提供基本医疗服务的。

2.未经批准擅自开办中医医疗机构或者未按照规定通过执业医师或者执业助理医师资格考试取得执业许可，从事中医医疗活动的，依照《执业医师法》和《医疗机构管理条例》的有关规定给予处罚。

3.篡改经批准的中医医疗广告内容的，由原审批部门撤销广告批准文号，1年内不受理该中医医疗机构的广告审批申请。

负责中医药管理的部门撤销中医医疗广告批准文号后，应当自做出行政处罚决定之日起5个工作日内通知广告监督管理机关。广告监督管理机关应当自收到负责中医药管理的部门通知之日起15个工作日内，依照《中华人民共和国广告法》的有关规定查处。

（六）医疗机构违反《医疗器械监督管理条例》有关规定的法律责任

1.医疗机构违反规定，使用无产品注册证书、无合格证明、过期、失效、淘汰的医疗器械的，或者从无《医疗器械生产企业许可证》《医疗器械经营企业许可证》的企业购进医疗器械的,由县级以上人民政府药品监督管理部门责令改正,给予警告,没收违法使用的产品和违法所得,违法所得5000元以上的,并处违法所得2倍以上5倍以下的罚款;没有违法所得或者违法所得不足5000元的,并处5000元以上2万元以下的罚款;对主管人员和其他直接责任人员依法给予纪律处分;构成犯罪的,依法追究刑事责任。

2.医疗机构违反规定,重复使用一次性使用的医疗器械的,或者对应当销毁未进行销毁的,由县级以上人民政府药品监督管理部门责令改正,给予警告,可以处5000元以上3万元以下的罚款;情节严重的,可以对医疗机构处3万元以上5万元以下的罚款,对主管人员和其他直接责任人员依法给予纪律处分;构成犯罪的,依法追究刑事责任。

3.承担医疗器械临床试用或者临床验证的医疗机构提供虚假报告的,由省级以上人民政府药品监督管理部门责令改正,给予警告,可以处1万元以上3万元以下罚款;情节严重的,撤销其临床试用或者临床验证资格,对主管人员和其他直接责任人员依法给予纪律处分;构成犯罪的,依法追究刑事责任。

延伸阅读:

日本医疗机构的药事管理

(一)组织与人员

日本医院药房是和临床科室并列的以治疗为主的医技科室,是医院组织结构中的二级直线职权机构,由副院长直接领导。医院药房一般由分管业务的副院长领导。

日本依照《药房法》对医院药师进行管理,医院药师资格是按照法律规定审定的,他们是受过高等药学(临床药学)专业教育,具有学位,并经国家登记注册的执业药师。日本医院药师只有行政职务不同称号,没有诸如我国分级职称区分。日本的非药师人员除技术人员外,按职位分为事务员、作业员等,但总数较少。

(二)标准化管理

日本医院药师协会自20世纪70年代以来,制定修订的标准化管理文件有多部,涉及范围不如美国的全面,但是具体、很容易操作。各大医院特别是教学医院,普遍制定了各项业务标准管理条例、办法。这些管理文件均收载于药学教育教材。

(三)调剂业务管理

日本大中型医院也广泛采用药品单位剂量配置系统、静脉注射液混合项目、药学服务中心化。

(四)医院处方集系统

日本大中医院普遍编制、推行处方集和系统管理。

(五)临床药学服务管理

日本医院药房临床药学服务较美国开展得晚,但非常重视药品情报服务和管理,除制定管理标准外,还编写了药学生教材。

[拓展练习]

参与讨论:你觉得医疗机构的药事管理有何意义?

(刘秋风 米岚)

项目四　药品管理的法律规定

[学习目标]

1. 能够熟练分析药品和药品不良反应的法律界定；
2. 能够熟练分析假药和劣药的法律规定；
3. 能够清楚分析违反药品管理的法律责任。

工作任务　认识药品管理的法律规定

2006 年 5 月 11 日，国家食品药品监督管理局（SFDA）发出紧急通知，在全国范围内停止销售和使用齐齐哈尔第二制药有限公司（以下简称齐二药）生产的所有药品，各地药监部门在本辖区范围内就地查封、扣押。5 月 3 日，根据广东省食品药品监督管理局报告，发现部分患者使用了齐二药生产的亮菌甲素注射液，出现了严重药物不良事件，据统计，仅广州中山大学附属第三医院就有 4 位患者因使用亮菌甲素注射液而死亡，6 位患者中毒，生命垂危，正在抢救中。SFDA 对此高度重视，立即责成黑龙江省食品药品监督管理局暂停了该企业亮菌甲素注射液的生产，封存了库存药品。并派出调查组分赴黑龙江、广东等地进行调查，随后又赴江苏追踪调查生产原料的问题。经过广东省药检所的反复检验和验证，初步查明引起患者死亡的原因是齐二药生产的亮菌甲素注射液中含有了该药中不应该含有的二甘醇，二甘醇在体内氧化成草酸而引起了肾脏损害从而导致患者死亡。

经过调查，SFDA 最终认定事情的起因是：江苏省泰兴市不法商人王桂平以中国地质矿业总公司泰兴化工总厂的名义，伪造药品生产许可证等证件，于 2005 年 10 月将工业原料二甘醇假冒药用辅料丙二醇，出售给齐二药。齐二药采购员钮忠仁违规购入假冒丙二醇，化验室主任陈桂芬等人严重违反操作规程，未将检测图谱与药用标准丙二醇图谱进行对比鉴别，并在发现检验样品相对密度值与标准严重不符的情况下，将其改为正常值，签发合格证，致使假的药用辅料投入生产，制造出含有二甘醇的亮菌甲素注射液并投放市场，而含有二甘醇的亮菌甲素注射液是导致病人肾功能急性衰竭的直接原因。广州中山三院和广东龙川县中医院使用此假药后，共有 11 名患者出现急性肾功能衰竭并死亡。

一、药品和药品不良反应的法律界定

（一）药品的法律界定

用于预防、治疗、诊断人的疾病，有目的地调节人的生理机能并规定有适应证或者功能主治、用法和用量的物质，包括中药材、中药饮片、中成药、化学原料药及其制剂、抗生素、生化药品、放射性药品、血清、疫苗、血液制品和诊断药品等。

（二）药品不良反应的法律界定

合格药品在正常用法用量下出现的与用药目无关的或意外的有害反应。

该定义将药品不良反应限定为质量合格的药品，排除了错误用药、超剂量用药、病人不遵守医嘱及滥用药导致的药品不良反应或不良事件。

药品严重不良反应是指因服用药品引起以下损害情形之一的反应：

1. 引起死亡。

2. 致癌、致畸、致出生缺陷。

3. 对生命有危险并能够导致人体永久的或显著的伤残。

4. 对器官功能产生永久损伤。

5. 导致住院或住院时间延长。

二、假药和劣药的法律规定

（一）假药

我国《药品管理法》第九十八条规定："禁止生产（包括配制，下同）、销售、使用假药、劣药。"其中，"有下列情形之一的，为假药：（一）药品所含成分与国家药品标准规定的成分不符；（二）以非药品冒充药品或者以他种药品冒充此种药品；（三）变质的药品；（四）药品所标明的适应证或者功能主治超出规定范围"。

药品所含成分是指该药品产生规定作用的有效成分或活性物质，是决定药品效果和质量的决定因素。不同的药物成分其理化性质、药效是不一样的，使用中的安全性也有不同。国家对于药品所含成分的审批有着十分严格的程序规定。药品生产的申请者必须如实报送研制方法、质量指标、药理及毒理试验结果等有关资料和样品。国务院药品监督管理部门组织药学、医学和其他技术人员，对药品进行审评，符合国家有关规定后才批准其生产、销售、使用。

已经通过审查批准并进行合法生产的药品，其质量标准中都有确定的技术指标和相关要求。这样规定的目的就在于要确保该药品的质量和在预防、治疗和诊断中的效能与安全性。作为国家强制实施的标准，其生产、销售者必须贯彻执行。擅自改变国家药品标准中业已规定的药品所含成分的技术标准，致使药品所含成分与国家药品标准规定的成分不符，就不能保证在使用中拥有确切的药效，更不可能保证使用者安全有效地用药，因此将其列为假药。每一种药品都有其确定的适应证或功能主治。非药品不具有药品特定的功效，如果被使用，轻者可延误病情，严重的危及使用者的生命安全。他种药品与被冒充的药品的一个重要区别就在于它们的适应证或功能主治以及服法用量、用药注意事项不同，以他种药品冒充此种药品不但不能达到预期目的，反而可能产生严重后果，这是十分危险的。以非药品冒充药品或以他种药品冒充此种药品的行为严重破坏了国家药品标准的实施，所以列为假药。

变质的药品，其理化性质、药效等都会发生变化，不能再起到药品标准所规定的作用。生产和销售变质的药品，可能会给使用者造成新的疾患甚至危害使用者的生命安全，因此，药品法规定对生产和销售变质药品的，按假药论处。

对标明适应证或者功能主治超出规定范围的、增加或变更适应证或功能主治的，其实质都是对原药品标准的改变。依照法律规定，应当重新按照新药申报审批程序进行审批。因为药品标准中规定的适应证或功能主治都是在经过大量科学实验(包括非临床试验及临床试验)的基础上,经过充分论证得出的结果。它们都是药品标准的重要组成部分。正确标明适应证或功能主治,也是贯彻执行药品标准的重要内容,只有正确的标明药品的适应证或功能主治,才能确保指导使用者正确安全有效地使用药品。对此种情形,按假药论处。

（二）劣药

《药品管理法》第九十八条中关于劣药的界定,该条指出:"有下列情形之一的,为劣药:(一)药品成分的含量不符合国家药品标准;(二)被污染的药品;(三)未标明或者更改有效期的药品;(四)未注明或者更改产品批号的药品;(五)超过有效期的药品;(六)擅自添加防腐剂、辅料的药品;(七)其他不符合药品标准的药品。"

药品成分含量低于规定标准,使用者在使用后达不到应有的治疗作用;超出规定标准,则可能会造成使用者的超量服用,危害健康。生产、销售劣药,其危害性与假药极其相近,因此,也是重点打击的违法行为之一。

生产、销售劣药的行为表现具有多样性、复杂化的特点。《药品管理法》归纳了常见的几种情形,并做出了按劣药论处的规定。

药品有效期是指药品在一定的储存条件下,能够保持质量不变的期限。在药品的研发申报审核过程中,药品的理化性质尤其是稳定性的研究、实验数据是需审核的非常重要的内容。药品有效期的长短与药品的稳定性密切相关。有些稳定性较差的药品,在贮存中,药效降低,毒性增高,如果继续使用,就可能对健康造成危害,因此不能再作药用。因此,对药品必须制订有效期的规定。药品有效期的确定是在经过大量科学实验(非临床实验及临床试验等)基础上,根据每一药品稳定性的实际情况而做出的。它是药品标准的重要组成部分。未标明有效期或者更改有效期的;超过有效期的,均按劣药论处。药品未标明有效期,擅自更改作为药品标准重要事项的有效期的行为也属于违反药品标准的行为。因此,上述情况的药品均按劣药论处。

药品生产批号的含义是指用于识别批的一组数字或字母加数字。用之可以追溯和审查该批药品生产的历史,在生产过程中,药品批号主要起标识作用。根据生产批号和相应的生产记录,可以追溯该批药品的原料来源、药品形成过程的历史;在药品形成成品后,根据销售记录,可以追溯药品的市场去向,药品进入市场后的质量状况;在需要的时候可以控制和回收该批药品。在我国,药品生产日期以生产批号为准,药品有效期的计算也是自生产批号确定的日期计算。因此,不注明或更改生产批号的行为,其结果等同于未标明有效期或更改有效期。因此把不注明或者更改生产批号的药品按劣药论处。

直接接触药品的包装材料和容器能否污染容器内的药品以及能否影响该药品的稳定性至关重要。在我国,长期以来,人们对直接接触药品的包装材料和容器与药品质量的重要关系认识不足。一些药品,尤其是药品制剂,剂型本身就是依附包装而存在的。如注射剂的玻璃瓶、胶塞等。由于药品包装材料、容器组分、选材、生产工艺方法的不同,有的组分可能被所接触的药品溶出或与药品互相产生化学作用,或被药液长期浸泡腐蚀脱片,有些甚至造成药品被污染,因而直接影响药品的质量。为提高直接接触药品的包装材料、容器的质量,确保药品的安全有效,根据新的《直接接触药品的包装材料和容器管理办法》的规定,直接接触药品的包装材料和容器必须经由药品监督管理部门在审批药品时一并审批,方可使用。药品生产企业如果使用未经批准的直接接触药品的包装材料和容器,其药品质量就无法得到保证,因此按劣药论处。

药品所含的各种成分,在审批过程中是经过充分的科学论证和大量试验检测而予以肯定的。生产药品所需的原料、辅料必须符合药检所的质量检验结果要求。所谓符合要求就是指必须符合经审定的标准。任何未经批准擅自添加着色剂、防腐剂、香料、矫味剂及辅料,都可能会改变药品理化性质和药效,改变药品标准,影响药品质量,甚至可能危害健康。因此对擅自添加着色剂、香料、矫味剂及辅料的行为,一律按劣药论处。

法律具有相对的稳定性,不可能进行经常性的修订;法律又有相对的局限,不可能把所有的违法行为全部罗列。《药品管理法》也不可能将所有的违反药品标准的行为一一列出。为了保证今后处理新情况、新问题也能有法可依,《药品管理法》也规定:其他不符合药品标准的,也按劣药论处。

三、违反药品管理的法律责任

(一)违反药品标准管理的法律责任

《药品管理法》中诸多条款都对药品必须遵守药品标准管理制定了一些规定。与此对应,违反药品标准管理的行为也必须承担相应的法律责任。

1. 在药品标识上所标明的适应证或者功能主治超出规定范围的,属于按假药论处的药品,应当按照《药品管理法》第一百一十六条规定的生产、销售假药的行为进行处罚。

第一百一十六条这样规定:"生产、销售假药的,没收违法生产、销售的药品和违法所得,责令停产停业整顿,吊销药品批准证明文件,并处违法生产、销售的药品货值金额十五倍以上三十倍以下的罚款;货值金额不足十万元的,按十万元计算;情节严重的,吊销药品生产许可证、药品经营许可证或者医疗机构制剂许可证,十年内不受理其相应申请;药品上市许可持有人为境外企业的,十年内禁止其药品进口。"

该条指出对生产、销售假药等违法行为规定的行政责任主要是行政处罚。对生产、销售假药的违法行为的处罚包括两个层次:一是对一般违法行为,没收违法药品和违法所得,并处罚款;有药品批准证明文件的予以撤销,并责令停产、停业整顿。二是对情节严重的违法行为,吊销许可证。其中,对一般违法行为的处罚可以并行适用。而吊销许可证只针对情节严重的违法行为。"情节严重",一般是指制售假药屡教不改、获取违法所得数额较大等。

撤销药品批准证明文件和吊销许可证是特定的行政机关或者法定的其他组织依法撤销允许相对人从事某种活动的资格和权利的凭证,终止其继续从事该凭证所允许的活动的处罚形式。二者都属于许可证罚,撤销药品批准证明文件是针对有药品批准证明文件的企业生产、销售假药而给予的处罚。处罚对象特定化,无批准证明文件的违法主体不适用这一规定。吊销许可证是吊销违法主体的《药品生产许可证》《药品经营许可证》《医疗机构制剂许可证》,也是生产、销售假药的行为主体。

责令停产停业整顿、撤销药品批准证明文件以及吊销许可证的处罚,是针对较严重的违法行为采取的,对被处罚人从事某项活动的资格和权利影响较重。因此,行政机关在做出上述处罚前,应当按照《行政处罚法》的规定,应管理相对人的要求,可公开进行有利害关系人参加的听证会,即使相对人没有要求听证,行政机关做出上述处罚也应当充分听取被处罚人的意见,并在全面、客观、公正地查实核对相对人违法行为事实后,依据确凿证据和法律规定做出处罚。

　　对于构成犯罪的行为,还应追究其刑事责任。《刑法》第一百四十一条规定的生产、销售假药罪,是指生产、销售者违反国家药品管理法规,明知是假药而生产、销售,足以严重危害人体健康的行为。它侵犯的客体是国家对药品监督管理制度和公民的健康权利。客观方面表现为行为人违反国家药品管理法规,生产、销售假药,足以严重危害人体健康的行为;主观方面是故意。《刑法》第一百四十条规定的生产、销售伪劣产品罪,是指生产者、销售者违反国家产品质量管理法规,在生产、销售的产品中掺杂、掺假,以假充真,以次充好,或者以不合格产品冒充合格产品,数额较大的行为。数额较大是指销售金额在五万元以上,销售金额是指生产、销售伪劣产品的全部收益,包括成本和利润。可见,构成此罪的必要条件是销售金额5万元以上,主观方面是故意。

　　第一百四十条与一百四十一条规定的罪名是有联系的。第一百四十条规定的是广义的产品犯罪,第一百四十一条规定的是具体产品即药品的犯罪。第一百四十条规定的犯罪必须具备一个条件,即销售金额达五万元以上。第一百四十一条规定的犯罪必须具备的一个条件是足以严重危害人体健康的行为。如果生产、销售假药的行为没有达到"足以严重危害人体健康"的程度,而销售假药金额却达到五万元以上的,按照第一百四十条的规定定罪量刑。如果生产、销售假药既达到足以严重危害人体健康的程度,销售假药金额又达到五万元以上的,就依照处罚较重的规定定罪量刑。

　　2.药品标识上没有标明药品的通用名称、成分、规格、有效期、用法、用量、禁忌、不良反应和注意事项以及其他不符合药品标准的,属于按劣药论处的药品,应当按照《药品管理法》第一百一十七条规定的生产、销售劣药的行为进行处罚。

　　第一百一十七条规定:"生产、销售劣药的,没收违法生产、销售的药品和违法所得,并处违法生产、销售的药品货值金额十倍以上二十倍以下的罚款;违法生产、批发的药品货值金额不足十万元的,按十万元计算,违法零售的药品货值金额不足一万元的,按一万元计算;情节严重的,责令停产停业整顿直至吊销药品批准证明文件、药品生产许可证、药品经营许可证或者医疗机构制剂许可证。"

　　对生产、销售劣药的违法行为的处罚包括两个层次:一是对一般违法行为,没收违法药品和违法所得,并处罚款;二是对情节严重的违法行为,责令停产、停业整顿或者撤销药品批准证明文件、吊销许可证。"情节严重"一般是指制售劣药屡教不改、获取违法所得数额较大等。

　　责令停产、停业整顿与撤销药品批准证明文件、吊销许可证的处罚手段不能并行适用,而是由药品监督管理部门选择其一适用。

　　责令停产停业整顿、撤销药品批准证明文件和吊销许可证等行政处罚,也应当依法按照《行政处罚法》的规定公开进行听证会。

　　(二)违反药品不良反应管理的法律责任

　　药品上市许可持有人未按照规定开展药品不良反应监测或者报告疑似药品不良反应的,责令限期改正,给予警告;逾期不改正的,责令停产停业整顿,并处十万元以上一百万元以下的罚款。

微课:药品不良反应

　　药品经营企业未按照规定报告疑似药品不良反应的,责令限期改正,给予警告;逾期不改正的,责令停产停业整顿,并处五万元以上五十万元以下的罚款。

医疗机构未按照规定报告疑似药品不良反应的,责令限期改正,给予警告;逾期不改正的,处五万元以上五十万元以下的罚款。

延伸阅读:

1956年,德国上市了一种新药沙利度胺(反应停),可消除孕妇常有的呕吐、恶心、乏力和食欲不振等妊娠反应,十分畅销。但是到了1962年,仅在德国就出生了8816例海豹肢畸形儿,在日本也出现了1002例。到1963年止,全世界已出现11000多例,很快引起了全世界的关注,人们立即停用了此药,9个月之后,再无海豹肢畸形儿出生。

这一件事震惊了全世界,人们认识到即使一个被正式批准上市的药品,在正常用法用量下也会产生意外的有害反应。因此,在药品上市后,还应加强监测,以避免药品在大面积人群中使用所出现的药品不良反应和药害事件。也正是在"反应停"事件后,各国政府开始建立本国的药品不良反应报告和监测制度。

[拓展练习]

你觉得安全用药有何需要特别注意的地方?

微课:安全用药常识

(刘秋风　米岚)

项目五　医疗器械管理的法律规定

[学习目标]

1. 能够熟练分析医疗器械的法律界定；
2. 能够清楚分析医疗器械管理的相关规定；
3. 能够清楚分析违反医疗器械监管的法律责任。

工作任务　认识医疗器械管理的法律规定

2003 年 3 月 26 日,某药品监督管理局稽查人员在武汉某大学附属医院检查发现,该医院正在使用的进口 STORZ 牌腹腔镜系统有问题,现场不能提供该产品的注册登记表,也未见该腹腔镜系统其他配套医疗器械的产品注册证。

经查,某内窥镜中国有限公司是一家注册地在香港的公司,该公司负责某进口内窥镜系统在中国的销售事宜,腹镜系统销售金额为 8.3 万美元。该套腹腔镜系统在进口过程中只取得其中部分设备(产品货号:26006AA,26003AA,26003BA;价值 21750 美元)的进口产品注册证书。据不完全统计,该公司在湖北地区 21 家医疗机构共销售 26 套内窥镜系统,销售金额约 200 万美元(折合人民币约 1700 万元),其中销售未经注册的医疗器械设备金额约 150 万美元(折合人民币约 1200 万元)。

该地药品监督管理局依据《医疗器械监督管理条例》,对某内窥镜中国有限公司经营未经注册的医疗器械的行为,给予了行政处罚。《医疗器械监督管理条例》第三十九条规定,违反本条例规定,经营无产品注册证书、无合格证明、过期、失效、淘汰的医疗器械的,或者从无《医疗器械生产企业许可证》《医疗器械经营企业许可证》的企业购进医疗器械的,由县级以上人民政府药品监督管理部门责令停止经营,没收违法经营的产品和违法所得,违法所得 5000 元以上的,并处违法所得 2 倍以上 5 倍以下的罚款(本案应给予 2400 万～6000 万元的罚款)。

对于湖北地区 21 家医疗机构(包括武汉某大学附属医院),依据《医疗器械监督管理条例》,应追究相应的法律责任。《医疗器械监督管理条例》第四十二条规定,违反本条例规定,医疗机构使用无产品注册证书、无合格证明、过期、失效、淘汰的医疗器械的,或者从无《医疗器械生产企业许可证》《医疗器械经营企业许可证》的企业购进医疗器械的,由县级以上人民政府药品监督管理部门责令改正,给予警告,没收违法使用的产品和违法所得,违法所得 5000 元以上的,并处违法所得 2 倍以上 5 倍以下的罚款;没有违法所得或者违法所得不足 5000 元的,并处 5000 元以上 2 万元以下的罚款;对主管人员和其他直接责任人员依法给予纪律处分;构成犯罪的,依法追究刑事责任。

一、医疗器械的法律界定

医疗器械是指直接或者间接用于人体的仪器、设备、器具、体外诊断试剂及校准物、材料以及其他类似或者相关的物品,包括所需要的计算机软件,其效用主要通过物理等方式获得,不是通过药理学、免疫学或者代谢的方式获得,或者虽然有这些方式参与但是只起辅助作用;其目的是:

1.疾病的诊断、预防、监护、治疗或者缓解;

2.损伤的诊断、监护、治疗、缓解或者功能补偿;

3.生理结构或者生理过程的检验、替代、调节或者支持;

4.生命的支持或者维持;

5.妊娠控制;

6.通过对来自人体的样本进行检查,为医疗或者诊断目的提供信息。

医疗器械管理法律制度是指调整为了加强对医疗器械的监督管理,保证医疗器械的安全、有效,保障人体健康和生命安全中产生的社会关系的法律规范的总和。

二、医疗器械的管理

(一)医疗器械的管理

1.医疗器械新产品

医疗器械新产品是指国内市场尚未出现过的或者安全性、有效性及产品机理未得到国内认可的全新的品种。国家鼓励研制医疗器械新产品。

第二类、第三类医疗器械新产品的临床试用,应当按照国务院药品监督管理部门的规定,经批准后进行。完成临床试用并通过国务院药品监督管理部门组织专家评审的医疗器械新产品,由国务院药品监督管理部门批准,并发给新产品证书。

2.医疗器械产品生产注册制度

国家对医疗器械实行产品生产注册制度。

生产第一类医疗器械,由设区的市级人民政府药品监督管理部门审查批准,并发给产品生产注册证书。

生产第二类医疗器械,由省、自治区、直辖市人民政府药品监督管理部门审查批准,并发给产品生产注册证书。

生产第三类医疗器械,由国务院药品监督管理部门审查批准,并发给产品生产注册证书。生产第二类、第三类医疗器械,应当通过临床验证。

3.从事临床试用或验证的医疗机构及其审批部门

省、自治区、直辖市人民政府药品监督管理部门负责审批本行政区域内的第二类医疗器械的临床试用或者临床验证,国务院药品监督管理部门负责审批第三类医疗器械的临床试用或者临床验证。

临床试用或者临床验证应当在省级以上人民政府药品监督管理部门指定的医疗机构进行,医疗机构进行临床试用或者临床验证,应当符合国务院药品监督管理部门的规定。

进行临床试用或者临床验证的医疗机构的资格,由国务院药品监督管理部门会同国务院卫生行政部门认定。

4.医疗机构研制医疗器械的要求

医疗机构根据本单位的临床需要,可以研制医疗器械,在执业医师指导下在本单位使用。

医疗机构研制的第二类医疗器械,应当报省级以上人民政府药品监督管理部门审查批准;医疗机构研制的第三类医疗器械,应当报国务院药品监督管理部门审查批准。

5.首次进口医疗器械的要求

首次进口的医疗器械,进口单位应当提供该医疗器械的说明书、质量标准、检验方法等有关资料和样品以及出口国(地区)批准生产、销售的证明文件,经国务院药品监督管理部门审批注册,领取进口注册证书后,方可向海关申请办理进口手续。

6.医疗器械的申报注册

申报注册医疗器械,应当按照国务院药品监督管理部门的规定提交技术指标、检测报告和其他有关资料。

设区的市级人民政府药品监督管理部门应当自受理申请之日起 30 个工作日内,做出是否给予注册的决定;省、自治区、直辖市人民政府药品监督管理部门应当自受理申请之日起 60 个工作日内,做出是否给予注册的决定;国务院药品监督管理部门应当自受理申请之日起 90 个工作日内,做出是否给予注册的决定;不予注册的,应当书面说明理由。

医疗器械产品注册证书所列内容发生变化的,持证单位应当自发生变化之日起 30 日内,申请办理变更手续或者重新注册。

医疗器械产品注册证书有效期 4 年。持证单位应当在产品注册证书有效期届满前 6 个月内,申请重新注册。连续停产两年以上的,产品生产注册证书自行失效。

7.生产医疗器械的有关要求

生产医疗器械,应当符合医疗器械国家标准;没有国家标准的,应当符合医疗器械行业标准。

医疗器械国家标准由国务院标准化行政主管部门会同国务院药品监督管理部门制定。医疗器械行业标准由国务院食品药品监督管理部门制定。

医疗器械的使用说明书、标签、包装应当符合国家有关标准或者规定。

医疗器械及其外包装上应当按照国务院药品监督管理部门的规定,标明产品注册证书编号。

生产和使用以提供具体量值为目的的医疗器械,应当符合计量法的规定。具体产品目录由国务院药品监督管理部门会同国务院计量行政管理部门制定并公布。

8.医疗器械再评价及淘汰制度

国家对医疗器械实施再评价及淘汰制度。具体办法由国务院药品监督管理部门会同国务院有关部门制订。

(二)医疗器械生产经营和使用的管理

1.医疗器械生产企业应当符合的条件

开办医疗器械生产企业应当符合国家食品药品监督管理局颁行的《医疗器械生产监督管理办法》的要求。

开办第一类医疗器械生产企业,应当具备与所生产产品相适应的生产条件,并应当在领取营业执照后 30 日内,填写《第一类医疗器械生产企业登记表》,向所在地省、自治区、直辖市药品监督管理部门书面告知。

开办第二类、第三类医疗器械生产企业必须具备以下条件：

(1)企业的生产、质量和技术负责人应当具有与所生产医疗器械相适应的专业能力,并掌握国家有关医疗器械监督管理的法律、法规和规章以及相关产品质量、技术的规定。质量负责人不得同时兼任生产负责人。

(2)企业内初级以上职称或者中专以上学历的技术人员占职工总数的比例应当与所生产产品的要求相适应。

(3)应当具有与所生产产品及生产规模相适应的生产设备,生产、仓储场地和环境。企业生产对环境和设备等有特殊要求的医疗器械的,应当符合国家标准、行业标准和国家有关规定。

(4)应当设立质量检验机构,并具备与所生产品种和生产规模相适应的质量检验能力。

(5)应当保存与医疗器械生产和经营有关的法律、法规、规章和有关技术标准。

开办第三类医疗器械生产企业,除应当符合上述五项条件外,还应当同时具备以下条件：

(1)质量管理体系要求的内审员不少于两名。

(2)专业中级以上职称或者大专以上学历的专职技术人员不少于两名。

《医疗器械生产企业许可证》有效期5年,有效期届满应当重新审查发证。具体办法由国务院食品药品监督管理部门制定。

医疗器械生产企业在取得医疗器械产品生产注册证书后,方可生产医疗器械。

2.医疗器械经营企业应当符合的条件

开办医疗器械经营企业应当符合国家食品药品监督管理局颁行的《医疗器械经营企业许可证管理办法》的要求。

申请《医疗器械经营企业许可证》应具备的条件有：

(1)具有与其经营的医疗器械相适应的相对独立的经营场地及环境。

(2)具有与其经营的医疗器械相适应的质量检验人员。

(3)具有与其经营的医疗器械产品相适应的技术培训、维修等售后服务能力,或者约定由第三方提供技术支持。

(4)建立健全产品质量管理制度,包括采购、进货验收、仓储保管、出库复核、质量跟踪制度和不良事件的报告制度等。

(5)具有与经营规模相适应的储存条件,包括具有符合医疗器械产品特性要求的储存设施、设备。

《医疗器械经营企业许可证》有效期5年,有效期届满应当重新审查发证。

3.医疗器械生产企业和经营企业的申请受理

省、自治区、直辖市人民政府药品监督管理部门应当自受理医疗器械生产企业、经营企业许可证申请之日起30个工作日内做出是否发证的决定;不予发证的,应当书面说明理由,同时告知申请人享有依法申请行政复议或者提起行政诉讼的权利。认为符合要求的,应当做出准予核发《医疗器械生产企业许可证》或《医疗器械经营企业许可证》的决定,并在做出决定之日起10日内向申请人颁发。

4.采购、经营和使用医疗器械的要求

医疗器械经营企业和医疗机构应当从取得《医疗器械生产企业许可证》的生产企业或者取得《医疗器械经营企业许可证》的经营企业购进合格的医疗器械,并验明产品合格证明。

医疗器械经营企业不得经营未经注册、无合格证明、过期、失效或者淘汰的医疗器械。

5.一次性使用的医疗器械的管理

医疗机构应从具有《医疗器械生产企业许可证》或《医疗器械经营企业许可证》的企业购进无菌器械。

医疗机构应建立一次性使用的医疗器械采购、验收制度,采购记录至少应包括:购进产品的企业名称、产品名称、型号规格、产品数量、生产批号、灭菌批号、产品有效期等。按照记录应能追查到每批一次性使用的医疗器械的进货来源。从生产或经营企业采购一次性使用的医疗器械,应按法律规定验明生产或经营企业销售人员出具的证明。

医疗机构应建立一次性使用的医疗器械使用后销毁制度。使用过的一次性使用的医疗器械必须按规定销毁,不得重复使用。

医疗机构发现不合格的一次性使用的医疗器械,应立即停止使用、封存,并及时报告所在地药品监督管理部门,不得擅自处理。经验证为不合格的一次性使用的医疗器械,在所在地药品监督管理部门的监督下予以处理。

医疗机构使用的不合格的一次性使用的医疗器械,不能指明不合格品生产者的,视为使用无产品注册证的产品;不能指明不合格品供货者的,视为从无《医疗器械经营企业许可证》的企业购进产品。

医疗机构不得有下列行为:

(1)从非法渠道购进一次性使用的医疗器械。

(2)使用小包装已破损、标识不清的一次性使用的医疗器械。

(3)使用过期、已淘汰一次性使用的医疗器械。

(4)使用无《医疗器械产品注册证》、无医疗器械产品合格证的一次性使用的医疗器械。

医疗机构使用一次性使用的医疗器械发生严重不良事件时,应在事件发生后24小时内,报告所在地省级药品监督管理部门和卫生行政部门。

6.强制性安全认证制度

国家对部分第三类医疗器械实行强制性安全认证制度。具体产品目录由国务院药品监督管理部门会同国务院质量技术监督部门制定。

7.医疗器械质量的事故报告和公告制度

国家建立医疗器械质量事故报告和公告制度,具体办法由国务院药品监督管理部门会同国务院卫生行政部门、计划生育行政管理部门制定。

8.医疗器械的广告管理

国家食品药品监督管理局和省、自治区、直辖市药品管理局或者同级医疗器械行政监督管理部门,在同级广告监督管理机关的指导下,对医疗器械广告进行审查。境外生产的医疗器械产品广告,以及利用重点媒介发布的医疗器械广告,需经国家食品药品监督管理局审查批准,并向广告发布地的省级医疗器械行政监督管理部门备案后,方可发布。其他医疗器械广告,需经生产者所在地的省级医疗器械行政监督管理部门审查批准,并向发布地的省级医疗器械行政监督管理部门备案后,方可发布。

下列医疗器械不得发布广告：

（1）未经国家食品药品监督管理局或省、自治区、直辖市药品监督管理局（或同级医药行政监督管理部门）批准进入市场的医疗器械。

（2）未经生产者所在国（地区）政府批准进入市场的境外生产的医疗器械。

（3）应当取得生产许可证而未取得生产许可证的生产者生产的医疗器械。

（4）扩大临床试用、试生产阶段的医疗器械。

（5）治疗艾滋病，改善和治疗性功能障碍的医疗器械。

医疗器械广告必须真实、科学、准确，不得进行虚假、不健康宣传。医疗器械广告应当与审查批准的产品市场准入说明书相符，不得任意扩大范围；不得含有表示功效的断言或者保证；不得含有"最高技术""最先进科学"等绝对化语言和表示；不得含有治愈率、有效率及获奖的内容；不得含有利用医疗科研单位、学术机构、医疗机构或者专家、医生、患者的名义、形象做证明的内容；不得含有直接显示疾病症状和病理的画面，不得令人感到已患某种疾病，不得使人误解不使用该医疗器械会患某种疾病或者加重病情；不得含有"无效退款""保险公司保险"等承诺；不得利用消费者缺乏医疗器械专业、技术知识和经验的弱点，以专业术语或者无法证实的演示误导消费者；推荐给个人使用的医疗器械，应当标明"请在医生指导下使用"。医疗器械广告的批准文号应当列为广告内容同时发布。

三、违反医疗器械监管的法律责任

（一）行政责任

1. 未取得医疗器械产品生产注册证书进行生产的，由县级以上人民政府药品监督管理部门责令停止生产，没收违法生产的产品和违法所得并处罚款；情节严重的，由省、自治区、直辖市人民政府药品监督管理部门吊销其《医疗器械生产企业许可证》。

案例精选：某医院使用未经注册的进口医疗器械受处罚

2. 未取得《医疗器械生产企业许可证》生产第二类、第三类医疗器械的，由县级以上人民政府药品监督管理部门责令停止生产，没收违法生产的产品和违法所得，违法所得 1 万元以上的，并处违法所得 3 倍以上 5 倍以下的罚款；没有违法所得或者违法所得不足 1 万元的，并处 1 万元以上 3 万元以下的罚款。

3. 生产不符合医疗器械国家标准或者行业标准的医疗器械的，由县级以上人民政府药品监督管理部门予以警告，责令停止生产，没收违法生产的产品和违法所得，违法所得 5000 元以上的，并处违法所得 2 倍以上 5 倍以下的罚款；没有违法所得或者违法所得不足 5000 元的，并处 5000 元以上 2 万元以下的罚款；情节严重的，由原发证部门吊销产品生产注册证书。

4. 未取得《医疗器械经营企业许可证》经营第二类、第三类医疗器械的，由县级以上人民政府药品监督管理部门责令停止经营，没收违法经营的产品和违法所得，违法所得 5000 元以上的，并处违法所得 2 倍以上 5 倍以下的罚款；没有违法所得或者违法所得不足 5000 元的，并处 5000 元以上 2 万元以下的罚款。

5. 经营无产品注册证书、无合格证明、过期、失效、淘汰的医疗器械的，或者从无《医疗器械生产企业许可证》《医疗器械经营企业许可证》的企业购进医疗器械的，由县级以上人民政府药品监督管理部门责令停止经营，没收违法经营的产品和违法所得，违法所得 5000 元以上的,并处违法所得 2 倍以上 5 倍以下的罚款;没有违法所得或者违法所得不足 5000 元的,并处 5000 元以上 2 万元以下的罚款;情节严重的,由原发证部门吊销《医疗器械经营企业许可证》。

6.办理医疗器械注册申报时,提供虚假证明、文件资料、样品,或者采取其他欺骗手段,骗取医疗器械产品注册证书的,由原发证部门撤销产品注册证书,两年内不受理其产品注册申请,并处 1 万元以上 3 万元以下的罚款;对已经进行生产的,没收违法生产的产品和违法所得,违法所得 1 万元以上的,并处违法所得 3 倍以上 5 倍以下的罚款;没有违法所得或者违法所得不足 1 万元的,并处 1 万元以上 3 万元以下的罚款。

7.违反有关医疗器械广告规定的,由工商行政管理部门依照国家有关法律、法规进行处理,尚不构成犯罪的,依法给予行政处分。

8.医疗机构使用无产品注册证书、无合格证明、过期、失效、淘汰的医疗器械的,或者从无《医疗器械生产企业许可证》《医疗器械经营企业许可证》的企业购进医疗器械的,由县级以上人民政府食品药品监督管理部门责令改正,给予警告,没收违法使用的产品和违法所得,违法所得 5000 元以上的,并处违法所得 2 倍以上 5 倍以下的罚款;没有违法所得或者违法所得不足 5000 元的,并处 5000 元以上 2 万元以下的罚款;对主管人员和其他直接责任人员依法给予纪律处分。

9.医疗机构重复使用一次性使用的医疗器械的,或者对应当销毁未进行销毁的,由县级以上人民政府药品监督管理部门责令改正,给予警告,可以处 5000 元以上 3 万元以下的罚款;情节严重的,可以对医疗机构处 3 万元以上 5 万元以下的罚款,对主管人员和其他直接责任人员依法给予纪律处分。

10.承担医疗器械临床试用或者临床验证的医疗机构提供虚假报告的,由省级以上人民政府药品监督管理部门责令改正,给予警告,可以处 1 万元以上 3 万元以下罚款;情节严重的,撤销其临床试用或者临床验证资格,对主管人员和其他直接责任人员依法给予纪律处分。

11.医疗器械检测机构及其人员从事或者参与同检测有关的医疗器械的研制、生产、经营、技术咨询的,或者出具虚假检测报告的,由省级以上人民政府药品监督管理部门责令改正,给予警告,并处 1 万元以上 3 万元以下的罚款;情节严重的,由国务院药品监督管理部门撤销该检测机构的检测资格,对主管人员和其他直接责任人员依法给予纪律处分。

12.医疗器械监督管理人员滥用职权、徇私舞弊、玩忽职守,尚不构成犯罪的,依法给予行政处分。

（二）刑事责任

1.未取得医疗器械产品生产注册证书进行生产,构成犯罪的,依法追究刑事责任。

2.未取得《医疗器械生产企业许可证》生产第二类、第三类医疗器械,构成犯罪的,依法追究刑事责任。

3.生产不符合医疗器械国家标准或者行业标准的医疗器械,构成犯罪的,依法追究刑事责任。

4.未取得《医疗器械经营企业许可证》经营第二类、第三类医疗器械,构成犯罪的,依法追究刑事责任。

5.经营无产品注册证书、无合格证明、过期、失效、淘汰的医疗器械,或者从无《医疗器械生产企业许可证》《医疗器械经营企业许可证》的企业购进医疗器械,构成犯罪的,依法追究刑事责任。

6.办理医疗器械注册申报时,提供虚假证明、文件资料、样品,或者采取其他欺骗手段,骗取医疗器械产品注册证书,构成犯罪的,依法追究刑事责任。

7.医疗机构使用无产品注册证书、无合格证明、过期、失效、淘汰的医疗器械,或者从无《医疗器械生产企业许可证》《医疗器械经营企业许可证》的企业购进医疗器械,构成犯罪的,依法追究刑事责任。

8.医疗机构重复使用一次性使用的医疗器械,或者对应当销毁而未进行销毁,构成犯罪的,依法追究刑事责任。

9.承担医疗器械临床试用或者临床验证的医疗机构提供虚假报告,构成犯罪的,依法追究刑事责任。

10.医疗器械检测机构及其人员从事或者参与同检测有关的医疗器械的研制、生产、经营、技术咨询,或者出具虚假报告,构成犯罪的,依法追究刑事责任。

11.医疗器械监督管理人员滥用职权、徇私舞弊、玩忽职守,构成犯罪的,依法追究刑事责任。

12.违反医疗器械广告规定的,由工商行政部门依有关法律、法规进行处理,构成犯罪的,依法追究刑事责任。

延伸阅读:

美国医疗器械监管至今已有100多年的历史,而其监管部门美国食品药品管理局(以下简称FDA)也已从1862年美国农业部的一个化学办公室发展成为世界上重要的食品、药品、医疗器械监管机构。由于它是美国最早立法管理医疗器械机构,其创立的分类管理办法已被普遍接受,因此美国管理医疗器械的法规和模式在国际上有很大的影响力。下面将从几方面对其管理概况进行介绍,以期能够借鉴其先进的监管理念和经验,总结并找出更加适合我国国情的医疗器械监管方式。

一、立法状况

1976年,美国国会正式通过了《食品、药品和化妆品法》(Federal Food Drug and Cosmetic Act,简称FD&C Act)修正案,加强了对医疗器械进行监督和管理的力度,并确立了对医疗器械实行分类管理的办法。这是国际上第一个国家立法,其规定由政府行政部门对医疗器械进行监督管理。而在后续的30多年间,美国国会又先后通过了医疗器械安全法案(SMDA)、乳腺X线设备质量标准法案(MQSA)、FDA监管现代化法案(FDAMA)、医疗器械申报费用和现代化法案(MDUFMA)、医疗器械申报费用稳定法案(MDUFSA)、FDA修正法案(FDAAA)等一系列规定,在1976年修正案的基础上又增加了许多内容,始终确保法规与医疗器械发展相适应。

二、组织机构设置及运作方式

(一)组织机构设置

FDA是美国人类和健康服务部(Department of Health & Human Services,简称DHHS)的下设机构之一。其组织架构类似于我国的海关系统,为垂直管理,由FDA总部和美国各大区、地区派驻机构组成,人员统一由FDA管理。截至目前,FDA共有超过10000名雇员,其中近2/3的雇员在FDA总部工作,而其他近1/3的雇员则在包括5个大区办公室和 20 个地区办公室在内的近 150 个办公室和实验室工作。

FDA 总部共由生物制品评价研究中心(CBER)、器械和放射产品健康中心(CDRH)、药物评价研究中心(CDER)等部门组成。除血源筛查的医疗器械由生物制品评价研究中心(CBER)负责管理外,其余的医疗器械产品均由器械和放射产品健康中心(CDRH)负责管理。其中,器械和放射产品健康中心主要负责下列工作:

1. 对科研或者临床用途的医疗器械申请进行审查。

2. 收集、分析并处理医疗器械和放射性电子产品在使用中有关损伤和其他经验的信息。

3. 为放射性电子产品和医疗器械建立良好生产实践规范(GMP)以及性能标准,并组织实施。

4. 对医疗器械和放射性电子产品的符合性进行监管。

5. 为小规模医疗器械生产企业提供技术性及其他非经济性帮助。

CDRH 下设 6 个办公室,有器械评价办公室、科学及工程技术办公室、体外诊断试剂评价安全办公室、交流教育办公室、符合性办公室以及生物统计和监督办公室,约有雇员 1100 人,负责不同种类、不同方面医疗器械的管理。

(二)运作方式

在美国,医疗器械的上市前审批由 FDA 总部进行统一管理,虽然有一部分产品可由第三方机构进行审评,但最终的批准权还是都在 FDA 总部,大区办公室和地区办公室等地方派驻机构都没有上市前审批的权限。而地方派驻机构主要是在日常监管中发挥作用,它们在法律授予的职责范围内完成自己的工作,并协助 FDA 总部完成一些其他工作。

[拓展练习]

参与讨论:你觉得日常生活中使用医疗器械有何需要特别注意的地方?

(米岚 刘秋风)

项目六　中医药管理的法律规定

[学习目标]

1. 能够基本了解我国中医药政策法规和标准体系;
2. 能够清楚分析中医药知识产权保护的相关规定;
3. 能够清楚分析违反中医药管理的法律责任。

工作任务　认识中医药管理的法律规定

知识链接:《中华人民共和国中医药法》全文

　　重庆太极集团是一家中成药生产企业,30年来,其从一个偏居四川东南的小型中药厂发展成为国内医药产业链最为完整的大型企业集团,并成为中国企业500强之一。它的成功除了与资本运作及市场操作有密切关系外,另一个基础性和关键性因素是专利制度的运用。

　　1972年,国家投资11万元成立了四川涪陵中药厂,以中成药作为主要产品来生产;1984年,四川涪陵制药厂与上海医科大学附属华山医院合作研制开发急支糖浆生产技术;1985年,成功开发急支糖浆全部生产技术。同时又从华山医院引进了补肾防喘片处方;1987年,以12.8万元从华山医院受让急支糖浆配方;1989年,急支糖浆(非专利技术)受到市场认可,带来较好效益;1989年,华山医院未经涪陵制药厂许可,将急支糖浆非专利技术再次转让给绍兴中药厂。

　　1991年3月,涪陵厂因急支糖浆非专利技术侵权与华山医院、绍兴中药厂发生纠纷,并向法院提起诉讼;7月以"含金荞麦的止咳药的制备方法""藿香正气口服液制剂的制备方法"和"补肾防喘片"的制备方法向国家专利局申请三项发明专利(1995年7月三件申请先后获得专利权)。1994年,四川省高院判决涪陵制药厂胜诉。

　　1996年,急支糖浆的销售收入为1.5亿元,税后利润2000万元。同年11月,成立四川太极实业股份有限公司。

　　1998年,拥有专利权的三个品牌使公司连续8年实现产值利税翻番,急支糖浆销售突破1亿瓶,销售收入达3.9亿元,利润达8077万元。公司更名为重庆太极实业(集团)股份有限公司。

一、我国中医药政策法规和标准体系概况

　　国家制定的一系列有关中医药的方针政策,不仅为中医药事业发展提供了有力保障,也为中医药法制建设奠定了良好的基础。改革开放以来,随着我国法制建设进程的加快,中医药的法制建设也取得了较大进展。

1.制定了一系列有关中医药的法律法规

1982 年通过的《中华人民共和国宪法》第二十一条明确规定"国家发展医药卫生事业，发展现代医药和我国传统医药"，这在国家基本大法中，确立了中医药等传统医药的法律地位，为中医药发展和法律制度建设提供了根本的法律依据。此后，我国制定了一系列有关中医药的法律法规，在国家法律层面，1984 年颁布了《中华人民共和国药品管理法》，1998 年颁布了《中华人民共和国执业医师法》，特别是 2017 年 7 月 1 日，具有里程碑意义的《中华人民共和国中医药法》正式实施；在国家行政法规层面，1987 年颁布了《野生药材资源保护管理条例》，1992 年颁布了《中药品种保护条例》，1994 年颁布了《医疗机构管理条例》，2002 年颁布了《医疗事故处理条例》，2003 年颁布了《中华人民共和国中医药条例》《乡村医生从业管理条例》等。这些法律、法规的颁布实施，使我国在中医医疗机构、人员、中药的准入与监督，以及中药品种与资源的保护等方面基本实现了立法管理。

此外，与中医药相关的《教育法》《高等教育法》《职业教育法》《科学技术进步法》《科学技术成果转化法》《科学技术奖励条例》等法律法规的颁布实施，进一步丰富了中医药立法管理的内容，使中医药在教育、科研等方面的管理有了法律依据。

2.颁布了一批专门的综合性中医药行政法规

2003 年 10 月 1 日施行的《中华人民共和国中医药条例》（以下简称《中医药条例》），是我国政府颁布的第一部专门的中医药行政法规，它将多年来党和国家对中医药工作的一系列方针、政策，通过国家行政法规的形式固定下来，全面概括了党的中医药政策，对保障和规范中医药事业发展做了较为全面的规定，是中医药事业发展的里程碑。《中医药条例》以扶持中医药事业的发展和规范对中医药管理为基本指导思想，明确了中医药及相关管理部门的职责；制定了一系列保障中医药发展的措施，要求逐步增加对中医药事业的投入，扶持中医医疗机构的发展，将中医药服务纳入医疗保险体系，保护和可持续利用中药材资源等；提出了要保持和发扬中医药特色和优势，注重在中医医疗服务、人才培养、科学研究、评审鉴定等活动中遵循中医药自身发展规律；进一步强化了中医药的规范管理，对中医医疗、教育机构设置审批和中医药从业人员资格准入，以及中医医疗广告的审批做了具体的规定。

与此同时，自 20 世纪 90 年代，全国各地陆续开始了地方中医药立法工作，目前全国已有云南、四川、浙江、河南、重庆、上海、北京等 24 个省、自治区、直辖市出台了地方中医药行政法规，为促进当地中医药事业发展提供了法制保障。各地的中医药立法工作结合本地区的实际情况，充分体现了党和政府保护、扶持发展中医药的一贯政策，确立了中医药继承与发展的指导原则，明确了中医药等传统医药在我国卫生事业中的地位和作用，对规范、保护和发展地方中医药起到了积极的推进作用。

3.发布了数百项中医药部门规章、规范性文件和技术标准

随着中医药事业的发展，国家中医药管理部门独自或与其他部门共同制定和颁布了有关中医机构、医疗保健、人才培养、科学技术、对外交流与合作等方面的部门规章、规范性文件近 200 余项，对加强行业管理、规范行政行为、推进依法行政、促进事业发展起到了积极作用。

20 世纪 80 年代我国就开始了中医药标准化建设工作，初步统计，目前国家有关部门已颁布了中医药标准规范 130 余项，涉及医疗、教育、科研、中药、管理等各个方面。其中制定出《经穴部位》《耳穴名称与部位》《中医病症诊断疗效标准》《中医临床诊疗术语》《中医病证

分类与代码《中药分类与代码》等多项国家和行业标准,还参与了《经穴部位》《耳穴名称与部位》等国际标准的研究制定。这些中医药标准规范的实行,进一步规范了中医药行业管理,提高了中医药学术水平、推动了中医药现代化发展,促进了中医药走向世界。

上述一系列有关中医药法律法规、部门规章、规范性文件和技术标准的制定和实施,标志着我国中医药工作基本做到有法可依,中医药事业发展基本走上了法制化、规范化的轨道,基本建立和形成了保障和规范中医药发展的法律制度。

二、中医药知识产权保护的相关规定

中药品种保护制度是指国务院于 1992 年 10 月 14 日颁布的《中药品种保护条例》规定的一项行政管理措施。为了提高中药品种的质量,保护中药生产企业的合法权益,促进中药事业的发展,国务院颁布了《中药品种保护条例》,该条例于 1993 年 1 月 1 日实施。1993 年 10 月首届国家中药品种保护审评委员会在京成立,我国的中药品种保护工作全面展开。《中药品种保护条例》规定,“国家鼓励研制开发临床有效的中药品种,对质量稳定,疗效确切的中药品种实行分级保护制度”。分级保护制度是指在我国境内经国家批准注册的中药品种,并且符合中药品种保护管理要求的中药品种,经国务院主管部门批准给予保护后,在其保护期内,只能由获得《中药品种保护证书》的企业生产其中药保护品种,未获得《中药品种保护证书》的企业,一律不得生产。

中药品种保护是对专利保护和新药保护的一种后续补充,其作用类似于某些发达国家对药品专利的补充保护证书,是对药品发明知识产权保护的一种延续和加强。通过中药品种保护,可以进一步规范药品市场,淘汰质量不好的劣质药品,使高质量的药品占有更大的市场份额,从而为企业赢得更多的经济利益。

《中药品种保护条例》实施以来,我国共发布了 27 批 1582 个国家中药保护品种,其中 11 个品种被列为国家一级保护品种,其余为二级保护品种,这些品种涉及全国 31 个省(自治区、直辖市)1036 个中药生产企业。同时,也依法撤销和中止了 19 批 1458 个中药品种生产批准文号的效力,进一步优化了中药的品种结构。国家药监局将全面开展中药保护品种延长保护期工作。2000 年经国家药监局批准,有 75 个中药品种的保护期获得了延长。

国家鼓励研制开发临床有效的中药品种,对质量稳定、疗效确切的中药品种实行分级保护制度。

(一)中药保护品种等级的划分和审批

依照《中药品种保护条例》受保护的中药品种,必须是列入国家药品标准的品种。经国务院卫生行政部门认定,列为省、自治区、直辖市药品标准的品种,也可以申请保护。

受保护的中药品种分为一、二级。

符合下列条件之一的中药品种,可以申请一级保护:

1.对特定疾病有特殊疗效的。

2.相当于国家一级保护野生药材物种的人工制成品。

3.用于预防和治疗特殊疾病的。

符合下列条件之一的中药品种,可以申请二级保护:

1.符合申请一级保护规定条件的品种或者已经解除一级保护的品种。

2.对特定疾病有显著疗效的。

3. 从天然药物中提取的有效物质及特殊制剂。

国务院卫生行政部门批准的新药，按照国务院卫生行政部门规定的保护期给予保护；其中，符合申请一级、二级保护条件规定的，在国务院卫生行政部门批准的保护期限届满前 6 个月，可以重新依照《中药品种保护条例》的规定申请保护。

（二）申请办理中药品种保护的程序

1. 中药生产企业对其生产的符合规定的中药品种，可以向所在地省、自治区、直辖市中药生产经营主管部门提出申请，经中药生产经营主管部门签署意见后转送同级卫生行政部门，由省、自治区、直辖市卫生行政部门初审签署意见后，报国务院卫生行政部门。特殊情况下，中药生产企业也可以直接向国家中药生产经营主管部门提出申请，由国家中药生产经营主管部门签署意见后转送国务院卫生行政部门，或者直接向国务院卫生行政部门提出申请。

2. 国务院卫生行政部门委托国家中药品种保护审评委员会负责对申请保护的中药品种进行审评。国家中药品种保护审评委员会应当自接到申请报告书之日起 6 个月内做出审评结论。

3. 根据国家中药品种保护审评委员会的审评结论，由国务院卫生行政部门征求国家中药生产经营主管部门的意见后决定是否给予保护。批准保护的中药品种，由国务院卫生行政部门发给《中药保护品种证书》。

国务院卫生行政部门负责组织国家中药品种保护审评委员会，委员会成员由国务院卫生行政部门与国家中药生产经营主管部门协商后，聘请中医药方面的医疗、科研、检验及经营、管理专家担任。

申请中药品种保护的企业，应当按照国务院卫生行政部门的规定，向国家中药品种保护审评委员会提交完整的资料。

对批准保护的中药品种以及保护期满的中药品种，由国务院卫生行政部门在指定的专业报刊上予以公告。

（三）中药保护品种的保护期限

1. 中药一级保护品种分别为 30 年、20 年、10 年

中药一级保护品种的处方组成、工艺制法，在保护期限内由获得《中药保护品种证书》的生产企业和有关的药品生产经营主管部门、卫生行政部门及有关单位和个人负责保密，不得公开。负有保密责任的有关部门、企业和单位应当按照国家有关规定，建立必要的保密制度。违反规定，造成泄密的责任人员，由其所在单位或者上级机关给予行政处分；构成犯罪的，依法追究刑事责任。向国外转让中药一级保护品种的处方组成、工艺制法的，应当按照国家有关的保密规定办理。

中药一级保护品种因特殊情况需要延长保护期限的，由生产企业在该品种保护期满前 6 个月，依照规定的程序申报。延长的保护期限由国务院卫生行政部门根据国家中药品种保护审评委员会的审评结果确定；但是，每次延长的保护期限不得超过第一次批准的保护期限。

2. 中药二级保护品种为 7 年

中药二级保护品种在保护期满后可以延长 7 年。申请延长保护期的中药二级保护品种，应当在保护期满前 6 个月，由生产企业依照规定的程序申报。

被批准保护的中药品种,在保护期内限于由获得《中药保护品种证书》的企业生产,但是,另有规定的除外。违反规定,擅自仿制中药保护品种的,由县级以上卫生行政部门以生产假药依法论处。伪造《中药保护品种证书》及有关证明文件进行生产、销售的,由县级以上卫生行政部门没收其全部有关药品及违法所得,并可以处以有关药品正品价格 3 倍以下罚款。上述行为构成犯罪的,由司法机关依法追究刑事责任。

国务院卫生行政部门批准保护的中药品种如果在批准前是由多家企业生产的,其中未申请《中药保护品种证书》的企业应当自公告发布之日起 6 个月内向国务院卫生行政部门申报,并依照规定提供有关资料,由国务院卫生行政部门指定药品检验机构对该申报品种进行同品种的质量检验。国务院卫生行政部门根据检验结果,可以采取以下措施:

(1)对达到国家药品标准的,经征求国家中药生产经营主管部门意见后,补发《中药保护品种证书》。

(2)对未达到国家药品标准的,依照药品管理的法律、行政法规的规定撤销该中药品种的批准文号。

对临床用药紧缺的中药保护品种,根据国家中药生产经营主管部门提出的仿制建议,经国务院卫生行政部门批准,由仿制企业所在地的省、自治区、直辖市卫生行政部门对生产同一中药保护品种的企业发放批准文号。该企业应当付给持有《中药保护品种证书》并转让该中药品种的处方组成、工艺制法的企业合理的使用费,其数额由双方商定;双方不能达成协议的,由国务院卫生行政部门裁决。

生产中药保护品种的企业及中药生产经营主管部门,应当根据省、自治区、直辖市卫生行政部门提出的要求,改进生产条件,提高品种质量。

中药保护品种在保护期内向国外申请注册的,须经国务院卫生行政部门批准。

(四)中药保护品种申报资料

国家中药品种保护审评委员会 2003 年 2 月 8 日印发的《中药保护品种申报资料项目要求及说明》规定了中药保护品种申报资料由以下五部分组成。

第一部分为证明性文件。包括:药品批准证明文件复印件;《药品生产许可证》及变更文件;《药品 GMP 证书》;对《改进意见与有关要求》实施情况综述等。

第二部分为药学资料。包括:现行国家药品标准;详细处方及制备工艺;修订、提高质量标准的研究资料;药品的原料、辅料标准;内包材标准;产品质量考核的有关资料及样品。

第三部分为安全性评价资料。包括:毒理学试验研究资料或文献资料;注射剂安全性试验资料;不良反应监测资料。

第四部分为临床试验资料。包括:临床试验单位资质证明;临床试验方案;临床试验。

第五部分为申报资料格式要求。

所有申报资料应参照《药品注册管理办法》要求整理书写,试验资料封面应写明验证项目、试验负责人并签字、试验单位名称并加盖公章,并注明各项试验研究工作的试验者、试验起止日期、原始资料的保存地点和联系人姓名、电话等,各试验研究负责人及单位应对所提供的研究资料真实性、可靠性负责。

三、违反中医药管理的法律责任

（一）商标侵权行为的法律责任

药事知识产权管理的法律责任的种类有民事责任、行政责任和刑事责任三种，以下以商标侵权行为的法律责任为例说明。

商标侵权行为是指侵犯他人注册商标专用权的行为。一般民事侵权行为的构成要件有：① 侵权损害事实；② 加害行为的违法性；③ 违法行为与损害结果之间的因果关系；④ 行为人主观上有过错。

一般情形下，商标侵权行为的构成要件有两个：一是损害行为，二是行为的违法性。

侵犯注册商标专用权的行为根据《中华人民共和国商标法》（以下简称《商标法》）第五十二条的规定有以下几类：

（1）使用侵权。

（2）销售侵权。

（3）标识侵权。

（4）反向假冒侵权。

（5）其他侵权。

《中华人民共和国民法通则》第一百一十八条规定了侵犯知识产权的侵权行为。该条规定：公民、法人的著作权、专利权、商标专用权、发现权、发明权和其他科技成果权受到剽窃、篡改、假冒等侵害的，有权要求停止侵害，消除影响，赔偿损失。

1. 商标侵权行为的民事责任

（1）停止侵害对于正在进行中的商标侵权行为，注册商标所有人可以诉请法院下达禁令，要求侵权人立即停止从事侵犯其注册商标专用权的行为，以维护自身的合法利益。

（2）消除影响商标侵权行为很可能损及注册商标所有人的注册商标声誉。如侵权人在自己的劣质产品上擅自使用他人驰名的注册商标，这无疑会导致该驰名商标在消费者心目中的声誉下降，从而损及商标注册人的利益。因此，对那些已有较佳声誉的注册商标而言，要求侵权人消除其侵权行为给注册商标声誉带来的负面影响尤为重要。一般而言，侵权人应当在其侵权行为造成影响的范围内以在报刊上刊登道歉声明等方式消除其侵权行为的不良影响，挽回被侵权的注册商标声誉。

（3）赔偿损失注册商标所有人因商标侵权行为而遭受损失的，有权要求侵权人赔偿其损失。根据有关司法解释，在诉讼事务中，被侵权人可以按其所受到的实际损失额请求赔偿，也可以请求将侵权人在侵权期间因侵权所获利润（扣除成本之外的所有利润）作为赔偿额。对这两种赔偿额的计算方法，被侵权人有选择权。

2. 商标侵权行为的行政责任

工商行政管理机关可以采取以下制裁措施：

（1）责令被侵权人立即停止侵权行为。

（2）没收、销毁侵权商品。

（3）没收、销毁专门用于制造侵权商品、伪造注册商标标识的工具。

（4）罚款。

在处理商标侵权行为时，工商行政管理机关根据当事人的请求，可以就侵犯注册商标专用权的赔偿数额进行调解。调解不成的,当事人可以向人民法院起诉。根据《商标法》第56条的规定,赔偿数额为侵权人在侵权期间因侵权所获得的利益或者被侵权人在被侵权期间因被侵权所受到的损失,包括被侵权人为制止侵权行为所支付的合理开支。

侵权人因侵权所得利益或者被侵权人因被侵权所受损失难以确定的,由人民法院根据侵权行为的情节判决给予50万元以下的赔偿。销售不知道是侵犯注册商标专用权的商品,能证明该商品是自己合法取得的并说明提供者的,不承担赔偿责任。

3. 商标侵权行为的刑事责任

对于情节严重、构成犯罪之商标侵权行为应当依法追究其刑事责任,通过给予行为人以严厉的刑事制裁来打击和预防商标侵权行为,保护注册商标专用权。

根据《商标法》第五十九条的规定,商标侵权行为中,未经商标注册人的许可,在同一种商品上使用与其注册商标相同的商标;伪造、擅自制造他人注册商标标识或者销售伪造、擅自制造的注册商标标识的行为;销售明知是假冒注册商标的商品的行为构成侵犯商标权犯罪的,习惯上把这几种侵犯商标权的犯罪统称为假冒注册商标犯罪。

(二)《刑法》规定的多种侵犯知识产权罪

《刑法》第三章第七节专门规定了侵犯知识产权罪,该节从第二百一十三条至第二百二十条共八个条文,涉及了商标、专利、著作权和商业秘密等知识产权范围的大部分内容。刑法专节规定对侵犯知识犯罪进行惩处,这在我国刑事立法上尚属首次,这不但表明了我国对打击侵犯知识产权犯罪的坚定决心和立场,也方便执法者掌握和执行法律,对广大人民群众学习法律,同侵犯知识产权的犯罪进行斗争都有很大的益处。

《刑法》第二百一十三条规定未经注册商标所有人许可,在同一种商品上使用与其注册商标相同的商标,情节严重的,处三年以下有期徒刑或者拘役,并处或者单处罚金;情节特别严重的,处三年以上七年以下有期徒刑,并处罚金。

第二百一十四条规定销售明知是假冒注册商标的商品,销售金额数额较大的,处三年以下有期徒刑或者拘役,并处或者单处罚金;销售金额数额巨大的,处三年以上七年以下有期徒刑,并处罚金。

第二百一十五条规定伪造、擅自制造他人注册商标标识或者销售伪造、擅自制造的注册商标标识,情节严重的,处三年以下有期徒刑、拘役或者管制,并处或者单处罚金;情节特别严重的,处三年以上七年以下有期徒刑,并处罚金。

第二百一十六条规定假冒他人专利,情节严重的,处三年以下有期徒刑或者拘役,并处或者单处罚金。

第二百一十九条规定实施法定侵犯商业秘密行为之一,给商业秘密的权利人造成重大损失的,处三年以下有期徒刑或者拘役,并处或者单处罚金;造成特别严重后果的,处三年以上七年以下有期徒刑,并处罚金。

第二百二十条规定单位犯侵犯知识产权罪的,对单位判处罚金,并对其直接负责的主管人员和其他直接责任人员,依照刑法的规定处罚。

法律规定的侵犯商业秘密行为包括:

(1) 以盗窃、利诱、胁迫或者其他不正当手段获取权利人的商业秘密的。

(2) 披露、使用或允许他人使用以前项手段获取的权利人的商业秘密的。

(3) 违反约定或者违反权利人有关保守商业秘密的要求,披露、使用或者允许他人使用其所掌握的商业秘密的。明知或者应知前款所列行为,获取、使用或者披露他人的商业秘密的。

(三)法律救济途径

根据《刑事诉讼法》和相关司法解释的规定,对侵害知识产权的犯罪,受害人可以向公安机关控告,公安机关负责立案侦查;受害人也可以直接向人民法院起诉,人民法院应当依法受理。人民法院如果发现自诉的刑事案件证据不足、可由公安机关受理的,或者对被告人可能判处三年有期徒刑以上刑罚的,应当移送公安机关处理。自诉刑事案件及由公安机关侦查、检察院负责提起公诉的刑事案件,都可以附带民事诉讼。人民法院在审理知识产权民事案件中,如果发现知识产权犯罪嫌疑的,即移送公安机关侦查;如果受害人提起自诉刑事诉讼的,依法予以受理。

根据知识产权法律的规定,知识产权行政执法机关具有主动查处和接受权利人投诉后查处侵犯知识产权违法行为的行政职权,它们处在保护知识产权的第一线。在查处一般侵权行为过程中,一些侵犯知识产权的违法犯罪行为会被逐步揭露出来。行政执法机关在遇到涉及知识产权犯罪的线索和嫌疑人时,应当依法移送公安机关处理,公安机关应当及时立案进行侦查;对受害权利人掌握证据确实、充分的,也可以支持他直接向人民法院提起刑事诉讼,人民法院应当依法予以受理。应当指出,知识产权行政执法机关的行政处罚,只能对不构成犯罪的一般行政违法行为进行,而不能对犯罪行为进行行政处罚。

[延伸阅读]

药品专利的类型

1. 发明:对产品方法及其改进提出的新的技术方案。

(1)产品发明:包括新化合物、已知化合物(首次发现其有医疗价值或发现其有第二医疗用途的)、药物组合物、微生物及其代谢物、制药设备及药物分析仪器、医疗器械等。

(2)方法发明:包括生产工艺、工作方法和用途发明。

2. 实用新型:对产品的形状、构造或其结合所提出的适于实用的新的技术方案,俗称"小发明"。

(1) 必须是一种产品,而不是方法。

(2) 必须具有一定的形态、构造,气态、液态产品不能申请。

例如:创可贴、纳米胰岛素制剂……

3. 外观设计:外观设计是指对产品的形状、图案、色彩或其结合所做出的富于美感并适于工业上应用的新设计。

通过外观设计专利,可以保护使用该外观设计的产品如包装盒等不受他人仿制;同时,知名药品还可以通过保护与其相关的外观设计进而保护该药品本身。

例如:新的盛放容器(如药瓶、药袋、药品瓶盖);富有美感和特色的说明书、容器等。

[拓展练习]

参与讨论:《中医药法》的颁布对于中医药事业的发展有何意义?

(米岚)

项目七　食品安全法律规定

[学习目标]
1. 能够了解食品安全风险监测评估和标准；
2. 能够掌握食品安全事故的处置。

工作任务1　认识食品安全风险和食品安全标准

"国以民为本，民以食为天"，食品安全关系到国家和社会的稳定发展，关系到公民的生命健康权利。随着人们生活水平和富裕程度的提高，社会公众对于食品安全的关注程度大大增强。然而近年来我国频发食品安全事件，已经成为严重影响公众身体健康和生命安全的重要问题。

1982年11月19日，五届全国人大常委会第二十五次会议通过了《中华人民共和国食品卫生法（试行）》，这是我国第一部食品卫生法律。为了更加适应食品卫生领域发生的新情况，使法律条款与法学理论和执法实践相一致，1995年10月30日，八届全国人大常委会第十六次会议通过了经过修订的《中华人民共和国食品卫生法》，2009年2月28日第十一届全国人民代表大会常务委员会第七次会议通过《中华人民共和国食品安全法》，自2009年6月1日起施行，标志着我国食品安全立法的进一步规范和完善。

一、食品安全风险监测和评估

（一）食品安全风险监测制度

国家建立食品安全风险监测制度，对食源性疾病、食品污染以及食品中的有害因素进行监测。国务院卫生行政部门会同国务院有关部门制定、实施国家食品安全风险监测计划。省、自治区、直辖市人民政府卫生行政部门根据国家食品安全风险监测计划，结合本行政区域的具体情况，组织制定、实施本行政区域的食品安全风险监测方案。

（二）食品安全风险评估制度

国家建立食品安全风险评估制度，对食品、食品添加剂中生物性、化学性和物理性危害进行风险评估。国务院卫生行政部门负责组织食品安全风险评估工作，成立由医学、农业、食品、营养等方面的专家组成的食品安全风险评估专家委员会进行食品安全风险评估。对农药、肥料、生长调节剂、兽药、饲料和饲料添加剂等的安全性评估，也应当有食品安全风险评估专家委员会的专家参加。

2009年11月卫生部组建成立了国家食品安全风险评估专家委员会，建立了专家委员会相关规章制度。先后出台《食品安全风险评估管理规定（试行）》《食品安全风险监测管理规定(试行)》等系列管理制度。自《食品安全法》公布实施以来,食品安全风险监测体系初步建立,国家食品安全风险监测计划为全面掌握全国食品安全状况和开展针对性监管执法提供了重要依据。

二、食品安全标准的制定

食品安全标准是强制执行的标准,制定食品安全标准,应当以保障公众身体健康为宗旨,做到科学合理、安全。

（一）食品安全标准的内容

食品安全标准应当包括下列内容:

1.食品、食品相关产品中的致病性微生物、农药残留、兽药残留、重金属、污染物质以及其他危害人体健康物质的限量规定;

知识链接:蜂蜜的国家食品安全标准

2.食品添加剂的品种、使用范围、用量;

3.专供婴幼儿和其他特定人群的主辅食品的营养成分要求;

4.对与食品安全、营养有关的标签、标识、说明书的要求;

5.食品生产经营过程的卫生要求;

6.与食品安全有关的质量要求;

7.食品检验方法与规程;

8.其他需要制定为食品安全标准的内容。

微课:食品添加剂

（二）食品安全标准的制定

1.食品安全国家标准审评委员会

食品安全国家标准审评委员会由医学、农业、食品、营养等方面的专家以及国务院有关部门的代表组成。食品安全国家标准应当经食品安全国家标准审评委员会审查通过,并应当供公众免费查阅。

2.食品安全国家标准

食品安全国家标准由国务院卫生行政部门负责制定、公布,国务院标准化行政部门提供国家标准编号。食品中农药残留、兽药残留的限量规定及其检验方法与规程由国务院卫生行政部门、国务院农业行政部门制定。屠宰畜、禽的检验规程由国务院有关主管部门会同国务院卫生行政部门制定。有关产品国家标准涉及食品安全国家标准规定内容的,应当与食品安全国家标准相一致。

制定食品安全国家标准,应当依据食品安全风险评估结果并充分考虑食用农产品质量安全风险评估结果,参照相关的国际标准和国际食品安全风险评估结果,并广泛听取食品生产经营者和消费者的意见。

3.食品安全地方标准和企业标准

没有食品安全国家标准的,可以制定食品安全地方标准。企业生产的食品没有食品安全国家标准或者地方标准的,应当制定企业标准,作为组织生产的依据。国家鼓励食品生产企业制定严于食品安全国家标准或者地方标准的企业标准。企业标准应当报省级卫生行政部门备案,在本企业内部适用。

三、食品检验

（一）食品检验机构

食品检验机构按照国家有关认证认可的规定取得资质认定后，方可从事食品检验活动。但是，法律另有规定的除外。食品检验机构的资质认定条件和检验规范，由国务院卫生行政部门规定。

（二）食品检验人员

食品检验由食品检验机构指定的检验人独立进行。检验人应当依照有关法律、法规的规定，并依照食品安全标准和检验规范对食品进行检验，尊重科学，恪守职业道德，保证出具的检验数据和结论客观、公正，不得出具虚假的检验报告。

（三）食品检验报告

食品检验实行食品检验机构与检验人负责制。食品检验报告应当加盖食品检验机构公章，并有检验人的签名或者盖章。食品检验机构和检验人对出具的食品检验报告负责。

（四）食品检验管理

食品安全监督管理部门对食品不得实施免检。

县级以上质量监督、工商行政管理、食品药品监督管理部门应当对食品进行定期或者不定期的抽样检验。进行抽样检验，应当购买抽取的样品，不收取检验费和其他任何费用。

县级以上质量监督、工商行政管理、食品药品监督管理部门在执法工作中需要对食品进行检验的，应当委托符合规定的食品检验机构进行，并支付相关费用。对检验结论有异议的，可以依法进行复检。

（五）委托食品检验

食品生产经营企业可以自行对所生产的食品进行检验，也可以委托符合规定的食品检验机构进行检验。食品行业协会等组织、消费者需要委托食品检验机构对食品进行检验的，应当委托符合规定的食品检验机构进行。

工作任务 2　认识食品生产的法律规定

案例精选：三鹿奶粉事件

2008 年 9 月，三鹿婴幼儿奶粉事件震惊中外，国务院办公厅 19 日发出通知，要求各地区、各部门认真贯彻落实党中央、国务院的决策部署，以对人民群众高度负责的精神，进一步做好婴幼儿奶粉事件处置工作。

通知要求，一要切实加强组织领导。各地、各有关部门主要负责同志要把处理婴幼儿奶粉事件作为当前的一项重要工作，亲自抓、负总责。各地都要建立领导机构和工作机制，及时解决有关问题，稳妥地做好婴幼儿奶粉事件的处置工作。二要全力救治患病婴幼儿。要加强对患病婴幼儿特别是农村和边远地区患病婴幼儿的筛查，对因食用含有三聚氰胺婴幼儿奶粉患泌尿系统结石症的婴幼儿给予免费检查、治疗，务求使患病婴幼儿尽快恢复健康。免费治疗所需费用由同级财政预拨垫支，中央财政对确有困难的予以适当支持。事件责任查明后，再按有关法律法规由责任企业赔付。卫生部门要统筹安排好医院检查力量，加强技术指导,保证诊断检查和医疗救治的需要。三要对奶制品进行全面检查。对检查不合格的奶制品,企业应当主动召回,各级工商部门负责组织全部下架、召回和封存。消费者要求退货的,按照原购买价格给予退货,并如实登记。对合格的奶制品允许继续销售。四要对奶制品行业开展全面整顿。质检总局会同工业和信息化部、农业部、工商总局等部门负责部署,具体整顿工作由地方政府负责组织实施,要通过全面整顿,使奶制品生产和市场秩序有一个根本性的改观。地方政府要帮助奶农扩大销售渠道,要求生产企业按合同收购。农业部、财政部要研究对奶农的扶持政策,确保奶农利益不受大的影响,促进奶制品行业健康发展。五要确保奶制品质量安全。质检部门要向所有奶制品生产企业派驻监管人员,监督企业对进厂原料奶质量和各生产环节进行严格的检查,对每一批出厂成品进行严格检验,对进出口奶制品严格执行检验检疫制度,确保所有奶制品符合质量标准。六要保证奶制品市场供应和价格稳定。各地政府要组织企业扩大质量合格奶制品生产,增加货源投放市场。商务部要会同各地加强对奶制品市场的每日监测,做好产销衔接和区域调剂,确保奶制品供应,满足群众需求。七要依法严肃处理相关责任人。对查出的奶制品质量安全问题,要彻底查明原因,依法惩处违法犯罪分子,对负有责任的企业、监管部门和地方政府领导干部严肃追究责任。八要加强宣传引导工作。充分利用各种新闻媒体,及时、主动、准确发布相关信息,让群众了解真实情况。九要切实维护社会稳定。严密防范、及时发现、严厉打击扰乱市场秩序和危害社会治安等违法犯罪活动。

通知强调,各地区、各有关部门要切实负起责任,加强协调配合,狠抓工作落实,及时、果断、有序、有效地解决好可能出现的各种问题,全力保障人民群众的身体健康和生命安全。

一、食品生产经营的安全要求

食品生产经营应当符合食品安全标准,并符合下列要求:

1. 具有与生产经营的食品品种、数量相适应的食品原料处理和食品加工、包装、贮存等场所,保持该场所环境整洁,并与有毒、有害场所以及其他污染源保持规定的距离。

视频精选:新型地沟油

2. 具有与生产经营的食品品种、数量相适应的生产经营设备或者设施,有相应的消毒、更衣、盥洗、采光、照明、通风、防腐、防尘、防蝇、防鼠、防虫、洗涤以及处理废水、存放垃圾和废弃物的设备或者设施。

3. 有食品安全专业技术人员、管理人员和保证食品安全的规章制度。

4. 具有合理的设备布局和工艺流程,防止待加工食品与直接入口食品、原料与成品交叉污染,避免食品接触有毒物、不洁物。

5. 餐具、饮具和盛放直接入口食品的容器,使用前应当洗净、消毒,炊具、用具用后应当洗净,保持清洁。

6. 贮存、运输和装卸食品的容器、工具和设备应当安全、无害,保持清洁,防止食品污染,并符合保证食品安全所需的温度等特殊要求,不得将食品与有毒、有害物品一同运输。

7. 直接入口的食品应当有小包装或者使用无毒、清洁的包装材料、餐具。

8. 食品生产经营人员应当保持个人卫生,生产经营食品时,应当将手洗净,穿戴清洁的工作衣、帽;销售无包装的直接入口食品时,应当使用无毒、清洁的售货工具。

9. 用水应当符合国家规定的生活饮用水卫生标准。

10.使用的洗涤剂、消毒剂应当对人体安全、无害。

11.法律、法规规定的其他要求。

二、禁止生产经营的食品

1.用非食品原料生产的食品或者添加食品添加剂以外的化学物质和其他可能危害人体健康物质的食品,或者用回收食品作为原料生产的食品。

2.致病性微生物、农药残留、兽药残留、重金属、污染物质以及其他危害人体健康的物质含量超过食品安全标准限量的食品。

3.营养成分不符合食品安全标准的专供婴幼儿和其他特定人群的主辅食品。

4.腐败变质、油脂酸败、霉变生虫、污秽不洁、混有异物、掺假掺杂或者感官性状异常的食品。

5.病死、毒死或者死因不明的禽、畜、兽、水产动物肉类及其制品。

6.未经动物卫生监督机构检疫或者检疫不合格的肉类,或者未经检验或者检验不合格的肉类制品。

7.被包装材料、容器、运输工具等污染的食品。

8.超过保质期的食品。

9.无标签的预包装食品。

10.国家为防病等特殊需要明令禁止生产经营的食品。

11.其他不符合食品安全标准或者要求的食品。

三、食品生产经营实行许可制度

国家对食品生产经营实行许可制度。从事食品生产、食品流通、餐饮服务,应当依法取得食品生产许可、食品流通许可、餐饮服务许可。

知识链接:食品经营许可证范本

取得食品生产许可的食品生产者在其生产场所销售其生产的食品,不需要取得食品流通的许可;取得餐饮服务许可的餐饮服务提供者在其餐饮服务场所出售其制作加工的食品,不需要取得食品生产和流通的许可;农民个人销售其自产的食用农产品,不需要取得食品流通的许可。

食品生产加工小作坊和食品摊贩从事食品生产经营活动,应当有符合规定的与其生产经营规模、条件相适应的食品安全要求,保证所生产经营的食品卫生、无毒、无害,有关部门应当对其加强监督管理。

四、食品生产经营人员的卫生安全要求

食品生产经营者应当建立并执行从业人员健康管理制度。患有痢疾、伤寒、病毒性肝炎等消化道传染病的人员,以及患有活动性肺结核、化脓性或者渗出性皮肤病等有碍食品安全的疾病的人员,不得从事接触直接入口食品的工作。

食品生产经营人员每年应当进行健康检查,取得健康证明后方可参加工作。

五、食品进货查验记录制度

食品生产者采购食品原料、食品添加剂、食品相关产品记录,应当查验供货者的许可证

和产品合格证明文件。食品生产企业应当建立食品原料、食品添加剂、食品相关产品记录，如实记录食品原料、食品添加剂、食品相关产品的名称、规格、数量、供货者名称及联系方式、进货日期等内容。

食品经营者采购食品，应当查验供货者的许可证和食品合格的证明文件。食品经营企业应当建立食品进货查验记录制度，如实记录食品的名称、规格、数量、生产批号、保质期、供货者名称及联系方式、进货日期等内容。

食品进货查验记录应当真实，保存期限不得少于两年。

六、食品出厂检验记录制度

食品生产企业应当建立食品出厂检验记录制度，查验出厂食品的检验合格证和安全状况，并如实记录食品的名称、规格、数量、生产日期、生产批号、检验合格证号、购货者名称及联系方式、销售日期等内容。食品检验合格后方可出厂或者销售。

食品出厂检验记录应当真实，保存期限不得少于两年。

七、食品添加剂的生产实行许可制度

食品添加剂指为改善食品品质和色、香、味以及为防腐、保鲜和加工工艺的需要而加入食品中的人工合成物质或者天然物质。国家对食品添加剂的生产实行许可制度。申请食品添加剂生产许可的条件、程序，按照国家有关工业产品生产许可证管理的规定执行。

八、食品召回制度

国家建立食品召回制度。食品生产者发现其生产的食品不符合食品安全标准，应当立即停止生产，召回已经上市销售的食品，通知相关生产经营者和消费者，并记录召回和通知情况。

食品经营者发现其经营的食品不符合食品安全标准，应当立即停止经营，通知相关生产经营者和消费者，并记录停止经营和通知情况。食品生产者认为应当召回的，应当立即召回。

食品生产者应当对召回的食品采取补救、无害化处理、销毁等措施，并将食品召回和处理情况向县级以上质量监督部门报告。

食品生产经营者未依照规定召回或者停止经营不符合食品安全标准的食品的，县级以上质量监督、工商行政管理、食品药品监督管理部门可以责令其召回或者停止经营。

九、食品广告

食品广告的内容应当真实合法，不得含有虚假、夸大的内容，不得涉及疾病预防、治疗功能。食品安全监督管理部门或者承担食品检验职责的机构、食品行业协会、消费者协会不得以广告或者其他形式向消费者推荐食品。社会团体或者其他组织、个人在虚假广告中向消费者推荐食品，使消费者的合法权益受到损害的，与食品生产经营者承担连带责任。

十、食品进出口

进口的食品、食品添加剂以及食品相关产品应当符合我国食品安全国家标准。进口的

食品应当经出入境检验检疫机构检验合格后,海关凭出入境检验检疫机构签发的通关证明放行。

进口的预包装食品应当有中文标签、中文说明书。标签、说明书应当符合我国有关法律法规和食品安全国家标准的要求,载明食品的原产地以及境内代理商的名称、地址、联系方式。预包装食品没有中文标签、中文说明书或者标签、说明书不符合规定的,不得进口。

进口商应当建立食品进口和销售记录制度,如实记录食品的名称、规格、数量、生产日期、生产或者进口批号、保质期、出口商和购货者名称及联系方式、交货日期等内容。

工作任务 3　认识食品安全事故管理

《中华人民共和国食品安全法》规定,国务院组织制定国家食品安全事故应急预案。县级以上地方人民政府应当根据有关法律、法规的规定和上级人民政府的食品安全事故应急预案以及本地区的实际情况,制定本行政区域的食品安全事故应急预案,并报上一级人民政府备案。食品生产经营企业应当制定食品安全事故处置方案,定期检查本企业各项食品安全防范措施的落实情况,及时消除食品安全事故隐患。

一、食品安全事故处置措施

（一）处置

1. 发生食品安全事故的单位应当立即予以处置,防止事故扩大。事故发生单位和接收病人进行治疗的单位应当及时向事故发生地县级卫生行政部门报告。

2. 农业行政、质量监督、工商行政管理、食品药品监督管理部门在日常监督管理中发现食品安全事故,或者接到有关食品安全事故的举报,应当立即向卫生行政部门通报。

发生重大食品安全事故的,接到报告的县级卫生行政部门应当按照规定向本级人民政府和上级人民政府卫生行政部门报告。县级人民政府和上级人民政府卫生行政部门应当按照规定上报。任何单位或者个人不得对食品安全事故隐瞒、谎报、缓报,不得毁灭有关证据。

（二）措施

县级以上卫生行政部门接到食品安全事故的报告后,应当立即会同有关农业行政、质量监督、工商行政管理、食品药品监督管理部门进行调查处理,并采取下列措施,防止或者减轻社会危害:

1. 开展应急救援工作,对因食品安全事故导致人身伤害的人员,卫生行政部门应当立即组织救治。

2. 封存可能导致食品安全事故的食品及其原料,并立即进行检验;对确认属于被污染的食品及其原料,责令食品生产经营者依照规定予以召回、停止经营并销毁。

3. 封存被污染的食品用工具及用具,并责令进行清洗消毒。

4. 做好信息发布工作,依法对食品安全事故及其处理情况进行发布,并对可能产生的危害加以解释、说明。

发生食品安全事故,县级以上疾病预防控制机构应当协助卫生行政部门和有关部门对事故现场进行卫生处理,并对与食品安全事故有关的因素开展流行病学调查。调查食品安全事故,除了查明事故单位的责任,还应当查明负有监督管理和认证职责的监督管理部门、认证机构的工作人员失职、渎职情况。

(三)重大食品安全事故的处置

发生重大食品安全事故的,县级以上人民政府应当立即成立食品安全事故处置指挥机构,启动应急预案。设区的市级以上人民政府卫生行政部门应当立即会同有关部门进行事故责任调查,督促有关部门履行职责,向本级人民政府提出事故责任调查处理报告。重大食品安全事故涉及两个以上省、自治区、直辖市的,由国务院卫生行政部门组织事故责任调查。

二、食品安全的监督管理

(一)监管部门的职责

县级以上地方人民政府组织本级卫生行政、农业行政、质量监督、工商行政管理、食品药品监督管理部门制定本行政区域的食品安全年度监督管理计划,并按照年度计划组织开展工作。

县级以上质量监督、工商行政管理、食品药品监督管理部门履行各自食品安全监督管理职责,有权采取下列措施:

1.进入生产经营场所实施现场检查。

2.对生产经营的食品进行抽样检验。

3.查阅、复制有关合同、票据、账簿以及其他有关资料。

4.查封、扣押有证据证明不符合食品安全标准的食品,违法使用的食品原料、食品添加剂、食品相关产品,以及用于违法生产经营或者被污染的工具、设备。

5.查封违法从事食品生产经营活动的场所。

县级以上农业行政部门应当依照《中华人民共和国农产品质量安全法》规定的职责,对食用农产品进行监督管理。

(二)监管部门的食品安全检查

县级以上质量监督、工商行政管理、食品药品监督管理部门对食品生产经营者进行监督检查,应当记录监督检查的情况和处理结果。监督检查记录经监督检查人员和食品生产经营者签字后归档。

县级以上质量监督、工商行政管理、食品药品监督管理部门应当建立食品生产经营者食品安全信用档案,记录许可颁发、日常监督检查结果、违法行为查处等情况;根据食品安全信用档案的记录,对有不良信用记录的食品生产经营者增加监督检查频次。

(三)食品安全信息统一公布制度

国家建立食品安全信息统一公布制度,下列信息由国务院卫生行政部门统一公布:

1.国家食品安全总体情况。

2.食品安全风险评估信息和食品安全风险警示信息。

3.重大食品安全事故及其处理信息。

4.其他重要的食品安全信息和国务院确定的需要统一公布的信息。

其中第二项、第三项规定的信息,其影响限于特定区域的,也可以由有关省、自治区、直辖市人民政府卫生行政部门公布。县级以上农业行政、质量监督、工商行政管理、食品药品监督管理部门依据各自职责公布食品安全日常监督管理信息。

延伸阅读：

违反食品安全法的法律责任

一、行政责任

违反食品安全相关法律法规的规定,尚不构成犯罪,将被追究下列行政责任。

1. 未经许可从事食品生产经营活动,或者未经许可生产食品添加剂的,由有关主管部门按照各自职责分工,没收违法所得、违法生产经营的食品、食品添加剂和用于违法生产经营的工具、设备、原料等物品;违法生产经营的食品、食品添加剂货值金额不足 10000 元的,并处 2000 元以上 50000 元以下罚款;货值金额 10000 元以上的,并处货值金额 5 倍以上 10 倍以下罚款。

2. 有下列情形之一的,由有关主管部门按照各自职责分工,没收违法所得、违法生产经营的食品和用于违法生产经营的工具、设备、原料等物品;违法生产经营的食品货值金额不足 10000 元的,并处 2000 元以上 50000 元以下罚款;货值金额 10000 元以上的,并处货值金额 5 倍以上 10 倍以下罚款;情节严重的,吊销许可证:

(1)用非食品原料生产食品或者在食品中添加食品添加剂以外的化学物质和其他可能危害人体健康的物质,或者用回收食品作为原料生产食品;

(2)生产经营致病性微生物、农药残留、兽药残留、重金属、污染物质以及其他危害人体健康的物质含量超过食品安全标准限量的食品;

(3)生产经营营养成分不符合食品安全标准的专供婴幼儿和其他特定人群的主辅食品;

(4)经营腐败变质、油脂酸败、霉变生虫、污秽不洁、混有异物、掺假掺杂或者感官性状异常的食品;

(5)经营病死、毒死或者死因不明的禽、畜、兽、水产动物肉类,或者生产经营病死、毒死或者死因不明的禽、畜、兽、水产动物肉类的制品;

(6)经营未经动物卫生监督机构检疫或者检疫不合格的肉类,或者生产经营未经检验或者检验不合格的肉类制品;

(7)经营超过保质期的食品;

(8)生产经营国家为防病等特殊需要明令禁止生产经营的食品;

(9)利用新的食品原料从事食品生产或者从事食品添加剂新品种、食品相关产品新品种生产,未经过安全性评估;

(10)食品生产经营者在有关主管部门责令其召回或者停止经营不符合食品安全标准的食品后,仍拒不召回或者停止经营;

(11)进口不符合我国食品安全国家标准的食品;

(12)进口尚无食品安全国家标准的食品,或者首次进口食品添加剂新品种、食品相关产品新品种,未经过安全性评估;

(13)出口商未遵守规定出口食品。

3. 有下列情形之一的,由有关主管部门按照各自职责分工,没收违法所得、违法生产经营的食品和用于违法生产经营的工具、设备、原料等物品;违法生产经营的食品货值金额不足 10000 元的,并处 2000 元以上 50000 元以下罚款;货值金额 10000 元以上的,并处货值金

额 2 倍以上 5 倍以下罚款;情节严重的,责令停产停业,直至吊销许可证:

(1)经营被包装材料、容器、运输工具等污染的食品;

(2)生产经营无标签的预包装食品、食品添加剂或者标签、说明书不符合规定的食品、食品添加剂;

(3)食品生产者采购、使用不符合食品安全标准的食品原料、食品添加剂、食品相关产品;

(4)食品生产经营者在食品中添加药品。

4.违反规定,有下列情形之一的,由有关主管部门按照各自职责分工,责令改正,给予警告;拒不改正的,处 2000 元以上 20000 元以下罚款;情节严重的,责令停产停业,直至吊销许可证:

(1)未对采购的食品原料和生产的食品、食品添加剂、食品相关产品进行检验;

(2)未建立并遵守查验记录制度、出厂检验记录制度;

(3)制定食品安全企业标准未依照规定备案;

(4)未按规定要求贮存、销售食品或者清理库存食品;

(5)进货时未查验许可证和相关证明文件;

(6)生产的食品、食品添加剂的标签、说明书涉及疾病预防、治疗功能;

(7)安排患有有碍食品安全疾病的人员从事接触直接入口食品的工作;

(8)进口商未建立并遵守食品进口和销售记录制度。

5.事故单位在发生食品安全事故后未进行处置、报告的,由有关主管部门按照各自职责分工,责令改正,给予警告;毁灭有关证据的,责令停产停业,并处 2000 元以上 10000 元以下罚款;造成严重后果的,由原发证部门吊销许可证。

6.集中交易市场的开办者、柜台出租者、展销会的举办者允许未取得许可的食品经营者进入市场销售食品,或者未履行检查、报告等义务的,由有关主管部门按照各自职责分工,处 2000 元以上 50000 元以下罚款;造成严重后果的,责令停业,由原发证部门吊销许可证。

7.违反规定,未按照要求进行食品运输的,由有关主管部门按照各自职责分工,责令改正,给予警告;拒不改正的,责令停产停业,并处 2000 元以上 50000 元以下罚款;情节严重的,由原发证部门吊销许可证。

8.被吊销食品生产、流通或者餐饮服务许可证的单位,其直接负责的主管人员自处罚决定做出之日起五年内不得从事食品生产经营管理工作。食品生产经营者聘用不得从事食品生产经营管理工作的人员从事管理工作的,由原发证部门吊销许可证。

9.食品检验机构、食品检验人员出具虚假检验报告的,由授予其资质的主管部门或者机构撤销该检验机构的检验资格;依法对检验机构直接负责的主管人员和食品检验人员给予撤职或者开除的处分。

受到刑事处罚或者开除处分的食品检验机构人员,自刑罚执行完毕或者处分决定做出之日起十年内不得从事食品检验工作。食品检验机构聘用不得从事食品检验工作的人员的,由授予其资质的主管部门或者机构撤销该检验机构的检验资格。

10.在广告中对食品质量做虚假宣传,欺骗消费者的,依照《中华人民共和国广告法》的规定给予处罚。

食品安全监督管理部门或者承担食品检验职责的机构、食品行业协会、消费者协会以广告或者其他形式向消费者推荐食品的,由有关主管部门没收违法所得,依法对直接负责的主管人员和其他直接责任人员给予记大过、降级或者撤职的处分。

11.县级以上地方人民政府在食品安全监督管理中未履行职责,本行政区域出现重大食品安全事故、造成严重社会影响的,依法对直接负责的主管人员和其他直接责任人员给予记大过、降级、撤职或者开除的处分。

县级以上卫生行政、农业行政、质量监督、工商行政管理、食品药品监督管理部门或者其他有关行政部门不履行规定的职责或者滥用职权、玩忽职守、徇私舞弊的,依法对直接负责的主管人员和其他直接责任人员给予记大过或者降级的处分;造成严重后果的,给予撤职或者开除的处分;其主要负责人应当引咎辞职。

12.造成人身、财产或者其他损害的,依法承担赔偿责任。生产不符合食品安全标准的食品或者销售明知是不符合食品安全标准的食品,消费者除要求赔偿损失外,还可以向生产者或者销售者要求支付价款十倍的赔偿金。

二、民事责任

违反食品安全法律法规的规定,造成他人的人身伤害或经济损失的,将被追究民事赔偿责任。违反法律法规的规定,应当承担民事赔偿责任和缴纳罚款、罚金,其财产不足以同时支付时,应先承担民事赔偿责任。

三、刑事责任

1.《刑法》第一百四十条:生产者、销售者在产品中掺杂、掺假,以假充真,以次充好或者以不合格产品冒充合格产品,销售金额五万元以上不满二十万元的,处两年以下有期徒刑或者拘役,并处或者单处销售金额百分之五十以上两倍以下罚金;销售金额二十万元以上不满五十万元的,处两年以上七年以下有期徒刑,并处销售金额百分之五十以上两倍以下罚金;销售金额五十万元以上不满二百万元的,处七年以上有期徒刑,并处销售金额百分之五十以上两倍以下罚金;销售金额两百万元以上的,处十五年有期徒刑或者无期徒刑,并处销售金额百分之五十以上两倍以下罚金或者没收财产。

2.《刑法》第一百四十三条:生产、销售不符合卫生标准的食品,足以造成严重食物中毒事故或者其他严重食源性疾患的,处三年以下有期徒刑或者拘役,并处或者单处销售金额百分之五十以上两倍以下罚金;对人体健康造成严重危害的,处三年以上七年以下有期徒刑,并处销售金额百分之五十以上两倍以下罚金;后果特别严重的,处七年以上有期徒刑或者无期徒刑,并处销售金额百分之五十以上两倍以下罚金或者没收财产。

3.《刑法》第一百四十四条:在生产、销售的食品中掺入有毒、有害的非食品原料的,或者销售明知掺有有毒、有害的非食品原料的食品的,处五年以下有期徒刑或者拘役,并处或者单处销售金额百分之五十以上两倍以下罚金;造成严重食物中毒事故或者其他严重食源性疾患,对人体健康造成严重危害的,处五年以上十年以下有期徒刑,并处销售金额百分之五十以上两倍以下罚金;致人死亡或者对人体健康造成特别严重危害的,依照刑法第一百四十一条的规定处罚。

[拓展练习]

　　1. 分组讨论:当你遭遇食品安全问题时如何处理?

　　2. 你知道什么是保健食品吗? 你觉得保健食品的生产、使用有什么需要特别注意的地方?

知识链接:保健食品

（米　岚）

单元四　公共卫生与法律

项目一　传染病防治法律规定

[学习目标]
1. 能够熟练分析传染病的分类管理；
2. 能够清楚分析传染病的报告人制度以及报告时限；
3. 能够简单分析传染病的紧急控制措施以及疫区封锁。

工作任务 1　认识传染病的立法

非典型肺炎是一个总称，泛指所有由某种未知的病原体引起的肺炎。这些病原体，有可能是冠状病毒、肺炎支原体、肺炎衣原体或军团杆菌引起的肺炎症状，也可泛指不是由细菌所引起的肺炎症状。2003 年 4 月起在中国广东省及香港地区所暴发的流行病严重急性呼吸综合征（SARS）也正是由某种冠状病毒引起的，属于非典型肺炎之一。该病在全球各地广泛扩散，有超过 8000 人染病，近 800 人死亡，其中中国的感染和死亡人数最多。

一、传染病防治立法情况

传染病是指由病原性细菌、病毒、立克次体和原虫等引起的，能在人与人、动物与动物或人与动物之间相互传播的一类疾病。由于这类疾病具有传染性、流行性和反复性等特点，故其防治工作显得尤为重要。传染病防治法是调整预防、控制和消除传染病的发生与流行，保障人体健康活动中产生的各种社会关系的法律规范的总称。

知识链接：《中华人民共和国传染病防治法》全文

为了加强传染病的管理，预防、控制和消除传染病的发生和流行，保障人体健康，1989 年 2 月 21 日，七届全国人大常委会第六次会议通过并颁布了《中华人民共和国传染病防治法》（以下简称为《传染病防治法》），同年 9 月 1 日起施行。1991 年 12 月 6 日经国务院批准，卫生部发布了《中华人民共和国传染病防治法实施办法》。2004 年 8 月 28 日第十届全国人民代表大会常务委员会第十一次会议修订了《中华人民共和国传染病防治法》，并于同年 12 月 1 日起施行。

二、法定传染病的分类

根据传染病的危害程度和我国的实际情况，《传染病防治法》将全国发病率较高、流行面较大、危害较严重的 37 种急慢性传染病定为法定管理的传染病，并根据其对人类的危害程度及传播方式和速度的不同，分为甲、乙、丙 3 类，实行分类管理。分类管理既有利于把有限的卫生资源合理配置、有效投入，也有利于突出重点，争取最大效益。

（一）甲类传染病

甲类传染病为强制管理类传染病，包括鼠疫和霍乱。对此类传染病病人、病原携带者的隔离、治疗方式，对可疑染疫人的留验以及对疫点、疫区的处理，均可强制执行。

（二）乙类传染病

乙类传染病包括：传染性非典型肺炎、艾滋病、病毒性肝炎、脊髓灰质炎、人感染高致病性禽流感、麻疹、流行性出血热、狂犬病、流行性乙型脑炎、登革热、炭疽、细菌性和阿米巴性痢疾、肺结核、伤寒和副伤寒、流行性脑脊髓膜炎、百日咳、白喉、新生儿破伤风、猩红热、布鲁菌病、淋病、梅毒、钩端螺旋体病、血吸虫病、疟疾。

对乙类传染病中传染性非典型肺炎、炭疽中的肺炭疽和人感染高致病性禽流感，采取甲类传染病的预防、控制措施。其他乙类传染病和突发原因不明的传染病需要采取甲类传染病的预防、控制措施的，由国务院卫生行政部门及时报经国务院批准后予以公布、实施。

（三）丙类传染病

丙类传染病包括：流行性感冒、流行性腮腺炎、风疹、急性出血性结膜炎、麻风病、流行性和地方性斑疹伤寒、黑热病、包虫病、丝虫病，除霍乱、细菌性和阿米巴性痢疾、伤寒和副伤寒以外的感染性腹泻病。

上述规定以外的其他传染病，根据其暴发、流行情况和危害程度，需要列入乙类、丙类传染病的，由国务院卫生行政部门决定并予以公布。省、自治区、直辖市人民政府对本行政区域内常见、多发的其他地方性传染病，可以根据情况决定按照乙类或者丙类传染病管理并予以公布，报国务院卫生行政部门备案。

工作任务 2　认识传染病的防控

2006 年，南昌市疾病预防控制中心在多个区县成立"艾滋病高危行为干预工作队"，深入出租屋、各娱乐场所宣传"防艾"知识，并专门为各类服务工作者开培训班，教她们"防艾"知识和正确使用安全套。

一、传染病防控的主管部门及其职责

根据《传染病防治法》的规定，各级人民政府领导传染病防治工作。县级以上人民政府制定传染病防治规划并组织实施，建立健全传染病防治的疾病预防控制、医疗救治和监督管理体系。

国务院卫生行政部门主管全国传染病防治及其监督管理工作。县级以上地方人民政府卫生行政部门负责本行政区域内的传染病防治及其监督管理工作。县级以上人民政府其他部门在各自的职责范围内负责传染病防治工作。

各级疾病预防控制机构承担传染病监测、预测、流行病学调查、疫情报告以及其他预防、控制工作。医疗机构承担与医疗救治有关的传染病防治工作和责任区域内的传染病预防工作。城市社区和农村基层医疗机构在疾病预防控制机构的指导下，承担城市社区、农村基层相应的传染病防治工作。

根据《传染病防治法》的规定，各级疾病预防控制机构作为防控传染病的最重要的机构，

其具体职责如下：

1. 实施传染病预防控制规划、计划和方案。
2. 收集、分析和报告传染病监测信息，预测传染病的发生、流行趋势。
3. 开展对传染病疫情和突发公共卫生事件的流行病学调查、现场处理及效果评价。
4. 开展传染病实验室检测、诊断、病原学鉴定。
5. 实施免疫规划，负责预防性生物制品的使用管理。
6. 开展健康教育、咨询，普及传染病防治知识。
7. 指导、培训下级疾病预防控制机构及其工作人员开展传染病监测工作。
8. 开展传染病防治应用性研究和卫生评价，提供技术咨询。

国家、省级疾病预防控制机构负责对传染病发生、流行以及分布进行监测，对重大传染病流行趋势进行预测，提出预防控制对策，参与并指导对暴发的疫情进行调查处理，开展传染病病原学鉴定，建立检测质量控制体系，开展应用性研究和卫生评价。

设区的市和县级疾病预防控制机构负责传染病预防控制规划、方案的落实，组织实施免疫、消毒、控制病媒生物的危害，普及传染病防治知识，负责本地区疫情和突发公共卫生事件的监测、报告，开展流行病学调查和常见病原微生物检测。

二、传染病防控的对象

根据《传染病防治法》的规定，在中华人民共和国领域内的一切单位和个人，必须接受疾病预防控制机构、医疗机构有关传染病的调查、检验、采集样本、隔离治疗等预防、控制措施，如实提供有关情况。疾病预防控制机构、医疗机构不得泄露涉及个人隐私的有关信息、资料。

三、传染病的预防

传染病预防是传染病防治管理工作中一项极其重要的实施手段，是传染病防治法的重要内容，是贯彻国家对传染病实行"预防为主"原则的集中体现，主要有以下方面。

（一）加强卫生宣传教育，培训防治技能

普及传染病预防知识，提高自我保健和防病能力，养成良好的卫生习惯，是预防传染病发生和传播的重要措施。传染病防治法将其作为一项法定的义务予以确定，要求各级政府应当组织有关部门，开展传染病预防知识和防治措施的卫生健康教育。卫生、教育、宣传等部门应当分工协作，承担具体的实施工作，全体公民有接受卫生健康教育的义务。传染病防治法同时规定，新闻媒体应当无偿开展传染病防治和公共卫生教育的公益宣传，各级各类学校应当对学生进行健康知识和传染病预防知识的教育。

医学院校应当加强预防医学教育和科学研究，对在校学生以及其他与传染病防治相关人员进行预防医学教育和培训，为传染病防治工作提供技术支持。疾病预防控制机构、医疗机构也应定期对其工作人员进行传染病防治知识、技能的培训。

（二）消除各种传染病传播媒介

各级人民政府组织开展群众性卫生活动，进行预防传染病的健康教育，倡导文明健康的生活方式，提高公众对传染病的防治意识和应对能力，加强环境卫生建设，消除鼠害和蚊、蝇

等病媒生物的危害。各级人民政府农业、水利、林业行政部门按照职责分工负责指导和组织消除农田、湖区、河流、牧场、林区的鼠害与血吸虫危害,以及其他传播传染病的动物和病媒生物的危害。铁路、交通、民用航空行政部门负责组织消除交通工具以及相关场所的鼠害和蚊、蝇等病媒生物的危害。

（三）改善公共卫生设施,保护水源

地方各级人民政府应当有计划地建设和改造公共卫生设施,改善饮用水卫生条件,对污水、污物、粪便进行无害化处置。

（四）实行有计划的预防接种制度

国家实行有计划的预防接种制度。国务院卫生行政部门和省、自治区、直辖市人民政府卫生行政部门,根据传染病预防、控制的需要,制定传染病预防接种规划并组织实施。用于预防接种的疫苗必须符合国家质量标准。

国家对儿童实行预防接种证制度。国家免疫规划项目的预防接种实行免费。医疗机构、疾病预防控制机构与儿童的监护人应当相互配合,保证儿童及时接受预防接种。

（五）建立传染病监测制度

国务院卫生行政部门制定国家传染病监测规划和方案。省、自治区、直辖市人民政府卫生行政部门根据国家传染病监测规划和方案,制定本行政区域的传染病监测计划和工作方案。各级疾病预防控制机构对传染病的发生、流行以及影响其发生、流行的因素进行监测;对国外发生、国内尚未发生的传染病或者国内新发生的传染病进行监测。

（六）建立传染病预警制度,制定防控预案

国务院卫生行政部门和省、自治区、直辖市人民政府根据传染病发生、流行趋势的预测,及时发出传染病预警,根据情况予以公布。

县级以上地方人民政府应当制定传染病预防、控制预案,报上一级人民政府备案。传染病预防、控制预案应当包括以下主要内容:

1. 传染病预防控制指挥部的组成和相关部门的职责;

2. 传染病的监测、信息收集、分析、报告、通报制度;

3. 疾病预防控制机构、医疗机构在发生传染病疫情时的任务与职责;

4. 传染病暴发、流行情况的分级以及相应的应急工作方案;

5. 传染病预防、疫点疫区现场控制,应急设施、设备、救治药品和医疗器械以及其他物资和技术的储备与调用。

地方人民政府和疾病预防控制机构接到国务院卫生行政部门或者省、自治区、直辖市人民政府发出的传染病预警后,应当按照传染病预防、控制预案,采取相应的预防、控制措施。

（七）防止医院及实验室感染

医疗机构必须严格执行国务院卫生行政部门规定的管理制度、操作规范,防止传染病的医源性感染和医院感染。医疗机构应当确定专门的部门或者人员,承担传染病疫情报告、本单位的传染病预防、控制以及责任区域内的传染病预防工作;承担医疗活动中与医院感染有关的危险因素监测、安全防护、消毒、隔离和医疗废物处置工作。疾病预防控制机构应当指定专门人员负责对医疗机构内传染病预防工作进行指导、考核,开展流行病学调查。

疾病预防控制机构、医疗机构的实验室和从事病原微生物实验的单位,应当符合国家规定的条件和技术标准,建立严格的监督管理制度,对传染病病原体样本按照规定的措施实行严格监督管理,严防传染病病原体的实验室感染和病原微生物的扩散。

(八)严格执行各项医疗和卫生制度

1.健康检查制度

从事饮水、饮食、美容、保育等易使传染病扩散工作的从业人员,必须按照国家有关规定取得健康合格证后方可上岗。传染病病人、病原携带者和疑似传染病病人,在治愈前或者在排除传染病嫌疑前,不得从事法律、行政法规和国务院卫生行政部门规定禁止从事的易使该传染病扩散的工作。

2.国家建立传染病菌种、毒种库

对传染病菌种、毒种和传染病检测样本的采集、保藏、携带、运输和使用实行分类管理,建立健全严格的管理制度。对可能导致甲类传染病传播的以及国务院卫生行政部门规定的菌种、毒种和传染病检测样本,确需采集、保藏、携带、运输和使用的,须经省级以上人民政府卫生行政部门批准。

传染病防治法实施办法对传染病的菌(毒)种分为以下三类,并据此分别实行严格的保藏、携带、运输和使用等方面的管理。

一类:鼠疫耶尔森矢菌、霍乱弧菌;天花病毒、艾滋病病毒。

二类:布氏菌、炭疽菌、麻风杆菌;肝炎病毒、狂犬病毒、出血热病毒、登革热病毒;斑疹伤寒立克次体。

三类:脑膜炎双球菌、链球菌、淋病双球菌、结核杆菌、百日咳嗜血杆菌、白喉棒状杆菌、沙门菌、志贺菌、破伤风梭状杆菌、钩端螺旋体、梅毒螺旋体;乙型脑炎病毒、脊髓灰质炎病毒、流感病毒、流行性腮腺炎病毒、麻疹病毒、风疹病毒。

3.消毒管理制度

对被传染病病原体污染的污水、污物、场所和物品,有关单位和个人必须在疾病预防控制机构的指导下或者按照其提出的卫生要求,进行严格消毒处理;拒绝消毒处理的,由当地卫生行政部门或者疾病预防控制机构进行强制消毒处理。

4.消毒产品和饮用水的卫生管理

用于传染病防治的消毒产品、饮用水供水单位供应的饮用水和涉及饮用水卫生安全的产品,应当符合国家卫生标准和卫生规范。饮用水供水单位从事生产或者供应活动,应当依法取得卫生许可证。

生产用于传染病防治的消毒产品的单位和生产用于传染病防治的消毒产品,应当经省级以上人民政府卫生行政部门审批。具体办法由国务院制定。

(九)控制传染源,切断传播途径

对被传染病病原体污染的污水、污物、场所和物品,有关单位和个人必须在疾病预防控制机构的指导下或者按照其提出的卫生要求,进行严格消毒处理;拒绝消毒处理的,由当地卫生行政部门或者疾病预防控制机构进行强制消毒处理。

采供血机构、生物制品生产单位必须严格执行国家有关规定,保证血液、血液制品的质量。禁止非法采集血液或者组织他人出卖血液。疾病预防控制机构、医疗机构使用血液和血液制品，必须遵守国家有关规定，防止因输入血液、使用血液制品引起经血液传播疾病的发生。

（十）加强对人畜共患传染病的预防管理和自然疫源地的建设项目审批

县级以上人民政府农业、林业行政部门以及其他有关部门，依据各自的职责负责与人畜共患传染病有关的动物传染病的防治管理工作。与人畜共患传染病有关的野生动物、家畜家禽，经检疫合格后，方可出售、运输。

在国家确认的自然疫源地计划兴建水利、交通、旅游、能源等大型建设项目的，应当事先由省级以上疾病预防控制机构对施工环境进行卫生调查。建设单位应当根据疾病预防控制机构的意见，采取必要的传染病预防、控制措施。施工期间，建设单位应当设专人负责工地上的卫生防疫工作。工程竣工后，疾病预防控制机构应当对可能发生的传染病进行监测。

（十一）做好专业人员的防护和医疗保健

除计划免疫外，对从事传染病预防、医疗、科研、教学的人员，现场处理疫情的人员，以及在生产、工作中接触传染病病原体的其他人员，有关单位应根据国家规定，采取有效的防护和医疗保健措施。

工作任务 3　认识传染病的报告

《湖北省传染性非典型肺炎防治管理暂行办法》第十九条规定：严格执行传染性非典型肺炎疫情报告、公布和信息传递制度。建立省、市（含自治州，下同）、县、乡（镇）、村五级传染性非典型肺炎防治工作信息网络，并保证有关传染性非典型肺炎防治工作信息及时传递。任何单位和个人对传染性非典型肺炎疫情，不得瞒报、缓报、谎报或者授意他人瞒报、缓报、谎报。

一、疫情报告

疾病预防控制机构、医疗机构和采供血机构及其执行职务的人员和个体医生为责任报告人，当发现传染病疫情或者发现其他传染病暴发、流行以及突发原因不明的传染病时，应当遵循疫情报告属地管理原则，按照国务院规定的或者国务院卫生行政部门规定的内容、程序、方式和时限报告。

城乡居民、机关团体、车站、码头、机场、饭店职工及其他人员为义务报告人，发现传染病病人或者疑似传染病病人时，应当及时向附近的疾病预防控制机构或者医疗机构报告。

二、报告程序及要求

责任报告人在发现传染病病人、病原携带者、疑似传染病病人时，应依法认真填写疫情报告卡，向疾病预防控制机构报告疫情，并另做疫情登记备查。在报告疫情的同时还应尽快采取传染病防治措施，控制疫情传播。

责任报告人发现甲类传染病和乙类传染病中的艾滋病病人、肺炭疽的病人、病原携带者、疑似传染病病人时，城镇于 6 小时内，农村于 12 小时内，以最快通信方式向发病地的疾病预防控制机构报告，并同时报出传染病报告卡。

责任报告人发现乙类传染病病人、病原携带者和疑似传染病病人时，城镇于 12 小时内，农村于 24 小时内向发病地的疾病预防控制机构报出传染病报告卡。

责任报告人在丙类传染病监测区内发现丙类传染病病人时,应当在 24 小时内向发病地的疾病预防控制机构报出传染病报告卡。

传染病暴发、流行时,责任报告人应当以最快的通信方式向当地疾病预防控制机构报告疫情。接到疫情报告的疾病预防控制机构应当以最快通信方式报告上级疾病预防控制机构和当地卫生行政部门,卫生行政部门接到报告后,应当立即报告当地政府。省级政府卫生行政部门接到发现甲类传染病和发生传染病暴发、流行的报告后,应当于 6 小时内报告国务院卫生行政部门。

港口、机场、铁路疾病预防控制机构以及国境卫生检疫机关发现甲类传染病病人、病原携带者、疑似传染病病人时,应当按照国家有关规定立即向国境口岸所在地的疾病预防控制机构或者所在地县级以上地方人民政府卫生行政部门报告并互相通报。

疾病预防控制机构应当主动收集、分析、调查、核实传染病疫情信息。接到甲类、乙类传染病疫情报告或者发现传染病暴发、流行时,应当立即报告当地卫生行政部门,由当地卫生行政部门立即报告当地人民政府,同时报告上级卫生行政部门和国务院卫生行政部门。

三、传染病疫情信息公布制度

国务院卫生行政部门定期公布全国传染病疫情信息。省、自治区、直辖市人民政府卫生行政部门定期公布本行政区域的传染病疫情信息。传染病暴发、流行时,国务院卫生行政部门负责向社会公布传染病疫情信息,并可以授权省、自治区、直辖市人民政府卫生行政部门向社会公布本行政区域的传染病疫情信息。

公布传染病疫情信息应当及时、准确。负有传染病疫情报告职责的人民政府有关部门、疾病预防控制机构、医疗机构、采供血机构及其工作人员,不得隐瞒、谎报、缓报传染病疫情信息。

四、传染病疫情信息通报

国务院卫生行政部门应当及时向国务院其他有关部门和各省、自治区、直辖市人民政府卫生行政部门通报全国传染病疫情以及监测、预警的相关信息。毗邻的以及相关的地方人民政府卫生行政部门,应当及时互相通报本行政区域的传染病疫情以及监测、预警的相关信息。县级以上人民政府有关部门发现传染病疫情时,应当及时向同级人民政府卫生行政部门通报。中国人民解放军卫生主管部门发现传染病疫情时,应当向国务院卫生行政部门通报。

动物防疫机构和疾病预防控制机构,应当及时互相通报动物之间和人之间发生的人畜共患传染病疫情以及相关信息。

工作任务 4 认识传染病的控制

2003 年 5 月 7 日上午 8 时,广州华侨医院一位"非典"患者逃走了。这位患者一个多月前因感染"非典"住进华侨医院,经过治疗,5 月初已经痊愈,根据规定她还必须留院观察两周。但她认为自己已经完全好了,多次提出出院的要求,但未得到批准。顿时医院进入高度戒备状态,一时间医院、公安、街道和城管等部门出动近百人,一场追踪"非典"患者的"战斗"打响了。根据患者入院时留下的住址,搜寻人员在员村四横路一带进行了地毯式搜索。但整整一个上午搜寻工作毫无进展。最终在知情人的帮助下,经过24小时的紧张工作,医护人员于8日凌晨将患者带回了传染科的隔离病房。之后,医护人员又用了将近一天的时间对其在员村的活动区域进行全面消毒。

传染病的控制是指在传染病发生或暴发流行时,政府及有关部门为了防止传染病扩散和蔓延而采取的控制措施。对传染病疫情的处理由疾病预防控制机构和医疗机构实行分级分工管理。

一、一般措施

国家和社会应当关心、帮助传染病病人、病原携带者和疑似传染病病人,使其得到及时救治。任何单位和个人不得歧视传染病病人、病原携带者和疑似传染病病人。

1. 医疗机构的措施

医疗机构发现甲类传染病时,应当及时采取下列措施:

(1)对病人、病原携带者,予以隔离治疗,隔离期限根据医学检查结果确定;

(2)对疑似病人,确诊前在指定场所单独隔离治疗;

(3)对医疗机构内的病人、病原携带者、疑似病人的密切接触者,在指定场所进行医学观察和采取其他必要的预防措施。

拒绝隔离治疗或者隔离期未满擅自脱离隔离治疗的,可以由公安机关协助医疗机构采取强制隔离治疗措施。

医疗机构发现乙类或者丙类传染病病人,应当根据病情采取必要的治疗和控制传播措施。

医疗机构对本单位内被传染病病原体污染的场所、物品以及医疗废物,必须依照法律、法规的规定实施消毒和无害化处置。

2. 疾病预防控制机构的措施

疾病预防控制机构发现传染病疫情或者接到传染病疫情报告时,应当及时采取下列措施:

(1)对传染病疫情进行流行病学调查,根据调查情况提出划定疫点、疫区的建议,对被污染的场所进行卫生处理,对密切接触者,在指定场所进行医学观察和采取其他必要的预防措施,并向卫生行政部门提出疫情控制方案;

(2)传染病暴发、流行时,对疫点、疫区进行卫生处理,向卫生行政部门提出疫情控制方案,并按照卫生行政部门的要求采取措施;

(3)指导下级疾病预防控制机构实施传染病预防、控制措施,组织、指导有关单位对传染病疫情的处理。

3. 交通卫生检疫

发生甲类传染病时,为了防止该传染病通过交通工具及其乘运的人员、物资传播,可以实施交通卫生检疫。具体办法由国务院制定。

4. 隔离措施

对已经发生甲类传染病病例的场所或者该场所内的特定区域的人员,所在地的县级以上地方人民政府可以实施隔离措施,并同时向上一级人民政府报告;接到报告的上级人民政府应当即时做出是否批准的决定。上级人民政府做出不予批准决定的,实施隔离措施的人民政府应当立即解除隔离措施。

在隔离期间,实施隔离措施的人民政府应当为被隔离人员提供生活保障;被隔离人员有工作单位的,所在单位不得停止支付其隔离期间的工作报酬。

隔离措施的解除,由原决定机关决定并宣布。

5.传染病病人的尸体和物品处理

患甲类传染病、炭疽死亡的,应当将尸体立即进行卫生处理,就近火化。患其他传染病死亡的,必要时,应当将尸体进行卫生处理后火化或者按照规定深埋。

为了查找传染病病因,医疗机构在必要时可以按照国务院卫生行政部门的规定,对传染病病人尸体或者疑似传染病病人尸体进行解剖查验,并应当告知死者家属。

发生传染病疫情时,疾病预防控制机构和省级以上人民政府卫生行政部门指派的其他与传染病有关的专业技术机构,可以进入传染病疫点、疫区进行调查、采集样本、技术分析和检验。

疫区中被传染病病原体污染或者可能被传染病病原体污染的物品,经消毒可以使用的,应当在当地疾病预防控制机构的指导下,进行消毒处理后,方可使用、出售和运输。

6.药品、医疗器械的运输流通

传染病暴发、流行时,药品和医疗器械生产、供应单位应当及时生产、供应防治传染病的药品和医疗器械。铁路、交通、民用航空经营单位必须优先运送处理传染病疫情的人员以及防治传染病的药品和医疗器械。县级以上人民政府有关部门应当做好组织协调工作。

7.人员、物资等的征调

传染病暴发、流行时,根据传染病疫情控制的需要,国务院有权在全国范围或者跨省、自治区、直辖市范围内,县级以上地方人民政府有权在本行政区域内紧急调集人员或者调用储备物资,临时征用房屋、交通工具以及相关设施、设备。

紧急调集人员的,应当按照规定给予合理报酬。临时征用房屋、交通工具以及相关设施、设备的,应当依法给予补偿;能返还的,应当及时返还。

二、紧急措施

传染病暴发、流行时,县级以上地方人民政府应当立即组织力量,按照预防、控制预案进行防治,切断传染病的传播途径,必要时,报经上一级人民政府决定,可以采取下列紧急措施并予以公告:

(1)限制或者停止集市、影剧院演出或者其他人群聚集的活动;

(2)停工、停业、停课;

(3)封闭或者封存被传染病病原体污染的公共饮用水源、食品以及相关物品;

(4)控制或者扑杀染疫野生动物、家畜家禽;

(5)封闭可能造成传染病扩散的场所。

上级人民政府接到下级人民政府关于采取上述所列紧急措施的报告时,应当即时做出决定。紧急措施的解除,由原决定机关决定并宣布。

三、疫区封锁

疫区是指传染病在人群中暴发、流行,其病原体向周围播散时所能波及的地区。甲类、乙类传染病暴发、流行时,县级以上地方人民政府报经上一级人民政府决定,可以宣布本行政区域部分或者全部为疫区;国务院可以决定并宣布跨省、自治区、直辖市的疫区。县级以上地方人民政府在疫区内可以对出入疫区的人员、物资和交通工具实施卫生检疫。

省、自治区、直辖市人民政府可以决定对本行政区域内的甲类传染病疫区实施封锁,但是,封锁大、中城市的疫区或者封锁跨省、自治区、直辖市的疫区,以及封锁疫区导致中断干线交通或者封锁国境的,由国务院决定。

疫区封锁的解除,由原决定机关决定并宣布。

四、医疗救治

县级以上人民政府应当加强和完善传染病医疗救治服务网络的建设,指定具备传染病救治条件和能力的医疗机构承担传染病救治任务,或者根据传染病救治需要设置传染病医院。

医疗机构的基本标准、建筑设计和服务流程,应当符合预防传染病医院感染的要求。医疗机构应当按照规定对使用的医疗器械进行消毒;对按照规定一次性使用的医疗器具,应当在使用后予以销毁。医疗机构应当按照国务院卫生行政部门规定的传染病诊断标准和治疗要求,采取相应措施,提高传染病医疗救治能力。

医疗机构应当对传染病病人或者疑似传染病病人提供医疗救护、现场救援和接诊治疗,书写病历记录以及其他有关资料,并妥善保管。

医疗机构应当实行传染病预检、分诊制度;对传染病病人、疑似传染病病人,应当引导至相对隔离的分诊点进行初诊。医疗机构不具备相应救治能力的,应当将患者及其病历记录复印件一并转至具备相应救治能力的医疗机构。

工作任务 5　认识传染病防治的法律责任

2003 年 4 月,刘保成在山西太原打工期间患上"非典",太原方面要求其就地隔离治疗,但他不顾政府有关规定,于 4 月 19 日突然从被隔离治疗的医院逃出。太原警方紧急追踪,在从太原开往南阳的火车上将刘保成截留,强制送往就近的山西临汾市传染病医院进行隔离治疗。但刘保成仍不安心配合治疗,4 月 23 日夜间再次从隔离治疗医院破窗逃跑。当夜,临汾警方根据掌握的情况,迅速通过河南省公安厅向南阳市发出了协查警报。南阳市和唐河县公安局立即抽调人员,对刘保成可能出现的地方进行布控、检查。4 月 24 日晨 7 时,刚刚回家的刘保成,被警方强行送往唐河县人民医院进行隔离治疗。唐河县卫生防疫站和县公安局共同调查认定,刘保成逃离太原、临汾乘火车回到南阳期间,在火车上恶意接触 19 人,在唐河县恶意接触 20 人。5 月 17 日刘保成康复出院后,随即被唐河县公安局办案人员带上了警车。警方以其涉嫌妨害传染病防治罪,依法将其刑事拘留。

传染病防治的法律责任具体包括以下三方面。

一、行政责任

1. 地方各级人民政府未依照规定履行报告职责，或者隐瞒、谎报、缓报传染病疫情，或者在传染病暴发、流行时，未及时组织救治、采取控制措施的，由上级人民政府责令改正，通报批评；造成传染病传播、流行或者其他严重后果的，对负有责任的主管人员，依法给予行政处分。

2. 县级以上人民政府卫生行政部门违反规定，有下列情形之一的，由本级人民政府、上级人民政府卫生行政部门责令改正，通报批评；造成传染病传播、流行或者其他严重后果的，对负有责任的主管人员和其他直接责任人员，依法给予行政处分：

（1）未依法履行传染病疫情通报、报告或者公布职责，或者隐瞒、谎报、缓报传染病疫情的；

（2）发生或者可能发生传染病传播时未及时采取预防、控制措施的；

（3）未依法履行监督检查职责，或者发现违法行为不及时查处的；

（4）未及时调查、处理单位和个人对下级卫生行政部门不履行传染病防治职责的举报的；

（5）违反规定的其他失职、渎职行为。

3. 县级以上人民政府有关部门未依照规定履行传染病防治和保障职责的，由本级人民政府或者上级人民政府有关部门责令改正，通报批评；造成传染病传播、流行或者其他严重后果的，对负有责任的主管人员和其他直接责任人员，依法给予行政处分。

4. 疾病预防控制机构违反规定，有下列情形之一的，由县级以上人民政府卫生行政部门责令限期改正，通报批评，给予警告；对负有责任的主管人员和其他直接责任人员，依法给予降级、撤职、开除的处分，并可以依法吊销有关责任人员的执业证书：

（1）未依法履行传染病监测职责的；

（2）未依法履行传染病疫情报告、通报职责，或者隐瞒、谎报、缓报传染病疫情的；

（3）未主动收集传染病疫情信息，或者对传染病疫情信息和疫情报告未及时进行分析、调查、核实的；

（4）发现传染病疫情时，未依据职责及时采取法律规定的措施的；

（5）故意泄露传染病病人、病原携带者、疑似传染病病人、密切接触者个人隐私的有关信息、资料的。

5. 医疗机构违反规定，有下列情形之一的，由县级以上人民政府卫生行政部门责令改正，通报批评，给予警告；造成传染病传播、流行或者其他严重后果的，对负有责任的主管人员和其他直接责任人员，依法给予降级、撤职、开除的处分，并可以依法吊销有关责任人员的执业证书：

（1）未按照规定承担本单位的传染病预防、控制工作、医院感染控制任务和责任区域内的传染病预防工作的；

（2）未按照规定报告传染病疫情，或者隐瞒、谎报、缓报传染病疫情的；

（3）发现传染病疫情时，未按照规定对传染病病人、疑似传染病病人提供医疗救护、现场救援、接诊、转诊，或者拒绝接受转诊的；

（4）未按照规定对本单位内被传染病病原体污染的场所、物品以及医疗废物实施消毒或

者无害化处置的;

　　(5)未按照规定对医疗器械进行消毒,或者对按照规定一次性使用的医疗器具未予销毁,再次使用的;

　　(6)在医疗救治过程中未按照规定保管医学记录资料的;

　　(7)故意泄露传染病病人、病原携带者、疑似传染病病人、密切接触者个人隐私的有关信息、资料的。

　　6.采供血机构未按照规定报告传染病疫情,或者隐瞒、谎报、缓报传染病疫情,或者未执行国家有关规定,导致因输入血液引起经血液传播疾病发生的,由县级以上人民政府卫生行政部门责令改正,通报批评,给予警告;造成传染病传播、流行或者其他严重后果的,对负有责任的主管人员和其他直接责任人员,依法给予降级、撤职、开除的处分,并可以依法吊销采供血机构的执业许可证。

　　非法采集血液或者组织他人出卖血液的,由县级以上人民政府卫生行政部门予以取缔,没收违法所得,可以并处十万元以下的罚款。

　　7.国境卫生检疫机关、动物防疫机构未依法履行传染病疫情通报职责的,由有关部门在各自职责范围内责令改正,通报批评;造成传染病传播、流行或者其他严重后果的,对负有责任的主管人员和其他直接责任人员,依法给予降级、撤职、开除的处分。

　　8.铁路、交通、民用航空经营单位未依照规定优先运送处理传染病疫情的人员以及防治传染病的药品和医疗器械的,由有关部门责令限期改正,给予警告;造成严重后果的,对负有责任的主管人员和其他直接责任人员,依法给予降级、撤职、开除的处分。

　　9.违反规定,有下列情形之一,导致或者可能导致传染病传播、流行的,由县级以上人民政府卫生行政部门责令限期改正,没收违法所得,可以并处五万元以下的罚款;已取得许可证的,原发证部门可以依法暂扣或者吊销许可证:

　　(1)饮用水供水单位供应的饮用水不符合国家卫生标准和卫生规范的;

　　(2)涉及饮用水卫生安全的产品不符合国家卫生标准和卫生规范的;

　　(3)用于传染病防治的消毒产品不符合国家卫生标准和卫生规范的;

　　(4)出售、运输疫区中被传染病病原体污染或者可能被传染病病原体污染的物品,未进行消毒处理的;

　　(5)生物制品生产单位生产的血液制品不符合国家质量标准的。

　　10.违反规定,有下列情形之一的,由县级以上地方人民政府卫生行政部门责令改正,通报批评,给予警告,已取得许可证的,可以依法暂扣或者吊销许可证;造成传染病传播、流行以及其他严重后果的,对负有责任的主管人员和其他直接责任人员,依法给予降级、撤职、开除的处分,并可以依法吊销有关责任人员的执业证书:

　　(1)疾病预防控制机构、医疗机构和从事病原微生物实验的单位,不符合国家规定的条件和技术标准,对传染病病原体样本未按照规定进行严格管理,造成实验室感染和病原微生物扩散的;

　　(2)违反国家有关规定,采集、保藏、携带、运输和使用传染病菌种、毒种和传染病检测样本的;

　　(3)疾病预防控制机构、医疗机构未执行国家有关规定,导致因输入血液、使用血液制品引起经血液传播疾病发生的。

11. 未经检疫出售、运输与人畜共患传染病有关的野生动物、家畜家禽的,由县级以上地方人民政府畜牧兽医行政部门责令停止违法行为,并依法给予行政处罚。

12. 在国家确认的自然疫源地兴建水利、交通、旅游、能源等大型建设项目,未经卫生调查进行施工的,或者未按照疾病预防控制机构的意见采取必要的传染病预防、控制措施的,由县级以上人民政府卫生行政部门责令限期改正,给予警告,处五千元以上三万元以下的罚款;逾期不改正的,处三万元以上十万元以下的罚款,并可以提请有关人民政府依据职责权限,责令停建、关闭。

二、刑事责任

传染病防治法规定,违反传染病防治法,情节严重,构成犯罪的,依法追究刑事责任。主要有以下方面。

1. 违反传染病防治法的规定,有下列情形之一,引起甲类传染病传播或者有严重传播危险的,处 3 年以下有期徒刑或者拘役;后果特别严重的,处 3 年以上 7 年以下有期徒刑:

(1)供水单位供应的饮用水不符合国家规定的卫生标准的;

(2)拒绝按照卫生行政机构提出的卫生要求,对传染病病原体污染的污水、污物、粪便进行消毒处理的;

(3)准许或者纵容传染病病人、病原携带者和疑似传染病病人从事国务院卫生行政部门规定禁止从事的易使传染病扩散的工作的;

(4)拒绝执行卫生监督机构依照传染病防治法提出的预防、控制措施的。单位犯前款罪的,对单位判处罚金,并对其直接负责的主管人员和其他直接负责人员依照上述规定处罚。

2. 从事实验、保藏、携带、运输传染病菌种、毒种的人员,违反国务院卫生行政部门的有关规定,造成传染病菌种、毒种扩散,后果严重的,处 3 年以下有期徒刑或者拘役;后果特别严重的,处 3 年以上 7 年以下有期徒刑。

3. 违反国境卫生检疫规定,引起检疫传染病传播或者有传播严重危险的,处三年以下有期徒刑或者拘役,并处或者单处罚金。单位犯前款罪的,对单位判处罚金,并对其直接负责的主管人员和其他直接责任人员,依照前款的规定处罚。

4. 明知自己患有梅毒、淋病等严重性病卖淫、嫖娼的,处 5 年以下有期徒刑、拘役或者管制,并处罚金。

三、民事责任

单位和个人违反规定,导致传染病传播、流行,给他人人身、财产造成损害的,应当依法承担民事责任。

延伸阅读:

"众志成城"在中国抗击"非典"的战斗中已成为使用频率最高的成语,这已充分表明,抗击"非典"不光是政府、医疗机构的事,而是一场全民运动。在这场全民保卫战中,国民所要做的首先是树立社会责任感。

2003 年 3 月,当"非典"在香港大规模爆发时,我们从电视、报纸上看到走在大街上的几乎所有的香港人都戴着大口罩。当时周围很多人因此嘲笑香港人是紧张过度,但香港人说:第一,我戴不戴口罩,并没妨碍到任何人;第二,我戴上口罩,不光是为自己,也是为别人。香港同胞长期自觉形成的公民意识在这时得到了体现。

"非典"期间,新加坡总理吴作栋也给全体新加坡人和在新加坡居住的人士写了一封公开信,信中举出实例向人们阐述了非常时期每个人树立社会责任感的重要性。他说:"仍然有一些新加坡人不听从医务人员的劝告;有人显得不负责任,而一些人则因对"非典"感到恐惧而做出不合理的行为,不论他们持有什么理由,他们已经给自己和广大的社群带来了危险。"他建议:"如果你感到身体不适,请立刻就医。如果你持续感到不适,回去看同一名医生。如果你不断更换医生和医院,那么你的新医生将无法知道你之前的病情,你因此无法得到最好的治疗。在这个过程中,你可能会感染许多人,包括你的家人和朋友。"

[拓展练习]

结合 2003 年的"非典"事件,谈谈你对传染病控制措施的认识。

（姚昱　邹涛）

项目二　优生优育法律规定

[学习目标]

1. 理解优生优育、母婴保健、婚前医学检查、非法进行节育手术罪、计划生育等概念，熟悉母婴保健的内容和生育的权利和义务，了解母婴保健的立法情况、计划生育技术服务、流动人口计划生育工作管理和法律责任；

2. 会进行母婴保健的指导工作，会进行母婴保健的宣教，会进行计划生育技术服务；

案例精选：婚检结果的告知问题

3. 具有依法开展母婴保健活动、计划生育服务的法律意识，能在母婴保健活动中关爱孕产妇、新生儿和婴儿。

工作任务 1　认识母婴保健法律

《世界人权宣言》提出了"母亲和儿童有权享受特别照顾和协助"的原则。自 1946 年联合国成立妇女地位委员会以来，共召开了 4 次世界妇女大会。1989 年，联合国通过了《儿童权利公约》，目前已有 191 个国家批准了该公约。中国是参与起草并较早批准公约的国家。2002 年5 月儿童问题联合国大会特别会议召开，并通过了《适合儿童生长的世界》的决议，明确了在保健、教育、保护和艾滋病防治 4 个领域保护儿童权益、改善儿童生存条件的原则和目标。

一、母婴保健立法情况

母婴保健法是调整保障母亲和婴儿健康、提高出生人口素质活动中产生的各种社会关系的法律规范的总和。控制人口数量，提高人口素质，是我国的一项基本国策。人口素质直接关系到民族的盛衰和国家的

知识链接：《母婴保健法》全文

兴亡。1994 年 10 月 27 日，八届全国人大常委会第十次会议通过了《中华人民共和国母婴保健法》（以下简称《母婴保健法》），自 1995 年 6 月 1 日起施行。这是我国第一部保护妇女和儿童健康，提高出生人口素质的法律。2001 年 6 月 20 日国务院发布了《母婴保健法实施办法》。《母婴保健法》及有关法规、规章的颁布实施，对提高人口素质，改善农村和边远贫困地区妇女儿童的健康状况，实现我国政府对国际社会的承诺，发展我国妇幼卫生事业，保障妇女儿童健康，促进家庭幸福和社会进步发挥了积极作用。

二、母婴保健法的调整对象和工作方针

（一）母婴保健法的调整对象

母婴保健法的调整对象既包括从事母婴保健服务活动和机构及其人员，也包括母婴保

健服务的对象和当事人。从事计划生育技术服务的机构开展计划生育技术服务活动,依照《计划生育技术服务管理条例》的规定执行。

（二）母婴保健法的工作方针

母婴保健工作以保障为中心,以保障生殖健康为目的,实行保健和临床相结合,面向群体、面向基层和预防为主的工作方针。

工作任务 2　认识母婴保健的内容

2003 年 10 月 13 日,疑染艾滋病的四川姑娘周小燕(化名)与香港人梁永浩(化名)在四川省民政厅婚姻登记处办理手续。据四川省民政厅婚姻登记处负责人介绍,周小燕与梁永浩两人是在 9 月 22 日前往该处办理结婚手续的。该处根据《婚姻登记条例》规定,为其开具了婚前医学检查介绍信,让其前往指定医院进行婚检。次日,负责婚检的成都一妇幼保健院发现,周小燕在艾滋病筛查实验中呈阳性反应,需进一步复检,是否将此告诉男方曾一度成为婚检医生和婚姻登记处共同的苦恼。得知结果的周表示不愿再做复查,随后和男友一起"失踪"。10 月 9 日,即新《婚姻登记条例》实行的第 9 天,周小燕与梁永浩第二次来到婚姻登记处办理手续,根据新条例,此时登记结婚已无须强制婚检。由于无法确认男方是否知情,该处对此事尤为慎重。在周梁二人出具了一张按了手印的证明,内容为"本人(梁永浩)知道周小燕病情自愿结婚,后果自负","本人(周小燕)已知病情,要求结婚",登记处为他们办理了手续。

一、婚前保健服务内容

婚前保健服务是指对准备结婚的男女双方,在结婚登记前所进行的婚前医学检查、婚前卫生指导和婚前卫生咨询服务。根据规定,医疗保健机构应当为公民提供婚前保健服务。对准备结婚的男女双方提供与结婚和生育有关的生殖健康知识,并根据需要提出医学指导意见。

（一）婚前卫生指导

婚前卫生指导是指对准备结婚的男女双方进行的以生殖健康为核心,与结婚和生育有关的保健知识的宣传教育。婚前卫生指导主要包括:①有关性卫生的保健和教育;②新婚避孕知识及计划生育指导;③受孕前的准备、环境和疾病对后代影响等孕前保健知识;④遗传病的基本知识;⑤影响婚育的有关疾病的基本知识;⑥其他生殖健康知识。

（二）婚前卫生咨询

婚前卫生咨询包括婚配、生育保健等问题的咨询。医师应当为服务对象提供科学的信息,对可能产生的后果进行指导,并提出适当的建议。

（三）婚前医学检查

医疗保健机构对准备结婚的男女双方可能患影响结婚和生育的疾病进行医学检查。婚前医学检查项目包括询问病史、体格检查、常规辅助检查和其他特殊检查。经婚前医学检查,医疗保健机构应当向接受婚前检查的当事人出具婚前医学检查证明,并应列明是否发现下列疾病:①在传染期内的指定传染病;②在发病期内的有关精神病;③不宜生育的严重遗传性疾病;④医学上认为不宜结婚的其他疾病。

经婚前医学检查,发现患有指定传染病在传染期内或者有关精神病在发病期内的,医师应当提出医学意见。准备结婚的男女双方应当暂缓结婚,医疗保健机构应当为其治疗提供医疗服务。对诊断患医学上认为不宜生育的严重遗传疾病的,医师应当向男女双方说明情况,提出医学意见,经男女双方同意,采取长效避孕措施或者施行结扎手术后不生育的,可以结婚,但婚姻法规定禁止结婚的除外。

婚前医学检查由县级以上妇幼保健院或经设区的市级以上卫生行政部门指定的医疗机构承担,不宜生育的严重遗传性疾病的诊断由省级卫生行政部门指定的医疗保健机构负责。医疗保健机构对婚前医学检查不能确诊的,应当转诊,当事人也可以到卫生行政部门许可的医疗保健机构进行确诊。接受婚前医学检查人员对检查结果持有异议的,可以申请医学技术鉴定,取得医学鉴定证明。

2003 年国务院颁布的《婚姻登记条例》对婚前检查未做规定,结婚登记时不再要求婚前医学检查证明,婚检与否只是个人的自由选择,这是充分尊重个人隐私权的表现。所以,《婚姻登记条例》取消的只是"强制"而不是"婚检"本身。

二、孕产期保健服务内容

医疗保健机构应当开展母婴保健指导、孕产妇保健、胎儿保健和新生儿保健,为孕龄妇女和孕产妇提供有关避孕、节孕、生育、不育和生殖健康的咨询和医疗保健服务。通过系列保健服务,为产妇提供科学育儿、合理营养和母乳喂养的指导,同时提供对婴儿进行体格检查和预防接种,逐步开展新生儿疾病筛查、婴儿多发病和常见病等医疗保健服务。

（一）母婴保健指导

母婴保健指导是指对孕育健康后代以及严重遗传性疾病和碘缺乏病的发病原因、治疗和预防方法提供医学意见。

1. 孕产妇保健

孕产妇保健主要包括:(1)为孕产妇建立保健手册(卡),定期进行产前检查;(2)为孕产妇提供卫生、营养、心理等方面的医学指导和咨询;(3)对高危孕妇进行重点监护、随访和医疗保健服务;(4)为孕产妇提供安全分娩技术服务;(5)定期进行产后访视,直到产妇科学喂养婴儿;

微课:孕产期保健

(6)提供避孕咨询指导和技术服务;(7)对产妇及其家属进行生殖健康教育和科学育儿知识教育;(8)其他孕产期保健服务。

2. 胎儿保健

胎儿保健是指为胎儿生长发育提供监护,提供咨询和医学指导。

3. 新生儿保健

新生儿保健主要内容是:(1)按照国家有关规定开展新生儿先天性、遗传性代谢病筛查、诊断和检测;(2)对新生儿进行访视,建立儿童保健手册(卡),定期对其进行健康检查,提供有关预防疾病、合理用膳、促进智力发育等科学知识,做好婴儿多发病、常见病防治等医疗保健服务;(3)按照规定的程序和项目对婴儿进行预防接种;(4)推行母乳喂养。

（二）医学指导和医学意见

医疗保健机构发现孕产妇有下列严重疾病或者接触物理、化学、生物等有毒、有害物质,可能危及孕妇生命安全或者可能严重影响孕妇健康和胎儿正常发育的,应当对孕妇进行医学指导:(1)严重的妊娠并发症;(2)严重精神性疾病;(3)国务院卫生行政部门规定的严重影响生育的其他疾病。医生发现或者怀疑患严重遗传性疾病的育龄夫妻,应当提出医学意见,对限于医疗技术条件难以确诊的,应当向当事人说明情况并向上级转诊;育龄夫妻根据医师的医学意见可以自愿采取避孕、节育、不孕等相应的医学措施。

(三)产前诊断

产前诊断是指对胎儿进行先天性缺陷和遗传性疾病的诊断。医疗机构发现孕妇有下列情形之一的,应当对其进行产前诊断:(1)羊水过多或过少;(2)胎儿发育异常或胎儿有可疑畸形;(3)孕早期接触过多可能导致胎儿先天缺陷的物质;(4)有遗传病家族史或曾经分娩过先天性严重缺陷的婴儿;(5)初产妇年龄超过 35 周岁的。

育过严重遗传性疾病或严重缺陷患儿的,再次妊娠前,夫妻双方应当按照国家有关规定到医疗保健机构进行医学检查。医疗保健机构应当向当事人介绍有关遗传性疾病的知识,给予咨询指导。对确诊患有医学上认为不宜生育的严重遗传性疾病的,医师应当向当事人说明情况,并提出医学意见。

(四)终止妊娠

经产前检查和产前诊断,医师发现胎儿有下列严重缺陷或者孕妇患有严重疾病和严重遗传性疾病的,应当向夫妻双方说明情况,并提出采取终止妊娠措施的医学意见:(1)无脑畸形、脑积水、脊柱裂、脑脊膜膨出等;(2)内脏膨出或内脏外翻;(3)四肢短小畸形;(4)其他严重的胎儿畸形。需施行终止妊娠的,应当经本人同意,并签署意见;本人无行为能力的,应当经其监护人同意,并签署意见。根据《民法通则》规定,监护人包括配偶、父母、成年子女、其他近亲属;关系密切的其他亲属、朋友愿意承担监护责任,经精神病人的所在单位或者住所地的居民委员会、村民委员会同意的也可以担任监护人。没有上述人可以担任监护人的,由精神病人所在单位或者住所地的居民委员会、村民委员会或者民政部门担任监护人。依法实行终止妊娠或者结扎手术的,接受免费服务。

(五)新生儿出生医学证明

医疗保健机构和从事家庭接生的人员应当按照国务院卫生行政部门的规定,出具统一制发的新生儿出生医学证明。有产妇和婴儿死亡及新生儿出生缺陷的,应当向卫生行政部门报告。出生医学证明是新生儿申报户口的证明。

(六)严禁采用技术手段对胎儿进行性别鉴定

严禁采用技术手段对胎儿进行性别鉴定。对怀疑胎儿可能为伴性遗传病,需要进行性别鉴定的,由省级卫生行政部门指定的医疗保健机构按照国家卫健委的规定进行鉴定。

工作任务 3　认识母婴保健管理

由宁波天一阁发现的唐代的《医疾令》可以得知,当时的临床分科已有大小方脉科、疮肿科、伤折科、产科、眼科、口齿科、针科、灸科等 13 科之多。还有"细枝末节"的,如《医疾令》中还规定,妇女生产有专门经过培训的女医,即妇科医生,并规定要求年龄在 20～30 岁的女性担任。这在现存的其他唐代史料中是未见记载的。

一、医疗保健机构职责

医疗保健机构是指依据《母婴保健法》开展母婴保健业务的各级妇幼保健机构以及其他开展母婴保健技术服务的机构。

《母婴保健法》规定,医疗保健机构依法开展婚前医学检查、遗传病诊断、产前诊断以及施行结扎手术和终止妊娠手术的,必须符合国务院卫生行政部门规定的条件和技术标准,并经县级以上地方人民政府卫生行政部门许可。(1)医疗保健机构开展婚前医学检查,应当具备以下条件:分别设置专用的男、女婚前医学检查室,配备常规检查和专科检查设备;设置婚前生殖健康宣传教育室;具有符合条件的进行男、女婚前医学检查的医师,并经设区的市级以上卫生行政部门许可,取得《母婴保健技术服务执业许可证》。(2)医疗保健机构和其他开展母婴保健技术服务的机构开展助产技术服务、结扎手术和中止妊娠手术,必须经县级卫生行政部门许可,并取得相应的合格证书。(3)医疗保健机构开展遗传病诊断和产前诊断,不须经省级卫生行政部门许可,取得相应的合格证书。《母婴保健技术服务执业许可证》的有效期为 3 年,期满后继续开展母婴保健技术服务的,由原发证机关重新审核认可。

二、母婴保健工作人员职责

从事母婴保健工作的执业医师应当依照《母婴保健法》的规定取得相应的资格。在医疗保健机构从事母婴保健技术服务的人员以及从事家庭接生的人员,应当参加卫生行政部门组织的母婴保健法知识培训和业务培训,凡符合卫生行政部门规定的技术人员标准,经考核并取得卫生行政部门颁发的《母婴保健技术考核合格证》和《家庭接生技术合格证书》后方可从事母婴保健技术工作:(1)从事遗传病诊断和产前诊断的人员,须经省级人民政府卫生行政部门许可;(2)从事婚前医学检查的人员,须经设区的市级人民政府卫生行政部门许可;(3)从事助产技术服务、结扎手术和终止妊娠手术的人员以及从事家庭接生的人员,须经县级人民政府卫生行政部门许可。以上各许可证的有效期为 3 年,期满后继续开展母婴保健技术服务的,由原发证机关重新审核认可。

三、母婴保健工作管理机构及其职责

(一)国务院卫生行政部门及其职责

国家卫健委主管全国母婴保健工作,并对母婴保健工作实施监督管理。其主要职责是:执行《母婴保健法》及其实施办法;制定《母婴保健法》配套规章及技术规范,并负责解释;按照分级分类指导原则制定全国母婴保健工作发展规划和实施步骤;组织推广母婴保健适宜技术并进行评价;对母婴保健工作进行监督管理。

(二)县级以上卫生行政部门及其职责

县级以上人民政府卫生行政部门管理本行政区域内的母婴保健工作,并实施监督。其主要职责是:按照国务院卫生行政部门规定的条件和技术标准,对婚前医学检查、遗传病诊断、产前结扎手术和终止妊娠手术单位进行审批和注册;对从事婚前医学检查、遗传病诊断、产前诊断、结扎手术和终止妊娠手术的人员以及从事家庭接生的人员进行考核,并颁发相应

的证书;对《母婴保健法》及其实施办法的执行情况进行监督检查;依照《母婴保健法》及其实施办法进行行政处罚。

工作任务 4　认识计划生育法律

微课:计划生育

2001 年 12 月 29 日,第九届全国人民代表大会常务委员会第二十五次会议审议通过《中华人民共和国人口与计划生育法》(以下简称《人口与计划生育法》),自 2002 年 9 月 1 日起施行。这是我国立法史上的重要法律,它首次将我国推行二十多年之久的基本国策以法律的形式予以确认。

《人口与计划生育法》颁布后,1998 年 9 月 22 日国家计生委发布了修订后的经国务院批准的《流动人口计划生育工作管理办法》;2001 年 6 月 13 日发布了《计划生育技术服务管理条例》,并于 2004 年 12 月进行了修订;2002 年 8 月 2 日,国务院发布了《社会抚养费征收管理办法》。全国各省区市和军队先后完成了地方人口和计划生育条例的修订或制定工作。同时,国家计生委根据实际工作的需要,先后制定了《计划生育技术服务管理条例实施细则》《计划生育技术服务机构执业管理办法》《流动人口计划生育管理和服务工作若干规定》《关于禁止非医学需要的胎儿性别鉴定和选择性别的人工终止妊娠的规定》等规章;卫生部制定了《女性节育手术并发症诊断标准》《男性节育手术并发症诊断标准》等规章。上述法律、法规和规章的制定实施,使我国人口与计划生育工作逐步进入依法管理、依法行政的阶段。

近年来,我国人口结构性问题日渐突出。据统计,2012 年,我国劳动年龄人口开始减少,比上年减少 345 万人;2023 年以后,预计年均减少约 800 万人。劳动年龄人口减少,人口老龄化速度加快。2015 年 12 月 27 日,根据第十二届全国人民代表大会常务委员会第十八次会议《关于修改〈中华人民共和国人口与计划生育法〉的决定》修正《人口与计划生育法》第十八条为"国家提倡一对夫妻生育两个子女"。

案例讨论:男性公民生育权如何保护?

一、生育的权利和义务

(一)公民有生育的权利

公民有生育的权利,如表 4-1 所示。

表 4-1　生育权利的内容

权利类型	权利内容
依法生育	公民有权利选择生育与不生育,不生育不应当受到歧视。《人口与计划生育法》规定,禁止歧视、虐待生育女婴的妇女和不育的妇女,禁止歧视、虐待、遗弃女婴
实行计划生育男女平等的权利	应当促进和鼓励妇女和男子平等参与家庭责任的所有方面,包括计划生育、育儿等
获得计划生育、生殖健康信息的教育权利	计划生育技术服务机构和从事计划生育技术服务的医疗、保健机构应当在各自的职责范围内,针对育龄人群开展人口与计划生育基础知识宣传教育,对已婚育龄妇女开展孕情检查、随访服务工作,承担计划生育、生殖保健的咨询、指导和技术服务

续　表

权利类型	权利内容
获得避孕节育技术和生殖保健服务的权利	实行计划生育的育龄夫妻免费享受国家规定的基本项目的计划生育技术服务。计划生育技术服务人员指导实行计划生育的公民选择安全、有效、适宜的避孕措施
获得知情选择安全、有效、适宜的避孕节育措施服务的权利	国家创造条件,保障公民知情选择安全、有效、适宜的避孕节育措施。实施避孕节育手术,应当保证受术者的安全
获得法律、法规、规章规定的奖励优待、社会福利、社会保障、社会救助和平等发展的权利	国家对实行计划生育的夫妻,按照规定给予奖励。公民晚婚晚育,可以获得延长婚假、生育假的奖励或者其他福利待遇。妇女怀孕、生育和哺乳期间,按照国家有关规定享受特殊劳动保护并可以获得帮助和补偿。公民实行计划生育手术,享受国家规定的休假;地方人民政府可以给予奖励。自愿终身只生育一个子女的夫妻,国家发给《独生子女父母光荣证》。获得《独生子女父母光荣证》的夫妻,按照国家和省、自治区、直辖市有关规定享受独生子女父母奖励
获得法律救助的权利	独生子女发生意外伤残、死亡,其父母不再生育和收养子女的,地方人民政府应当给予必要的帮助。地方各级人民政府对农村实行计划生育的家庭发展经济,给予资金、技术、培训等方面的支持、优惠;对实行计划生育的贫困家庭,在扶贫贷款、以工代赈、扶贫项目和社会救济等方面给予优先照顾

(二)公民生育的义务

公民有生育的义务,如表 4-2 所示。

表 4-2　生育义务的内容

义务类型	义务内容
公民有依法实行计划生育的义务	我国《宪法》规定,夫妻双方有实行计划生育的义务。《人口与计划生育法》规定,国家稳定现行生育政策,鼓励公民晚婚晚育,提倡一对夫妻生育两个子女
夫妻双方在实行计划生育中负有共同的责任	《人口与计划生育法》规定,夫妻双方在实行计划生育中负有共同的责任。这说明在是否生育、何时生育、采取何种避孕方式等问题上,夫妻双方有相同的参与权、决定权,也有共同的责任
公民有自觉落实避孕节育措施,接受计划生育技术服务指导的义务	《人口与计划生育法》规定,育龄夫妻应当自觉落实计划生育避孕节育措施,接受计划生育技术服务指导,预防和减少非意愿妊娠
公民有协助政府开展人口与计划生育工作的义务	《人口与计划生育法》规定,工会、共产主义青年团、妇女联合会及计划生育协会等社会团体、企业事业组织和公民应当协助人民政府开展人口与计划生育工作
违反法律、法规规定条件生育子女的公民,有依法缴纳社会抚养费的义务	《人口与计划生育法》规定,违反现行计划生育政策的生育子女的公民,应当依法缴纳社会抚养费

二、计划生育技术服务

(一)计划生育技术服务原则

《计划生育技术管理条例》规定,计划生育技术服务实行国家指导和个人自愿相结合的原则。主要包括以下内容:

（1）公民享有避孕方法的知情选择权。国家保障公民获得适宜的计划生育技术服务的权利。

（2）国家向农村实行计划生育的育龄夫妻免费提供避孕、节育技术服务，所需经费由地方财政予以保障，中央财政对西部困难地区给予适当补助。

（3）计划生育技术服务网络由计划生育技术服务机构和从事计划生育技术服务的医疗、保健机构组成，并纳入区域卫生规划。

（4）国家依靠科技进步提高计划生育技术服务质量，鼓励研究、开发、引进和推广计划生育新技术、新药具。

（二）计划生育技术服务内容

计划生育技术服务包括计划生育技术指导、咨询以及与计划生育有关的临床医疗服务。

（1）计划生育技术指导、咨询。具体包括：①生殖健康科普宣传、教育、咨询；②提供避孕药具及相关的指导、咨询、随访；③对已经施行避孕、节育手术和输卵（精）管复通手术的，提供相关的咨询、随访。

（2）临床医疗服务。县级以上城市从事计划生育技术服务的机构可以在批准的范围内开展的与计划生育有关的临床医疗服务有：①避孕和节育的医学检查；②计划生育手术并发症和计划生育药具不良反应的诊断、治疗；③施行避孕、节育手术和输卵（精）管复通手术；④开展围绕生育、节育、不育的其他生殖保健项目。具体项目由国务院计划生育行政部门、卫生行政部门共同规定。

乡级计划生育技术服务机构可以在批准的范围内开展的计划生育技术服务项目有：①放置宫内节育器；②取出宫内节育器；③输卵（精）管结扎术；④早期人工终止妊娠术。

乡级计划生育技术服务机构开展上述全部或者部分项目的，应当依照《计划生育技术服务管理条例》的规定，向所在地设区的市级人民政府计划生育行政部门提出申请。设区的市级人民政府计划生育行政部门应当根据其申请的项目，进行逐项审查。对符合规定条件的，应当予以批准，并在其执业许可证上注明获准开展的项目。

（3）计划生育技术服务的质量控制。计划生育技术服务的质量控制主要包括：①向公民提供的计划生育技术服务和药具应当安全、有效，符合国家规定的质量技术标准；②从事计划生育技术服务的机构施行避孕、节育手术、特殊检查或者特殊治疗时，应当征得受术者本人同意，并保证受术者的安全；③任何机构和个人不得进行非医学需要的胎儿性别鉴定或者选择性别的人工终止妊娠；④个体医疗机构不得从事计划生育手术。

3. 计划生育技术服务机构及其人员

（1）计划生育技术服务机构。从事计划生育技术服务机构包括计划生育技术服务机构和从事计划生育技术服务的医疗、保健机构。从事计划生育技术服务的机构应当按照批准的业务范围和服务项目执业，并遵守有关法律、行政法规和国务院卫生行政部门制定的医疗技术常规和抢救与转诊制度。从事计划生育技术服务的机构的执业许可证明文件每三年由原批准机关校验一次。该执业许可证明文件不得买卖、出借、出租，不得涂改、伪造。

（2）计划生育技术服务人员。计划生育技术服务人员必须按照批准的服务范围、服务项目、手术术种从事计划生育技术服务，遵守与执业有关的法律、法规、规章、技术常规、职业道德规范和管理制度。计划生育技术服务人员中依据《计划生育技术服务管理条例》的规定从事与计划生育有关的临床服务人员，应当依照《执业医师法》和《护士条例》等规定，分别取得执业医师、执业助理医师、乡村医生或者护士的资格，并在依照《计划生育技术管理条例》设立的机构中执业。在计划生育技术服务机构执业的执业医师和执业助理医师应当依照《执业医师法》的规定向所在地县级以上地方人民政府卫生行政部门申请注册。

三、流动人口计划生育工作管理

为了加强流动人口计划生育管理工作，维护流动人口的合法权益，有效地控制人口增长，经国务院批准，并授权国家计划生育委员会发布了《流动人口计划生育管理办法》，自1999年1月1日起施行。

（一）管理对象

流动人口管理对象为现居住地不是户籍所在地，异地从事务工、经商等活动或者以生育为目的异地居住，可能生育子女的已婚育龄人员。但是，两种情形除外：

1. 因出差、就医、上学、旅游、探亲、访友等事由异地居住、预期将返回户籍所在地居住的人员；

2. 在直辖市、设区的市行政区域内区与区之间异地居住的人员。

（二）管理机构

流动人口的计划生育工作由其户籍所在地和现居住地的人民政府共同负责管理，以现居住地为主。根据《流动人口计划生育工作管理办法》规定，流动人口现居住地的地方人民政府负责对流动人口计划生育工作的日常管理，并将流动人口计划生育工作纳入当地计划生育管理。

（三）婚育证明的办理

成年流动人口在离开户籍所在地前，应当凭合法的婚姻、身份证件，到当地县级人民政府计划生育行政管理部门或者乡（镇）人民政府、街道办事处办理婚育证明。成年流动人口到现居住地后，应当向现居住地的乡（镇）人民政府或者街道办事处交验婚育证明。现居住地的乡（镇）人民政府或者街道办事处查验婚育证明后，应当依照《流动人口计划生育工作管理办法》的规定，对已婚育龄流动人口予以登记，并告知其接受当地乡（镇）人民政府或者街道办事处的管理；婚育证明不完备的，应当要求补办。

（四）避孕节育措施

国家创造条件，保障公民知情选择安全、有效、适宜的避孕节育措施。育龄夫妻应当自觉落实计划生育避孕节育措施，接受计划生育技术服务指导。流动人口现居住地的乡（镇）人民政府或者街道办事处应当向其中的已婚育龄流动人口进行人口与计划生育宣传，并组织有关单位向育龄夫妻提供避孕节育措施服务。已婚育龄流动人口户籍所在地的乡（镇）人民政府或者街道办事处在了解已婚育龄流动人口避孕节育情况后，不得再要求其回户籍所在地接受避孕节育情况检查。

（五）获得的计划生育服务和奖励、优待

流动人口在现居住地享受的计划生育服务和奖励、优待有：免费参加有关人口与计划生育法律知识和生殖健康知识普及活动；依法免费获得避孕药具，免费享受国家规定的其他基本项目的计划生育技术服务；晚婚晚育或者在现居住地施行计划生育手术的，按照现居住地省、自治区、直辖市或者较大的市的规定，享受休假等；实行计划生育的，按照流动人口现居住地省、自治区、直辖市或者较大的市的规定,在生产经营等方面获得支持、优惠,在社会救济等方面享受优先照顾。

(六)综合管理原则

地方各级人民政府统一领导本行政区域内流动人口计划生育管理工作,组织、协调有关部门对流动人口计划生育工作实行综合管理并提供必要的保障。国务院计划生育行政管理部门负责全国的流动人口计划生育管理工作。县级以上地方各级人民政府计划生育行政管理部门负责本行政区域内流动人口计划生育管理工作。县级以上人民政府公安、工商行政管理、劳动就业、卫生、房产管理等行政部门应当配合同级计划生育行政管理部门,在各自的职责范围内做好流动人口计划生育管理和服务工作。

延伸阅读:

出生人口性别比和计划生育工作

出生人口性别比是指一段时期(通常为一年)内出生的活产男婴总数与女婴总数的比值,通常用每 100 名女婴相对应的男婴数表示,它是统筹解决人口问题的一项极为重要的指标。1955 年联合国在其出版的《用于总体估计的基本数据质量鉴定办法》中,曾认定出生人口性别比的通常值域为 102～107,这一值域是在观察与分析全世界多数国家和地区的大量历史数据的基础上归纳得出的,在不同的人群中具有高度的稳定性,超过或者低于出生人口性别比的界定值域就被视为异常,尤其是男孩的偏好在无人为干扰的状态下,不会导致总体出生人口性别比产生异常变动。自 20 世纪 80 年代中期以来,随着 B 超设备的普及,我国出生人口性别比开始持续偏高,并呈蔓延之势。1982 年第三次全国人口普查为 108,1990 年第四次全国人口普查为 111,2000 年第五次全国人口普查已达到 117,2009 年国家统计局发布的出生人口性别比为 119.45,远高于国际警戒线。出生地人口性别比持续升高将产生严重的社会后果,已由人口问题逐渐演化成了严峻的社会问题。

[拓展练习]

1.参与调查:你婚后打算生育几个子女? 为什么?

2.参与讨论:你觉得取消强制婚检的利大于弊还是弊大于利? 为什么?

微课:优生优育

(姚昱 米岚)

项目三　血液管理法律规定

[学习目标]
1. 能够熟练分析无偿献血的法律界定;
2. 能够清楚分析临床用血、血站管理和血液制品管理的法律规定;
3. 能够简单分析违反相关血液管理规定的法律责任。

工作任务 1　认识血液管理法律

献血活动在世界经历了一个有偿到无偿的过程。1946 年,红十字会与红新月会首先倡导无偿献血。1948 年召开的第 17 次红十字会国际委员会议明确提出医疗用血应该来自无偿献血者,而患者也应该是无偿地使用血液,即采用无偿献血、免费输血的原则。1975 年,第 28 届世界卫生年会要求成员国在自愿无偿献血的基础上促进各国血液服务的发展,并颁布有效的法律指导规范本国工作。1981 年马尼拉第 24 届国际红十字会法学会通过了《献血与输血的道德规范》,明确指出,血液的捐献在任何情况下都必须是自愿的,不允许给献血者任何压力,不得给献血者以任何的经济好处,要始终鼓励自愿无偿献血,要时刻关心献血者的健康和安全,只有这样,才能保证受血者得到有效的治疗。

一、血液立法情况

献血法是调整保证临床用血需要和安全,保障献血者和用血者身体健康活动中产生的各种社会关系的法律规范的总称。我国的无偿献血制度始于 20 世纪 70 年代后期,但由于历史原因发展缓慢。为了规范公民献血工作,1978 年,国务院批转了卫生部《关于加强输血工作的请示

知识链接:《中华人民共和国献血法》全文

报告》,1996 年,国务院发布了《血液制品管理条例》;卫生部相继颁发了《全国血站工作条例》《关于加强输血工作管理的若干规定》《采血机构和血液管理办法》以及《血站基本标准》等,一些省、自治区、直辖市也制定了地方性法规或规章。1997 年 12 月 29 日,八届全国人大常委会第二十九次会议通过了《中华人民共和国献血法》(以下简称《献血法》),自 1998 年 10 月 1 日起施行。1998 年 9 月,卫生部根据献血法发布了《血站管理办法(暂行)》《医疗机构临床用血管理办法(试行)》《临床输血技术规范》等规章。1999 年,卫生部、中国红十字会总会颁布了《全国无偿献血表彰奖励办法》。《献血法》和配套法规的颁布实施,标志着我国血液管理进入到一个崭新的阶段。2002 年,卫生部开始按照世界卫生组织安全血液和血液制品四项方针,即国家血液工作的要点是要建立组织完善的、国家协调的输血服务机构;要从来自低风险人群的定期、自愿无偿的献血者采集血液;对所有采集血液进行输血传播性疾病检测、血液定型和配合性试验;血液在临床的合理使用,深入实施采供血机构全面质量管理项

目,加强血站实验室建设和临床用血管理,确保血液安全。

二、无偿献血的法律规定

(一)无偿献血的对象

《献血法》规定,提倡 18 周岁至 55 周岁的健康公民自愿献血。提倡个人、家庭、亲友、单位及社会互助献血。鼓励国家工作人员、现役军人和高等学校在校学生率先献血,为树立社会新风尚做表率。

(二)无偿献血工作的组织与管理

无偿献血制度的推行是一项长期的工程,是社会的移风易俗,需要全社会的共同努力。《献血法》规定,地方各级人民政府领导本行政区域内的献血工作,统一规划并负责组织、协调有关部门共同做好献血工作。县级以上各级人民政府卫生行政部门监督管理献血工作,各级卫生行政部门要严格执行政策法规,建立监督制约机制,加大实施力度,狠抓血源管理,杜绝医疗单位私自采血和血液采供中的买卖行为,并配合公安部门对扰乱供血秩序的非法采供血行为予以坚决打击。

各级红十字会依法参与、推动献血工作。各级人民政府采取措施广泛宣传献血的意义,普及献血的科学知识,开展预防和控制经血液途径传播的疾病的教育。

新闻媒介应当开展献血的社会公益性宣传,向群众广泛宣传无偿献血的意义,营造舆论声势,通过各种形式,动员社会各界力量,进一步加强和促进广大人民对无偿献血的认识,提高全民的参与意识。

国家机关、军队、社会团体、企业事业组织、居民委员会、村民委员会,应当动员和组织本单位或者本居住区的适龄公民参加献血。

(三)采血与供血

血站是采集、提供临床用血的机构,是不以营利为目的的公益性组织。设立血站向公民采集血液,必须经国务院卫生行政部门或者省、自治区、直辖市人民政府卫生行政部门批准。血站应当为献血者提供各种安全、卫生、便利的条件。血站的设立条件和管理办法由国务院卫生行政部门制定。

血站对献血者必须免费进行必要的健康检查;身体状况不符合献血条件的,血站应当向其说明情况,不得采集血液。献血者的身体健康条件由国务院卫生行政部门规定。血站对献血者每次采集血液量一般为两百毫升,最多不得超过四百毫升,两次采集间隔期不少于六个月。严格禁止血站违反规定对献血者超量、频繁采集血液。

血站采集血液必须严格遵守有关操作规程和制度,采血必须由具有采血资格的医务人员进行,一次性采血器材用后必须销毁,确保献血者的身体健康。

血站应当根据国务院卫生行政部门制定的标准,保证血液质量。血站对采集的血液必须进行检测;未经检测或者检测不合格的血液,不得向医疗机构提供。

工作任务 2　认识血液管理

2004 年 4 月初,王某因上消化道出血需要输血。输血前,医院对王某进行血液全套检查并采血送检，化验结果显示，血清梅毒抗体（TPHA）为阴性。此后，医院把5人所献的A型血经配血后输给了王某。2005年4月3日，王某出院，同月24日重新入住该医院。2005年12月，王某需要再次输血，输血前被告知，他的血清梅毒螺旋抗体（ELISE）为阳性。后经复查，其梅毒抗体仍旧为阳性。

案例精选：无过错输血感染疾病的后果分析

为此，王某的妻子金某曾多次与医院交涉，要求澄清事实真相。医院调查后于2006年2月21日做出一份书面分析意见，认为"该病人是以前就有梅毒感染或接触可能，并非成分输血所致"。王某和妻子不同意此意见，将医院告上法庭。

法院审理后认为，在本案一审举证期间，医院没有提供相关证据，可直接推定是医院的输血不当行为导致王某血液中梅毒抗体呈阳性，应当承担损害赔偿责任。根据有关法律规定，法院判决医院向王某夫妇书面赔礼道歉，并赔偿王某夫妇精神损害抚慰金6万元。

一、临床用血实行无偿献血制度

根据目前我国血液管理工作的法律法规规定，将血液分为医疗临床用血和血液制品生产用血两部分，分别进行管理。医疗临床用血根据献血法的规定，实行无偿献血制度。

血液是指用于临床的全血、成分血。无偿献血的血液必须用于临床，不得买卖。献血者无偿提供临床用血，这种行为是发扬人道主义精神、救死扶伤的高尚行为，而不是具有买卖关系的经济行为，在无偿献血的整个过程中，不允许任何单位和个人利用公民无偿捐献的血液谋取私利。在献血法实施后，随着科学合理用血、成分输血的推行，可能会有部分血液成分剩余，但是血站、医疗机构都不得将无偿献血的血液出售给单采血浆或者血液制品生产单位。

二、临床用血的包装、储存、运输

临床用血的包装、储存、运输，必须符合国家规定的卫生标准和要求。如血袋的包装未标明采血日期或有效期就将影响临床使用的疗效，严重时可能将直接导致患者死亡。所以对于临床用血的包装、储存、运输等方面必须严格要求，以保证临床用血的质量以及输血者的身体安全。卫生部发布的《采供血机构和血液管理办法》及《血站基本标准》对临床用血的包装、储存做了明确规定，采供血机构采集血液必须使用有生产单位名称和批准文号的采血器材，发出的血液必须标有供血者姓名、血型、品种、采血日期、有效期、采供血机构的名称及其许可证号。新鲜冰冻血浆贮存温度在−20℃以下，冰冻红细胞在−70℃以下，血小板贮存温度为20～24℃。

三、临床用血的核查

医疗机构对临床用血必须进行核查，不得将不符合国家规定的血液用于临床。无偿献血应用于临床，以挽救患者的生命，从而维护其健康。建立医疗机构临床用血核查制度是确保用血者身体健康，预防和控制经血液途径传播疾病的重要环节。根据献血法的相关规定，血液质量的检测是由血站来完成的，医疗机构对血站提供的血液不再进行检测，但必须进行核查，核查的主要内容应包括：

1.确认病人的资料,包括病人姓名、住院号、病房病床号等,可通过询问病人或病人亲属的方式进行确认。确认病人的资料还包括核对病历、核对血型配型标签以及定血单,以确认血液(血液成分)的血型和病人是否相符。

2.核查血液(血液成分)外包装上国家规定内容,核对血液的有效期限。

3.核对后应在病人病历中记录输血日期、输血时间、输注的血液(血液成分)的单位数、输注的血液(血液成分)的编号,以备查对。

4.在病人病历上签字。

经过核查,如果有不符合上述内容要求的血液,医疗机构的医务人员不能把该血液用于病人。

医疗机构临床用血应当制定用血计划,遵循合理、科学的原则,不得浪费和滥用血液。为了最大限度地发挥血液的功效,献血法建议根据国际上惯用的做法,即采取成分输血,也就是首先将采集的血液进行分离,分别储存,然后针对不同患者的不同需要输入血液的不同成分。为了能够更加合理、科学地利用血液资源,国家鼓励医疗机构、科研单位深入研究新技术的开发和应用。

公民临床用血时须交付用于血液的采集、储存、分离、检验等费用,这主要是指公民临床需要用血的费用,是血液从采集到提供临床用血的一切消耗成本费用,由需要用血的人支付。该费用的制订由各地卫生行政部门和物价部门共同负责。无偿献血者临床需要用血时,则可以免交上述费用,主要是指已履行无偿献血义务的公民本人临床需要用血时,不需要支付血液采集、储存、分离、检验等费用,凭本人的"无偿献血证"在医疗机构用血,免交费用程序由各个地方根据实际情况具体规定。另外,献血法还规定了无偿献血者的配偶和直系亲属临床需要用血时,可以按照省自治区、直辖市的规定免除或减少上述所规定的费用。

由于血液从采集、检验、分离、储存、运输到使用需要一定的时间,根据血液自身的特性,医疗机构对其进行存储也是有限的。为了保障公民临床急救用血的需要,国家提倡并指导择期手术的患者自身储血,动员家庭、亲友、所在单位以及社会互助献血。所谓自身储血主要是针对可以择期手术的患者而言的,这种患者在手术前先将自己的血液提前抽取出储存起来,待手术时将自己提前献出的血液再输回给自己,这样既有利于身体的恢复,又可以保证用血的安全。动员互助献血,可以增进亲友、同事相互之间的感情,但要严格禁止个体卖血者利用动员家庭、亲友、所在单位以及社会互助献血进行血液买卖。

另外,为了保证应急用血,医疗机构可以临时采集血液,其出发点必须是患者的生命健康,具体地说,医疗机构应急用血须采血时应当符合下列情况:

1.边远地区的医疗机构和所在地无血站(或中心血库);

2.危及病人生命体征,急需输血,而其他治疗措施不能替代;

3.必须严格做好血液质量检测工作,确保血液质量。

如果因为没有遵守严格的操作规程和制度,造成患者的相应人身损害,医疗机构也应承担相应的责任。

工作任务 3　认识违反《献血法》的法律责任

1999 年 9 月 17 日,孕妇水某在某县中医院剖腹产分娩,该院在没有上岗资质的妇产科医生的情况下找来外科医生倪某手术,倪某在手术中失误造成水某的子宫切口延撕约2厘米,血管破裂。由于失血过多,院方进行输血,但检验医生把水某本为 AB 型的血型又检验成 A 型,输入了 A 型血 600 毫升。水某情况十分危险,后又转入到该县人民医院急救,但该县人民医院的验血化验结果完全不同,未引起在场所有包括县中医院的医生的注意,临床医生又给开了 400 毫升的 B 型血,当时水某两条腿上分别输着 A 型和 B 型两种血。最终水某死去。法医鉴定为溶血性休克死亡。

有下列行为之一的,由县级以上地方人民政府卫生行政部门予以取缔,没收违法所得,可以并处十万元以下的罚款;构成犯罪的,依法追究刑事责任:(1)非法采集血液的;(2)血站、医疗机构出售无偿献血的血液的;(3)非法组织他人出卖血液的。

血站违反有关操作规程和制度采集血液,由县级以上地方人民政府卫生行政部门责令改正;给献血者健康造成损害的,应当依法赔偿,对直接负责的主管人员和其他直接责任人员,依法给予行政处分;构成犯罪的,依法追究刑事责任。

临床用血的包装、储存、运输,不符合国家规定的卫生标准和要求的,由县级以上地方人民政府卫生行政部门责令改正,给予警告,可以并处一万元以下的罚款。血站违反《献血法》的规定,向医疗机构提供不符合国家规定标准的血液的,由县级以上人民政府卫生行政部门责令改正;情节严重,造成经血液途径传播的疾病传播或者有严重传播危险的,限期整顿,对直接负责的主管人员和其他直接责任人员,依法给予行政处分;构成犯罪的,依法追究刑事责任。

医疗机构的医务人员违反《献血法》规定,将不符合国家规定标准的血液用于患者的,由县级以上地方人民政府卫生行政部门责令改正;给患者健康造成损害的,应当依法赔偿,对直接负责的主管人员和其他直接责任人员,依法给予行政处分;构成犯罪的,依法追究刑事责任。卫生行政部门及其工作人员在献血、用血的监督管理工作中,玩忽职守,造成严重后果,构成犯罪的,依法追究刑事责任;尚不构成犯罪的,依法给予行政处分。

[拓展练习]

结合《医疗事故处理条例》,谈谈你对"无过错输血感染疾病不属于医疗事故"的认识。

(姚昱 米岚)

项目四　职业病防治法律规定

[学习目标]

1. 能够熟练分析职业病的法律界定；
2. 能够清楚分析劳动者的职业卫生权利；
3. 能够简单分析职业病诊断与职业病病人的待遇以及违反职业病防治法的法律责任。

工作任务 1　认识职业病防治立法

2008 年,在江苏某地工业区一家生产手机液晶显示屏的企业中,一名工人在操作时,由于吸入了大量含稀有金属"铟"的粉尘,从而导致肺部被大量像牛奶一样乳白色的液体填满,患者呼吸困难生命垂危。南京市鼓楼医院为他每月进行一次全肺灌洗治疗,来维持他的生命。专家表示,这是国内首例"铟"引发的职业病。由于"铟"是制作液晶显示器和发光二极管的主要原料,目前江苏有大量的电子制造企业,由此出现的新型职业病值得高度关注。

一、职业病防治立法情况

职业病防治法是调整预防、控制和消除职业危害,防止职业病,保护劳动者健康,促进经济发展活动中所产生的各种社会关系的法律规范的总称。

知识链接:《中华人民共和国职业病防治法》全文

为保障劳动者的职业健康,促进国民经济持续发展,2001 年 10 月 27 日,《中华人民共和国职业病防治法》(以下简称《职业病防治法》)经第九届全国人民代表大会常务委员会第二十四次会议审议通过,并于 2002 年 5 月 1 日正式实施。此外,有关部门还发布了与《职业病防治法》相配套的规章和规范性文件,主要有《国家职业卫生标准管理办法》《职业病危害项目申报管理办法》《建设项目职业病危害分类管理办法》《职业健康监护管理办法》《职业病诊断与鉴定管理办法》《职业病危害事故调查处理办法》《职业病分类目录》《职业病危害因素分类目录》和《建设项目职业病危害评价规范》等。

二、职业病的概念

职业病的概念在学术上与法律上有一定的区别。学术上一般认为,职业病是在生产环境和劳动过程中,职业性有害因素(如有毒化学物、生产性粉尘、有害物理因素或生物因素等等)直接作用于人体,损害人体健康所引起的各种疾病。

法律上职业病的概念一般是指由国家确认并经法定程序公布的职业病。许多国家采取由国家向社会公布职业病目录的方式确定职业病范围,列入该范围的职业病,通常被称为法定职业病。我国《职业病防治法》规定"职业病是指企业、事业单位和个体经济组织(以下统称用人单位)的劳动者在工作或者其他职业活动中,因接触粉尘、放射线和有毒、有害物质等职业危害因素而引起的疾病"。"职业病的分类和目录由国务院卫生行政部门会同国务院劳动保障行政部门规定、调整并公布。"这就说明,职业性疾病必须满足一定的条件,达到一定程度,并且必须是国家公布的职业病名单上的疾病,才是法定职业病的范畴,受《职业病防治法》的调整。根据 2002 年 4 月 28 日卫生部会同劳动保障部发布的职业病目录,我国现有职业病共计 10 类 115 种。

工作任务 2 认识职业病的预防

据卫生部统计,2009 年全国新发各类职业病 18128 例,其中尘肺病仍是我国最严重的职业病,共报告新病例 14495 例,此外,我国的职业病新发病例数是从覆盖率仅达 10% 左右的健康监护中发现的,因此实际病例远远高于报告数字。每年因职业病危害造成的直接经济损失高达千亿元。专家提醒建材、水电、煤炭、化工、冶金作业是职业病高发行业。有疾控中心的专家建议,用人单位必须采取有效的职业病防护措施,对产生严重职业病危害的作业岗位应当在醒目位置设置警示标志,对接触职业危害作业的劳动者进行定期职业性健康检查,对调离职业危害作业岗位的劳动者进行离岗职业性健康检查;对退休前已被列入职业病观察对象的劳动者进行定期职业性健康检查。

一、职业病的前期预防

防治职业病关键在于前期预防,不少职业病目前尚无有效根治办法,但是可以通过预防来解决。因此,控制职业病必须从源头抓起。《职业病防治法》规定了建设项目预评价制度、职业病危害项目申报制度、"三同时"审查制度。这三个方面都是以预防为主方针的具体体现,力求

视频精选:职业的创伤

把预防控制措施提前到建设项目的论证、设计、施工阶段,从根本上消除有害因素对劳动者的危害。

(一) 工作场所应符合的职业卫生条件

《职业病防治法》第十三条规定,产生职业病危害的用人单位的设立除应当符合法律、行政法规规定的设立条件外,其工作场所还应当符合下列职业卫生要求:

1. 职业病危害因素的强度或者浓度符合国家职业卫生标准;

2. 有与职业病危害防护相适应的设施;

3. 生产布局合理,符合有害与无害作业分开的原则;

4. 有配套的更衣间、洗浴间、孕妇休息间等卫生设施;

5. 设备、工具、用具等设施符合保护劳动者生理、心理健康的要求;

6. 法律、行政法规和国务院卫生行政部门关于保护劳动者健康的其他要求。

同时,卫生部修订了工业企业设计卫生标准和工作场所有害因素职业接触限值。修订后的工业企业设计卫生标准适用于工业企业建设项目(新建、扩建、改建和技术改造、技术引进项目)的职业卫生设计及评价。

新修订的工业企业卫生标准进一步强化了基本卫生条件方面的设计要求,详细规定了工业企业的选址与整体布局、防尘与防毒、防暑与防寒、防噪声与振动、防非电离辐射及电离

辐射、辅助用室等方面的设计卫生要求，以保证工业企业的设计符合保护劳动者健康、预防职业病的要求。这些规定具体要通过卫生行政部门建立申报制度、职业病危害预测评价审核制度等来落实。

（二）职业病危害项目申报制度

《职业病防治法》第14条规定：在卫生行政部门中建立职业病危害项目的申报制度；用人单位设有依法公布的职业病目录所列职业病的危害项目的，应当及时、如实向卫生行政部门申报，接受监督；职业病危害项目申报的具体办法由国务院卫生行政部门制定。

（三）职业病危害预评价制度

职业病危害预评价制度由适用范围、预评价报告、"三同时"制度、防护设施的设计和验收、职业病危害预评价和控制效果评价的法定机构等方面构成。

1.适用范围。新建、扩建、改建建设项目和技术改造、技术引进项目（以下统称建设项目）可能产生职业病危害的，建设单位在可行性论证阶段应当向卫生行政部门提交职业病危害预评价报告。卫生行政部门应当自收到职业病危害预评价报告之日起30日内，做出审核决定并书面通知建设单位。未提交预评价报告或者预评价报告未经卫生行政部门审核同意的，有关部门不得批准该建设项目。

2.预评价报告内容。《职业病防治法》规定，职业病危害预评价报告应当对建设项目可能产生的职业病危害因素及其对工作场所和劳动者健康的影响做出评价，确定危害类别和职业病防治措施。有关建设项目职业病危害分类目录和分类管理办法由国务院卫生行政部门制定。

3.实行"三同时"制度。《职业病防治法》规定，建设项目的职业病防护设施应当与主体工程同时设计、同时施工、同时投入生产和使用；所需投入的费用应当纳入建设项目的工程预算。这里所指的职业病防护设施的建设、"三同时"的步骤、费用的列支，都是法定的，带有强制性，防止只重视主体工程而忽视职业病防护设施的片面认识和做法，是实现对职业病预防为主方针的重要保证措施。

4.防护设施的设计和验收。职业病防治法规定，职业病危害严重的建设项目的防护设施设计，应当经卫生行政部门进行审查，符合国家职业卫生标准和卫生要求的，方可施工；建设项目在竣工验收前，建设单位应当进行职业病危害控制效果评价；建设项目竣工验收时，其职业病防护设施经卫生行政部门验收合格后，方可投入正式生产和使用。

5.职业病危害预评价和控制效果评价的法定机构。《职业病防治法》规定，职业病危害的预评价和控制效果评价由依法设立的取得省级以上人民政府卫生行政部门资质认证的职业卫生技术服务机构进行。按照这项规定，由卫生行政部门依法认证的职业卫生技术服务机构是上述两项评价的法定机构，这些机构在技术上、人员素质上、担负责任的能力上都应当是合乎要求的，必须有一支高水平的专业人员队伍，才能符合职业病防治的立法要求。

二、劳动过程的职业病防护

（一）职业病防治管理措施

用人单位防治职业病的管理措施是指用人单位在建立现代企业制度，加强企业内部的职业卫生管理方面应当采取的管理手段和方法。其主要内容有组织管理、计划管理、制度管理、档案管理、事故管理、责任管理等六项基本制度。

（二）工作环境和工作场所的防护

1.用人单位在醒目位置设置公告栏，公布职业病防治的规章制度、操作规程、职业病危害事故应急救援措施和工作场所职业危害因素检测结果。

2.对产生严重职业病危害的作业岗位，应当在其醒目位置设置警示标识和中文警示说明，警示说明应当载明产生职业病危害的种类、后果、预防以及应急救治措施等内容。

3.可能发生急性职业损伤的有毒、有害工作场所，用人单位应当设置报警装置，配置现场急救用品、冲洗设备、应急撤离通道和必要的泄险区。

4.对放射工作场所和放射性同位素的运输、贮存，用人单位必须配置防护设备和报警装置，保证接触放射线的工作人员佩戴个人剂量计。

5.用人单位应当定期对工作场所进行职业危害因素检测、评价；检测、评价结果存入本单位的职业卫生档案，定期向所在地卫生行政部门报告并向劳动者公布。

（三）生产设备的防护

1.用人单位应当优先采用有利于防治职业病和保护劳动者健康的新技术、新工艺、新材料，逐步替代职业病危害严重的技术、工艺、材料。

2.向用人单位提供可能产生危害的设备的，应当提供中文说明书，并在设备的醒目位置设置警示标识和中文警示说明。警示说明应当载明设备性能、可能产生的职业病危害、操作安全和维护注意事项、职业病防护以及应急救治措施等内容。

3.向用人单位提供可能产生职业病危害的化学品、放射性同位素和含有放射性物质的材料的，应提供中文说明书。说明书应当载明产品特性、主要成分、存在的有害因素、可能产生的危害结果、安全使用注意事项、职业病防护以及应急救治措施等内容；产品包装应当有醒目的警示标识。国内首次使用或者首次进口与职业病危害有关的化学材料，使用单位或者进口单位按照国家规定经国务院有关部门批准后，应当向国务院卫生行政部门报送该化学材料的毒性鉴定以及有关部门登记注册或者批准进口的文件等资料；进口放射性同位素、放射装置和含有放射性物质的物品的，按照国家有关规定办理。

4.任何单位和个人不得生产、经营、进口和使用国家明令禁止使用的可能产生职业病危害的设备或者材料。

5.用人单位对采用的技术、工艺、材料，应当知悉其产生的职业病危害，对有职业病危害的技术、工艺、材料隐瞒其危害而采用的，对所造成的职业病危害后果承担责任。

（四）个人防护

1.用人单位必须采用有效的职业病防护设备，并为劳动者提供个人使用的职业病防护用品。

2.用人单位为劳动者个人提供的职业病防护用品必须符合防治职业病的要求；不符合要求的，不得使用。

3.对职业病防护设备、应急救援设施和个人使用的职业病防护用品，用人单位应当进行经常性的维护、检修，定期检测其性能和效果。

工作任务 3 认识劳动者的职业卫生权利

"早知道得这种病,给多少钱也不去打这份工了。"来自贵州的何林(化名)悔恨地说。几年前,为了给家里盖房子,何林到广东一家玻璃厂做切割工,在粉尘弥漫的车间里一天工作十几个小时,一干 3 年。2006 年 6 月,何林感到胸闷、咳嗽、乏力,又强撑了 3 个月,不得不辞职回家。2006 年底,何林去医院检查,得出了"硅肺病晚期"诊断结果。

《职业病防治法》明确规定了劳动者在就业过程中的各项权利,包括知情权、培训权、拒绝冒险权、职业健康权、特殊保障权、参与决策权、检举、控告权、损害赔偿权。

一、知情权

为了预防和制止劳动者因"不知情"而遭受职业病侵扰的不公正现象,《职业病防治法》规定劳动者有权知悉自己所处工作环境的好坏程度和危险性,并有权根据所了解到的实际情况及依据自己的真实意愿,自由做出是否在该环境下劳动的决定。

1. 劳动者有权在与用人单位订立劳动合同(含聘用合同,下同)时,了解工作过程中可能产生的职业病危害及其后果、职业病防护措施和待遇,并在劳动合同中与用人单位明确签订。用人单位不得隐瞒或者欺骗。

2. 劳动者在已订立劳动合同期间因工作岗位或者工作内容变更,从事与所订立劳动合同中未告知的存在职业病危害的作业时,用人单位应当依照第一条规定,向劳动者履行如实告知的义务,并协商变更原劳动合同相关条款。

3. 用人单位违反第 1、2 条规定的,劳动者有权拒绝从事存在职业病危害的作业,用人单位不得因此解除或者终止与劳动者所订立的劳动合同。

4. 从事接触职业病危害的作业的劳动者,有权要求用人单位按照国务院卫生行政部门组织上岗前、在岗期间和离岗时的职业健康检查,并将检查结果如实告知劳动者。

5. 劳动者有权了解工作场所产生或者可能产生的职业病危害因素、危害后果和应当采取的职业病防护措施。

二、培训权

劳动者有权获得职业卫生教育、培训。用人单位应当对劳动者进行上岗前的职业卫生培训和在岗期间的定期职业卫生培训,普及职业卫生知识,督促劳动者遵守职业病防治法律、法规、规章和操作规程,指导劳动者正确使用职业病防护设备和个人使用的职业病防护用品。

1. 单位的负责人应当接受职业卫生培训,遵守职业病防治法律、法规,依法组织本单位的职业病防治工作,这是对负责人、管理人员的要求。必须规范他们的行为,增强他们防治职业病的观念,尤其是守法意识。

2. 对用人单位的要求:规定用人单位应当对劳动者进行上岗前的职业卫生培训和在岗期间的定期职业卫生培训,普及职业卫生知识,督促劳动者遵守职业病防治的法律、法规、规章和操作规程,指导劳动者正确使用职业病防护设备和个人使用的职业病防护用品。

3. 对劳动者的要求:劳动者也有应当主动履行的法定义务,即劳动者应当学习和掌握相关的职业卫生知识,遵守职业病防治法律、法规,规章和操作规程,正确使用、维护职业病防护设施和个人使用的职业病防护用品,发现职业病危害事故应当及时报告。

三、拒绝冒险权

拒绝冒险权指的是劳动者有权拒绝在没有职业病防护措施下从事职业危害作业,有权拒绝违章指挥和强令的冒险作业。用人单位若与劳动者设立劳动合同时,没有将可能产生的职业病危害及其后果等告知劳动者,劳动者有权拒绝从事存在职业病危害的作业,用人单位不得因此解除或者终止与劳动者所订立的劳动合同。

四、职业健康权

职业健康权是指劳动者在从事接触职业病危害的作业过程中,应该拥有的职业健康检查、建立健康监护档案,以及被疑似患有职业病时应有的权利。

1. 对从事接触职业病危害的作业的劳动者,用人单位应当按照国务院卫生行政部门的规定组织上岗前、在岗期间和离岗的职业健康检查,并将检查结果如实告知劳动者。职业健康检查费用由用人单位承担。

2. 用人单位不得安排未经上岗前职业健康检查的劳动者从事接触职业病危害的作业;不得安排有职业禁忌的劳动者从事其所禁忌的作业;对在职业健康检查中发现有与从事的职业相关的健康损害的劳动者,应当调离原工作岗位,并妥善安置;对未进行离岗前职业健康检查的劳动者不得解除或者终止与其订立的劳动合同。职业健康检查应当由省级以上人民政府卫生行政部门批准的医疗卫生机构承担。

3. 用人单位应当为劳动者建立职业健康监护档案,并按照规定的期限妥善保存;职业健康监护档案应当包括劳动者的职业史、职业病危害接触史、职业健康检查结果和职业病诊疗等有关个人健康的资料;劳动者离开用人单位时,有权索取本人职业健康监护档案复印件,用人单位应当如实、无偿提供,并在所提供的复印件上签章。

4. 当劳动者被疑患有职业病时,用人单位应及时安排对病人进行诊断,在病人诊断或者医学观察期间,不得解除或者终止与其订立的劳动合同;职业病病人依法享受国家规定的职业病待遇;用人单位应按照国家有关规定,安排病人进行治疗、康复和定期检查,对不适宜继续从事原工作的病人,应调离原岗位,并妥善安置,对从事接触职业病危害作业的劳动者,应给予适当岗位津贴,职业病病人的诊疗、康复费用,伤残以及丧失劳动能力职业病病人的社会保障,按照国家有关工伤社会保障的规定执行。

五、特殊保障权

特殊保障权是指在职业病危害产生过程中有一些特殊的环境、特殊的人和特殊时期所要求的特殊保障权利。

1. 产生职业病危害的用人单位在工作场所应有配套的更衣间、洗浴间、孕妇休息间等卫生设施。

2. 国家对从事放射、高毒等作业实行特殊管理。

3. 用人单位不得安排未成年工从事接触有职业病危害的作业,不得安排孕期、哺乳期的女职工从事对本人和胎儿、婴儿有危害的作业。

4.不得安排有职业禁忌的劳动者从事其所禁忌的作业。

六、参与决策权

参与用人单位职业卫生工作的民主管理,对职业病防治工作提出意见和建议,是《职业病防治法》规定的劳动者所享有的一项职业卫生保护权利。劳动者参与用人单位职业卫生工作的民主管理,是职业病防治工作的特点所决定的,也是确保劳动者权益的有效措施。劳动者为搞好职业病防治工作,应对所在的用人单位的职业病防治管理工作是否符合法律法规规定、是否科学合理等方面,直接或间接地提出意见和建议。

七、检举、控告权

任何单位和个人有权对违反《职业病防治法》的行为进行检举和控告。对违反职业病防治法律、法规以及危及生命健康的行为提出批评、检举和控告,是《职业病防治法》赋予劳动者的一项职业卫生保护权利。用人单位若因劳动者依法行使检举、控告权而降低其工资、福利等待遇或者解除、终止与其订立的劳动合同,《职业病防治法》明确规定这种行为是无效的。

八、损害赔偿权

职业病病人除依法享有工伤社会保险外,依照有关民事法律,尚有获得赔偿的权利,有权向用人单位提出赔偿要求。同时为了有效预防和控制职业病,《职业病防治法》不仅赋予了劳动者职业卫生保护的权利,也要求劳动者对防治职业病承担以下几项义务:

1.必须遵守用人单位劳动合同的义务;
2.遵守职业病防治法律、法规、规章、标准的义务;
3.遵守用人单位职业卫生规章制度的义务;
4.接受职业卫生教育和培训的义务;
5.按规定使用职业卫生防护设施及个人用品和遵守操作规程的义务;
6.参与改善工作环境和健康促进的活动;
7.参与职业健康监护;
8.不得从事患有职业禁忌的作业。

工作任务 4　认识职业病的诊断和职业病病人的保障

新密市一企业工人张海超工作 3 年多后,被多家医院诊断为尘肺,但企业却拒绝为其提供相关资料,在向上级主管部门多次投诉后,他取得了去做正式鉴定的机会,但郑州职业病防治所鉴定结果是"无尘肺 0 + 期(医学观察)合并肺结核",给出的意见是:进行肺结核诊治,建议到综合医院进一步诊治。为寻求真相,28 岁的他跑到郑州大学第一附属医院,不顾医生劝阻,坚持"开胸验肺",诊断结论:职业病——尘肺。这个不幸的消息让张海超回忆起了2007 年 1 月单位曾在新密市卫生防疫站为职工做过体检,还拍了胸片,后到新密市防疫站查询,防疫站说拍胸片时就发现他的肺有问题,并通知单位让他去复查,但单位并没有通知他。张海超说,他又找到单位询问,才知道单位私自扣下了复查通知。对此,新密市卫生防疫站站长解释,职工体检是受企业委托,检查结果也只对单位,不对个人。

一、职业病诊断

职业病治疗的关键是职业病的诊断,只有做出了正确的诊断才能够进行准确的治疗,而正确的诊断建立在法规的规范和程序中。《职业病防治法》对诊断的机构、诊断的标准、如何诊断以及诊断出现争议的鉴定等做了明确规定。

（一）职业病诊断机构

职业病诊断应当由省级以上人民政府卫生行政部门批准的医疗机构承担,劳动者可以在用人单位所在地或者本人居住地依法承担职业病诊断的医疗卫生机构进行职业病诊断。

（二）职业病诊断标准

职业病诊断标准和职业病诊断、鉴定办法由国务院卫生行政部门制定;职业病伤残等级的鉴定办法由国务院劳动保障行政部门会同国务院卫生行政部门制定。

（三）职业病诊断

1. 诊断依据

职业病诊断,应当综合分析下列因素:

(1)病人的职业史;

(2)职业病危害接触史和现场危害调查与评价;

(3)临床表现以及辅助检查结果等。

没有证据否定职业病危害因素与病人临床表现之间的必然联系的,在排除其他致病因素后,应当诊断为职业病。

2. 诊断程序

(1)承担职业病诊断的医疗卫生机构在进行职业病诊断时,应当组织 3 名以上取得职业病诊断资格的执业医师集体诊断;

(2)职业病诊断证明书应当由参与诊断的医师共同签署,并经承担职业病诊断的医疗卫生机构审核盖章。

（四）职业病诊断争议的鉴定

1. 当事人对职业病诊断有异议的,有申请鉴定的权利,可以向做出诊断的医疗卫生机构所在地地方人民政府卫生行政部门申请鉴定。

2. 职业病诊断争议鉴定由设区的市级以上地方人民政府卫生行政部门根据当事人的申请,组织职业病诊断鉴定委员会进行鉴定;当事人对设区的市级职业病诊断鉴定委员会的鉴定结论不服的,可以向省、自治区、直辖市人民政府卫生行政部门申请再鉴定。

3. 职业病诊断鉴定委员会由相关专业的专家组成。省、自治区、直辖市人民政府卫生行政部门应当设立相关的专家库,需要对职业病争议做出诊断鉴定时,由当事人或者当事人委托有关卫生行政部门从专家库中以随机抽取的方式确定参加诊断鉴定委员会的专家。

4. 职业病诊断鉴定过程中应注意的事项:

(1)职业病诊断鉴定委员会应当按照国务院卫生行政部门颁布的职业病诊断标准和职业病诊断、鉴定办法进行职业病诊断鉴定,向当事人出具职业病诊断鉴定书。

(2)职业病诊断鉴定费用由用人单位承担。

（3）职业病诊断鉴定委员会组成人员应当遵守职业道德，客观、公正地进行诊断鉴定，并承担相应的责任。职业病诊断鉴定委员会组成人员不得私下接触当事人，不得收受当事人的财物或者其他好处，与当事人有利害关系的，应当回避。

（4）人民法院受理有关案件需要进行职业病鉴定时，应当从省、自治区、直辖市人民政府卫生行政部门依法设立的相关的专家库中选取参加鉴定的专家。

（5）职业病诊断、鉴定需要用人单位提供有关职业卫生和健康监护等资料时，用人单位应当如实提供，劳动者和有关机构也应当提供与职业病诊断、鉴定有关的资料。

（五）职业病病人和疑似职业病病人的报告制度

1. 用人单位和医疗机构发现职业病病人或者疑似职业病病人时，应当及时向卫生行政部门报告。

2. 医疗卫生机构发现疑似职业病病人时，应当告知劳动者本人并及时通知用人单位，用人单位应当及时安排对其进行诊断，在诊断或者医学观察期间，不得解除或者终止与其订立的劳动合同。

3. 确诊为职业病的，用人单位还应当向劳动保障行政部门报告，上述两个部门接到报告后，应当依法做出处理。

二、职业病病人的保障

（一）保障的一般规定

1. 用人单位应当按照国家有关规定，安排职业病病人进行治疗、康复和定期检查。

2. 用人单位对不适宜继续从事原工作的职业病病人，应当调离原岗位，并妥善安置。

3. 职业病病人的诊疗、康复费用，伤残以及丧失劳动能力的职业病病人的社会保障，按照国家有关工伤社会保险的规定执行。

4. 职业病病人除依法享有工伤社会保险外，依照有关民事法律，尚有获得赔偿的权利的，有权向用人单位提出赔偿要求。

（二）保障的特殊规定

1. 劳动者诊断患有职业病，但用人单位没有依法参加工伤社会保险的，其医疗和生活保障由最后的用人单位承担；最后的用人单位有证据证明该职业病是先前用人单位的职业病危害造成的，由先前的用人单位承担。

2. 职业病病人变动工作单位，其依法享有的待遇不变。

3. 用人单位发生分立、合并、解散、破产等情形的，应当对从事接触职业病危害的作业的劳动者进行健康检查，并按照国家有关规定妥善安置职业病病人。

工作任务5　认识职业病防治的法律责任

2009年7月28日，河南省卫生厅对"开胸验肺"事件中相关单位和人员进行责任追究。给予郑州市职业病防治所、新密市卫生防疫站等单位通报批评；撤销郑州市职业病防治所樊梅芳、王晓光、牛心华等3人尘肺病诊断资格证书。责成郑州市卫生局追究郑州市职业病防治所主管业务领导责任。建议新密市委、市政府依照相关法律法规追究新密市卫生行政部门、卫生监督机构及新密市振东耐磨材料有限公司有关责任人的法律责任,给予新密市卫生局副局长、卫生防疫站站长、卫生监督所所长耿爱萍撤职处分。

《职业病防治法》对建设单位、用人单位、从事职业卫生技术服务的机构、职业病诊断鉴定委员会、卫生行政部门及其职业卫生监督执法人员违反本法的法律责任做出了具体的规定。

一、建设单位的责任

建设单位违反规定,有下列行为之一的,由卫生行政部门给予警告,责令限期改正,逾期不改正的,处 10 万元以上 50 万元以下的罚款;情节严重的,责令停止产生职业病危害的作业,或者提请有关人民政府按照国务院规定的权限责令停建、关闭:

1. 未按照规定进行职业病危害预评价或者未提交职业病危害预评价报告,或者职业病危害预评价报告未经卫生行政部门审核同意,擅自开工的;

2. 建设项目的职业病防护设施未按照规定与主体工程同时投入生产和使用的;

3. 职业病危害严重的建设项目,其职业病防护设施设计不符合国家职业卫生标准和卫生要求而施工的;

4. 未按照规定对职业病防护设施进行职业病危害控制效果评价,未经卫生行政部门验收或者验收不合格,擅自投入使用的。

二、用人单位的责任

1. 用人单位有下列行为之一的,由卫生行政部门给予警告,责令限期改正;逾期不改正的,处 2 万元以下的罚款:

(1)工作场所职业病危害因素检测、评价结果没有存档、上报、公布的;

(2)未采取法律规定的职业病防治管理措施的;

(3)未按照规定公布有关职业病防治的规章制度、操作规程、职业病危害事故应急救援措施的;

(4)未按照规定组织劳动者进行职业卫生培训,或者未对劳动者个人职业病防护采取指导、督促措施的;

(5)国内首次使用或者首次进口与职业病危害有关的化学材料,未按照规定报送毒性鉴定资料以及未经有关部门登记注册或者未取得批准进口的文件的。

2. 用人单位违反规定,有下列行为之一的,由卫生行政部门责令限期改正,给予警告,可以并处 2 万元以上 5 万元以下的罚款:

(1)未按照规定及时、如实向卫生行政部门申报产生职业病危害的项目的;

(2)未实施由专人负责的职业病危害因素日常监测,或者监测系统不能正常监测的;

(3)订立或者变更劳动合同时,未告知劳动者职业病危害真实情况的;

(4)未按照规定组织职业健康检查,建立职业健康监护档案或者未将检查结果如实告知劳动者的。

3. 用人单位违反规定,有下列行为之一的,由卫生行政部门给予警告,责令限期改正,逾期不改正的,处 5 万元以上 20 万元以下的罚款;情节严重的,责令停止产生职业病危害的作业,或者提请有关人民政府按照国务院规定的权限责令关闭:

(1)工作场所职业病危害因素的强度或者浓度超过国家职业卫生标准的;

(2)未提供职业病防护设施和个人使用的职业病防护用品,或者提供的职业病防护设施和个人使用的职业病防护用品不符合国家职业卫生标准和卫生要求的;

(3)对职业病防护设备、应急救援设施和个人使用的职业病防护用品未按照规定进行维护、检修、检测,或者不能保持正常运行、使用状态的;

(4)未按照规定对工作场所职业病危害因素进行检测、评价的;

(5)工作场所职业病危害因素经治理仍然达不到国家职业卫生标准和卫生要求时,未停止存在职业病危害因素的作业的;

(6)未按照规定安排职业病病人、疑似职业病病人进行诊治的;

(7)发生或者可能发生急性职业病危害事故时,未立即采取应急救援和控制措施或者未按照规定及时报告的;

(8)未按照规定在产生严重职业病危害的作业岗位醒目位置设置警示标识和中文警示说明的;

(9)拒绝卫生行政部门监督检查的。

4.用人单位和医疗卫生机构未按照规定报告职业病、疑似职业病的,由卫生行政部门责令限期改正,给予警告,可以并处1万元以下的罚款;弄虚作假的,并处以2万元以上5万元以下的罚款;对直接负责的主管人员和其他直接责任人员,可以依法给予降级或者撤职的处分。

5.有下列情形之一的,由卫生行政部门责令限期治理,并处5万元以上30万元以下的罚款;情节严重的,责令停止产生职业病危害的作业,或者提请有关人民政府按照国务院规定的权限责令关闭:

(1)隐瞒技术、工艺、材料所产生的职业病危害而采用的;

(2)隐瞒本单位职业卫生真实情况的;

(3)可能发生急性职业损伤的有毒、有害工作场所、放射工作场所或者放射性同位素的运输、贮存不符合《职业病防治法》第23条规定的;

(4)使用国家明令禁止使用的可能产生职业病危害的设备或者材料的;

(5)将产生职业病危害的作业转移给没有职业病防护条件的单位和个人,或者没有职业病防护条件的单位和个人接受产生职业病危害的作业的;

(6)擅自拆除、停止使用职业病防护设备或者应急救援设施的;

(7)安排未经职业健康检查的劳动者、有职业禁忌的劳动者、未成年工或者孕期、哺乳期女职工从事接触职业病危害的作业或者禁忌作业的;

(8)违章指挥和强令劳动者进行没有职业病防护措施的作业的。

6.用人单位违反规定,已对劳动者生命健康造成严重损害的,由卫生行政部门责令停止产生职业病危害的作业,或者提请有关人民政府按照国务院规定的权限责令关闭,并处10万元以上30万元以下的罚款。

7.用人单位违反规定,造成重大职业病危害事故或者其他严重后果,构成犯罪的,对直接负责的主管人员和其他直接责任人员,依法追究刑事责任。

三、从事职业卫生技术服务的机构的责任

从事职业卫生技术服务的机构和承担职业健康检查、职业病诊断的医疗卫生机构违反规定,有下列行为之一的,由卫生行政部门责令立即停止违法行为,给予警告,没收违法所得;违法所得 5000 元以上的,并处违法所得 2 倍以上 5 倍以下的罚款;没有违法所得或者违法所得不足 5000 元的,并处 5000 元以上 2 万元以下的罚款;情节严重的,由原认证或者批准机关取消其相应的资格,对直接负责的主管人员和其他直接责任人员,依法给予降级、撤职或者开除的处分;构成犯罪的,依法追究刑事责任:

1. 超出资质认证或者批准范围从事职业卫生技术服务或者职业健康检查、职业病诊断的;

2. 不按照规定履行法定职责的;

3. 出具虚假证明文件的。

四、职业病诊断鉴定委员会的责任

职业病诊断鉴定委员会组成人员收受职业病诊断争议当事人的财物或者其他好处的,给予警告,没收收受的财物,可以并处 3000 元以上 5 万元以下的罚款,取消其担任职业病诊断鉴定委员会组成人员的资格,并从省、自治区、直辖市人民政府卫生行政部门设立的专家库中予以除名。

五、卫生行政部门及其职业卫生监督执法人员的责任

1. 卫生行政部门不按照规定报告职业病和职业病危害事故的,由上一级卫生行政部门责令改正,通报批评,给予警告;虚报、瞒报的,对单位负责人、直接负责的主管人员和其他直接责任人员依法给予降级、撤职或者开除的行政处分。

2. 卫生行政部门及其职业卫生监督执法人员有下列行为之一,导致职业病危害事故发生,构成犯罪的,依法追究刑事责任;尚不构成犯罪的,对单位负责人、直接负责的主管人员和其他直接责任人员依法给予降级、撤职或者开除的行政处分:

(1)对不符合法定条件的单位,发给建设项目有关证明文件、资质证明文件或者予以批准;

(2)对已经取得有关证明文件的单位,不履行监督检查职责;

(3)发现用人单位存在职业病危害,可能造成职业病危害事故,不及时依法采取控制措施;

(4)其他违反《职业病防治法》的行为。

六、其他

1. 向用人单位提供可能产生职业病危害的设备、材料,未按照规定提供中文说明书或者设置警示标识和中文警示说明的,由卫生行政部门责令限期改正,给予警告,并处 5 万元以上 20 万元以下的罚款。

2. 生产、经营或者进口国家明令禁止使用的可能产生职业病危害的设备或者材料的,依照有关法律、行政法规的规定给予处罚。

　　未取得职业卫生技术服务资质认证擅自从事职业卫生技术服务的,或者医疗卫生机构未经批准擅自从事职业健康检查、职业病诊断的,由卫生行政部门责令立即停止违法行为,没收违法所得。违法所得5000元以上的,并处违法所得2倍以上10倍以下的罚款;没有违法所得或者违法所得不足5000元的,并处5000元以上5万元以下的罚款;情节严重的,对直接负责的主管人员和其他直接责任人员,依法给予降级、撤职或者开除的处分。

　　延伸阅读:

　　轰动全国的张海超"开胸验肺"事件中,矛盾焦点在于法定职业病诊断机构在接受病人诊断申请前,要求病人提供其工作单位出具的有关其职业病危害接触史的证明材料,而单位拒绝提供相关材料,以至于诊断机构拒绝做出诊断。张海超无法自我举证,万般无奈下被迫"开胸验肺"。从中可以看出——谁来提供关于患了职业病的事实证据,将直接影响到最终结论,也直接影响具有对立关系的当事人的利益。

　　2011年3月11日,全国政协委员、全国总工会副主席张鸣起表示,已经实施10年的《职业病防治法》将进行修订,除了职业病目录有望扩大之外,"谁主张谁举证"的传统做法拟改为"举证责任倒置",即由用人单位出具鉴定所需材料,否则可以根据当事人提供的证据进行诊断。

　　[**拓展练习**]

　　参与讨论:谈谈你对劳动者职业卫生权利的认识。

(邹涛　曹莹)

项目五　环境卫生与学校卫生法律规定

[学习目标]
1. 了解医疗废物管理的法律规定；
2. 熟悉公共场所管理的法律规定；
3. 掌握学校卫生管理的法律规定；
4. 了解放射卫生管理的法律责任。

工作任务1　认识医疗废物管理的法律规定

《医疗废物管理条例》《医疗卫生机构医疗废物管理办法》《医疗废物管理行政处罚办法（试行）》对医疗废物的规范管理做出了明确规定。医疗机构、医疗废物集中处置单位的法律责任如下：

（1）医疗卫生机构、医疗废物集中处置单位违反相关法律规定，有下列情形之一的，由县级以上地方人民政府卫生行政主管部门或者环境保护行政主管部门按照各自的职责责令限期改正，给予警告；逾期不改正的，处2000元以上5000元以下的罚款：①未建立、健全医疗废物管理制度，或者未设置监控部门或者专（兼）职人员的；②未对有关人员进行相关法律和专业技术、安全防护以及紧急处理等知识的培训的；③未对从事医疗废物收集、运送、贮存、处置等工作的人员和管理人员采取职业卫生防护措施的；④未对医疗废物进行登记或者未保存登记资料的；⑤对使用后的医疗废物运送工具或者运送车辆未在指定地点及时进行消毒和清洁的；⑥未及时收集、运送医疗废物的；⑦未定期对医疗废物处置设施的环境污染防治和卫生学效果进行检测、评价，或者未将检测、评价效果存档、报告的。

（2）医疗卫生机构、医疗废物集中处置单位违反相关法律规定，有下列情形之一的，由县级以上地方人民政府卫生行政主管部门或者环境保护行政主管部门按照各自的职责责令限期改正，给予警告，可以并处5000元以下的罚款；逾期不改正的，处5000元以上3万元以下的罚款：①贮存设施或者设备不符合环境保护、卫生要求的；②未将医疗废物按照类别分置于专用包装物或者容器的；③未使用符合标准的专用车辆运送医疗废物或者使用运送医疗废物的车辆运送其他物品的；④未安装污染物排放在线监控装置或者监控装置未经常处于正常运行状态的。

（3）医疗卫生机构、医疗废物集中处置单位有下列情形之一的，由县级以上地方人民政府卫生行政主管部门或者环境保护行政主管部门按照各自的职责责令限期改正，给予警告，并处5000元以上1万元以下的罚款；逾期不改正的，处1万元以上3万元以下的罚款；造成传染病传播或者环境污染事故的，由原发证部门暂扣或者吊销执业许可证件或者经营许可证件；构成犯罪的，依法追究刑事责任：①在运送过程中丢弃医疗废物，在非贮存地点倾倒、堆放医疗废物或者将医疗废物混入其他废物和生活垃圾的;②未执行危险废物转移联单管理制度的;③将医疗废物交给未取得经营许可证的单位或者个人收集、运送、贮存、处置的;④对医疗废物的处置不符合国家规定的环境保护、卫生标准、规范的;⑤未按照规定对污水、传染病病人或者疑似传染病病人的排泄物,进行严格消毒,或者未达到国家规定的排放标准,排入污水处理系统的;⑥对收治的传染病病人或者疑似传染病病人产生的生活垃圾,未按照医疗废物进行管理和处置的。

(4)医疗卫生机构违反相关法律规定,将未达到国家规定标准的污水、传染病病人或者疑似传染病病人的排泄物排入城市排水管网的,由县级以上地方人民政府建设行政主管部门责令限期改正,给予警告,并处 5000 元以上 1 万元以下的罚款;逾期不改正的,处 1 万元以上 3 万元以下的罚款;造成传染病传播或者环境污染事故的,由原发证部门暂扣或者吊销执业许可证件;构成犯罪的,依法追究刑事责任。

(5)医疗卫生机构、医疗废物集中处置单位发生医疗废物流失、泄漏、扩散时,未采取紧急处理措施,或者未及时向卫生行政主管部门和环境保护行政主管部门报告的,由县级以上地方人民政府卫生行政主管部门或者环境保护行政主管部门按照各自的职责责令改正,给予警告,并处 1 万元以上 3 万元以下的罚款;造成传染病传播或者环境污染事故的,由原发证部门暂扣或者吊销执业许可证件或者经营许可证件;构成犯罪的,依法追究刑事责任。

(6)医疗卫生机构、医疗废物集中处置单位,无正当理由,阻碍卫生行政主管部门或者环境保护行政主管部门执法人员执行职务,拒绝执法人员进入现场,或者不配合执法部门的检查、监测、调查取证的,由县级以上地方人民政府卫生行政主管部门或者环境保护行政主管部门按照各自的职责责令改正,给予警告;拒不改正的,由原发证部门暂扣或者吊销执业许可证件或者经营许可证件;触犯《中华人民共和国治安管理处罚法》构成违反治安管理行为的,由公安机关依法予以处罚;构成犯罪的,依法追究刑事责任。

(7)医疗卫生机构、医疗废物集中处置单位违反相关法律规定,导致传染病传播或者发生环境污染事故,给他人造成损害的,依法承担民事赔偿责任。

一、医疗废物的概念

医疗废物是指医疗卫生机构在医疗、预防、保健以及其他相关活动中产生的具有直接或者间接感染性、毒性以及其他危害性的废物。根据《医疗废物分类目录》,医疗废物分为感染性废物、病理性废物、损伤性废物、药物性废物和化学性废物,该目录由国务院卫生行政主管部门和环境保护行政主管部门共同制定、公布。

二、医疗废物的管理制度以及管理机构

《医疗废物管理条例》《医疗卫生机构医疗废物管理办法》《医疗废物管理行政处罚办法(试行)》对医疗废物的规范管理做出了明确规定。其管理相对人主要为医疗卫生机构和医疗废物集中处置单位,要求相关单位建立相应的管理责任制,有专(兼)职人员落实管理工作,制定应急预案,并对从业人员提供有效的职业卫生防护及必要的免疫接种。

国家推行医疗废物集中无害化处置,鼓励有关医疗废物安全处置技术的研究与开发。县级以上地方人民政府负责组织建设医疗废物集中处置设施。国家对边远贫困地区建设医疗废物集中处置设施给予适当的支持。

县级以上各级人民政府卫生行政主管部门,对医疗废物收集、运送、贮存、处置活动中的疾病防治工作实施统一监督管理;环境保护行政主管部门,对医疗废物收集、运送、贮存、处置活动中的环境污染防治工作实施统一监督管理。

县级以上各级人民政府及其他有关部门在各自的职责范围内负责与医疗废物处置有关的监督管理工作。医疗卫生机构和医疗废物集中处置单位,应当建立、健全医疗废物管理责任制,其法定代表人为第一责任人,切实履行职责,防止因医疗废物导致传染病传播和环境污染事故。医疗卫生机构和医疗废物集中处置单位,应当制定与医疗废物安全处置有关的规章制度和在发生意外事故时的应急方案;设置监控部门或者专(兼)职人员,负责检查、督促、落实本单位医疗废物的管理工作,防止违法行为发生。

三、医疗废物管理的一般规定

(一)预防性规定

根据《医疗废物管理条例》的规定,医疗卫生机构和医疗废物集中处置单位应当做好下列工作:

1.建立健全医疗废物管理责任制,其法定代表人是第一责任人,防止因医疗废物导致传染病传播和环境污染。

2.设置监控部门或者专(兼)职人员,负责检查、督促落实本单位医疗废物管理;应当制定医疗废物安全处置的规章制度和在发生意外事故时的应急方案。

3.应当对本单位医疗废物的收集、运送、贮存、处置等工作人员和管理人员进行相关法律和专业技术、安全防护、紧急处理等知识的培训。

4.应当为本单位从事医疗废物的收集、运送、贮存、处置等工作人员和管理人员,配备必要的防护用品,定期进行健康检查;必要时对有关人员进行免疫接种,防止其受到健康损害。

5.应当依照《中华人民共和国固体废物污染环境防治法》的规定,执行危险废物转移联单管理制度。

6.应当对医疗废物进行登记,内容包括医疗废物的来源、种类、重量或者数量、交接时间、处置方法、最终去向以及经办人签名等项目,资料保存三年。

7.应当采取有效措施防止医疗废物的流失、泄漏、扩散;发生医疗废物流失、泄漏、扩散时,应采取减少损失的紧急措施,对致病人员提供医疗救护和现场救援;同时向所在地县级以上卫生行政部门报告,并向可能受到危害的单位和居民通报。

(二)禁止性规定

1.禁止任何单位和个人转让、买卖医疗废物;禁止在运送过程中丢弃医疗废物;禁止在非贮存地点倾倒、堆放医疗废物或者将医疗废物混入其他废物或者生活垃圾中。

2.禁止邮寄医疗废物;禁止通过铁路、航空运输医疗废物;有陆路的,禁止通过水路运输医疗废物;没有陆路通道必须经水路运输医疗废物的,应当经设区的市级以上人民政府环境保护行政主管部门批准,并采取严格的环境保护措施后,方可通过水路运输;禁止将医疗废物与旅客在同一运输工具上载运;禁止在饮用水源保护区的水体上运输医疗废物。

四、医疗废物管理与处置的监督管理

（一）医疗废物管理与处置的监督管理部门

根据《医疗废物管理条例》的规定,县级以上卫生行政部门、环境保护行政主管部门,应当依照《医疗废物管理条例》的规定,按照职责分工,对医疗卫生机构和医疗废物集中处置单位进行监督检查。

（二）医疗废物管理与处置的监督管理部门的职责

1.应当对医疗机构和医疗废物集中处置单位从事医疗废物收集、运送、贮存、处置中的疾病防治工作、其工作人员的卫生防护等情况进行定期监督检查、抽查。

2.应当对医疗机构和医疗废物集中处置单位从事医疗废物收集、运送、贮存、处置中的环境污染防治工作进行定期监督检查、抽查,必要时可交换监督检查和抽查;发现医疗机构和医疗废物集中处置单位存在隐患时,应当责令立即消除隐患。

3.卫生行政主管部门、环境保护主管部门履行监督检查职责时,有权采取下列措施:①对有关单位进行实地检查、了解情况、现场监测、调查取证;②查阅或者复制医疗废物管理的有关资料,采集样品;③责令违反《医疗废物管理条例》的单位和个人停止违法行为;④查封或者暂扣涉嫌违反《医疗废物管理条例》规定的场所、设备、运输工具和物品;⑤对违法行为依法查处。

4.发生因医疗废物管理不当导致传染病传播或者环境污染事故,或者有证据证明传染病传播或者环境污染的事故可能发生时,卫生行政主管部门、环境保护主管行政部门应当采取临时控制措施,疏散人员、控制现场,并根据需要责令停止导致或者可能导致传染病传播或者环境污染事故的作业。

5.医疗卫生机构和医疗废物集中处置单位,对有关部门的检查、监测、调查取证,应当予以配合,不得拒绝和阻碍,不得提供虚假材料。

工作任务 2　认识公共场所管理的法律规定

公共场所是指为了满足人们对生活、文化、人际交往的需要而设立,供公众共同使用的具有一定封闭性的社会公共设施。它对公众来说是人工生活环境,对从业人员来说是劳动环境。

我国目前法定管理的公共场所属于人为环境,是指人群聚集,并供公众进行生活活动和文化娱乐活动等使用的一切有围护结构的场所。按其用途大致可分为生活服务设施、文娱体育设施、公共福利设施及公共交通设施四类。目前并没有将所有的公共场所都纳入法定监督对象。

一、公共场所的法定类别

按照《公共场所卫生管理条例》的规定,我国公共场所的范围主要是指下列公共场所:①宾馆、饭店、旅馆、招待所、车马店、咖啡馆、酒吧、茶座;②公共浴室、理发店、美容店;③影

剧院、录像厅(室)、游艺厅(室)、舞厅、音乐厅;④体育场(馆)、游泳场(馆)、公园;⑤展览馆、博物馆、美术馆、图书馆;⑥商场(店)、书店;⑦候诊室、候车(机、船)室、公共交通工具。根据相关法律法规的规定,饭店的监督范围和内容系指安装空调设施的就餐场所的环境卫生状况;公园的监督范围系指有围护结构的公共场所;商场(店)、书店系指城市营业面积在300平方米以上,县、乡、镇营业面积在200平方米以上的场所;公共交通工具系指国内运送旅客的飞机、火车、轮船。未达到上述规定条件的暂时没有纳入监督检测的范围。2012年10月国务院发文取消了公园、体育场(馆)、公共交通工具的许可,同时各省、自治区、直辖市卫生行政部门有权根据各辖区的实际情况调整实际监管的范围。

二、公共场所的管理主体

公共场所的卫生管理,主要是指公共场所的主管部门及经营单位的自我管理。主管部门应当建立卫生管理制度,配备专职或兼职卫生管理人员,对所属经营单位包括个体经营者的卫生状况进行经常性检查,并提供必要的条件。经营单位应当负责所经营的公共场所的卫生管理,建立卫生责任制度,对本单位的从业人员进行卫生知识的培训考核工作。卫生监督机构负责监督和指导公共场所经营单位对其从业人员进行卫生知识培训和考核工作,其中个体经营者的培训和考核工作由所在地区卫生监督机构负责。

三、公共场所卫生监督管理

(一)公共场所卫生监督机构及其职责

各级人民政府卫生行政部门是公共场所卫生监督的法定机构。民航、铁路、交通、厂(场)矿所属的卫生监督机构负责对管辖范围内的机场、车站、码头等候室等公共场所和国内民航客机、铁路、客车、客轮以及主要为本系统职工服务的公共场所实施卫生监督,并接受所在地、市级以上卫生监督机构的业务指导。其主要对本系统外营业的公共场所以及尚无卫生监督机构进行监督的单位由地方卫生监督机构实施卫生监督。部队、学校以及其他系统所属的对社会开放的公共场所由所在地卫生监督机构实施卫生监督。

卫生监督机构对公共场所的卫生监督职责是:①对公共场所进行卫生监督监测和卫生技术指导;②监督公共场所从业人员的健康检查,指导公共场所经营单位对从业人员进行卫生知识的教育和培训;③对新建、改建、扩建的公共场所的选址和设计进行卫生审查,并参加竣工验收;④对违反《公共场所卫生管理条例》的单位和个人进行行政处罚。

(二)公共场所卫生监督员及其职责

卫生监督机构根据需要设立公共场所卫生监督员,由卫生监督员负责对辖区公共场所的卫生进行监督检查,执行卫生监督机构交给的各项任务。公共场所卫生监督员由同级人民政府发给证书。民航、铁路、交通、厂(场)矿卫生监督机构的公共场所卫生监督员由其上级主管部门发给证书。卫生监督员在执行任务时,应佩戴证章,出示证件。公共场所卫生监督员的职责有:①对管辖范围内公共场所进行卫生监督监测和卫生技术指导。②宣传卫生知识,指导和协助有关部门对从业人员进行卫生知识培训。③根据有关规定对违反《公共场所卫生管理条例》有关条款的单位和个人提出处罚建议。④参加对新建、扩建、改建的公共场所的选址和设计卫生审查和竣工验收。⑤对公共场所进行现场检查,索取有关资料,包括取证照相、录音、录像等,调查处理公共场所发生的危害健康事故。卫生监督员对所提供的技术资料有保密的责任。⑥执行卫生监督机构交付的其他任务。

工作任务 3　认识生活饮用水管理的法律规定

为保证生活饮用水卫生安全,保障人体健康,建设部、卫生部于 1996 年联合发布了《生活饮用水卫生监督管理办法》。根据规定,集中式供水、二次供水单位和涉及饮用水安全的产品是卫生监督管理的主要对象。国家对供水单位和涉及饮用水卫生安全的产品实行卫生许可制度。

二次供水是指单位或个人将城市公共供水或自建设施供水经储存、加压,通过管道再供用户或自用的形式,因此,二次供水是目前高层供水的唯一选择方式。二次供水设施是否按规定建设、设计及建设的优劣直接关系到二次供水水质、水压和供水安全,与人民群众正常稳定的生活密切相关。但是,过去在全国尚未有一个完整的针对二次供水工程的技术标准,只是在《建筑给水排水设计规范》相关内容中提出部分要求。

二次供水设施主要为弥补市政供水管线压力不足,保证居住、生活在高层人群用水而设立的。相比原水供水,二次供水的水质更容易被污染,二次供水的安全性和可靠性一直都受到居民的广泛关注。

国家鼓励有益于饮用水卫生安全的新产品、新技术、新工艺的研制开发和推广应用。涉水产品是指涉及饮用水卫生安全的产品,其含义是:凡在饮用水生产和供水过程中与饮用水接触的连接止水材料、塑料及有机合成管材、管件、防护涂料、水处理剂、除垢剂、水质处理器及其他材料和化学物质。目前最新的《涉及饮用水卫生安全产品分类目录(2011 版)》已于 2011 年 9 月 22 日正式颁布,为涉水产品卫生监督提供了新的依据。

一、生活饮用水卫生管理要求

生活饮用水卫生监督管理办法规定,供水单位供应的饮用水必须符合国家生活饮用水卫生标准(GB 5749—2006)。集中式供水单位必须取得县级以上地方人民政府卫生行政部门签发的卫生许可证。供水单位新建、改建、扩建的饮用水供水工程项目,应当符合卫生要求。集中式供水单位必须有水质净化消毒设施及必要的水质检验仪器、设备和人员,对水质进行日常性检验。直接从事供水、管水的人员必须取得体检合格证后方可上岗工作,并每年进行一次健康检查。饮用水水源地必须设置水源保护区。

二、生活饮用水卫生监督管理以及法律责任

(一)监督机构及人员

国家卫健委主管全国饮用水卫生监督工作。县级以上地方人民政府卫生行政部门主管本行政区域内饮用水卫生监督工作。建设部主管全国城市饮用水卫生管理工作。县级以上地方人民政府建设行政主管部门主管本行政区域内城镇饮用水卫生管理工作。县级以上人民政府卫生行政部门负责本行政区域内饮用水卫生监督监测工作。县级以上人民政府卫生行政部门设卫生监督员,负责饮用水卫生监督工作。

（二）监督内容

饮用水卫生监督的内容主要包括预防性监督、水污染事故的处理、发放卫生许可证和对涉及饮用水卫生安全的产品进行卫生安全性评价。

（三）违反生活饮用水卫生管理的法律责任

1. 集中式供水单位安排未取得体检合格证的人员从事直接供水、管水工作或安排患有有碍饮用水卫生疾病的或病原携带者从事直接供水、管水工作的，县级以上地方人民政府卫生行政部门应当责令限期改进，并可对供水单位处以 20 元以上 1000 元以下的罚款。

2. 违反相关法律规定，有下列情形之一的，县级以上地方人民政府卫生行政部门应当责令限期改进，并可处以 20 元以上 5000 元以下的罚款：①在饮用水水源保护区修建危害水源水质卫生的设施或进行有碍水源水质卫生的作业的；②新建、改建、扩建的饮用水供水项目未经卫生行政部门参加选址、设计审查和竣工验收而擅自供水的；③供水单位未取得卫生许可证而擅自供水的；④供水单位供应的饮用水不符合国家规定的生活饮用水卫生标准的；⑤未取得卫生行政部门的卫生许可擅自从事二次供水设施清洗消毒工作的。

3. 违反相关法律规定，生产或者销售无卫生许可批准文件的涉及饮用水卫生安全的产品的，县级以上地方人民政府卫生行政部门应当责令改进，并可处以违法所得 3 倍以下的罚款，但最高不超过 30000 元，或处以 500 元以上 10000 元以下的罚款。

4. 城市自来水供水企业和自建设施对外供水的企业，有下列行为之一的，由建设行政主管部门责令限期改进，并可处以违法所得 3 倍以下的罚款，但最高不超过 30000 元，没有违法所得的可处以 10000 元以下罚款：①新建、改建、扩建的饮用水供水工程项目未经建设行政主管部门设计审查和竣工验收而擅自建设并投入使用的；②未按规定进行日常性水质检验工作；③未取得《城市供水企业资质证书》擅自供水的。

三、突发水污染应急事件的处理

（一）集中式供水单位突发水污染应急事件控制与处置

1. 经现场调查和监测，初步分析确定主要污染源和污染物时，应建议当地政府并协助有关部门采取一切可能的措施减少、控制、消除污染物污染的范围、程度，如停止排放、关闭闸门、打捞污染物、引水冲洗等，必要时通知下游水厂和居民停止取用水。同时，制定水质应急监测方案，及时掌握出厂水、管网末梢水和二次供水的水质污染趋势和动态变化。

2. 当确定生活饮用水水源和水质污染时，应通知供水单位迅速采取措施，及时调整水处理工艺，强化水处理工艺的净化效果。如源水污染以现有净化工艺不能控制时，及时上报建议停止供水，启动临时供水措施，并通过各种媒体通告居民。在事故未解除前，不得饮用污染的水。

3. 当生活饮用水污染危及人群健康时，应迅速开展医疗救治工作。如污染造成环境恶化，危及居民健康时应建议组织疏散人群。对可疑供水污染区域内的高危人群，进行预防性服药，必要时进行医学观察。

4. 在启用应急储备水源或采取临时送供生活饮用水时，对送供的生活饮用水水质进行检测，做好输送水管道、送水车、储水容器的清洗消毒，以及送供水人员的健康管理。对送供水过程进行全程监控，防止水质污染。

5.根据生活饮用水污染情况,增加对水源水、出厂水、管网末梢水、二次供水或分散式供水的监测样本和监测频次,加大监测力度,及时掌握水质变化趋势,向卫生行政部门提供有力的决策依据。

6.为防止可能出现的继发性介水传染病,尤其是肠道传染病暴发疫情的发生,加强肠道传染病的监测和预警工作,做好生活饮用水污染事件中可能发生的传染病疫情或其他突发公共卫生事件的应急处置工作。

7.在生活饮用水污染得到有效控制,供水单位恢复取水时,应指导供水单位对取水、输水、净水、蓄水和配水等设备、设施进行清洗消毒,经对出厂水、管网末梢水检测合格后方可正式供水。

（二）其他单位突发水污染应急事件控制与处置

1.生活饮用水污染事故发生后,水污染事故应急处理发现单位应当成立领导小组,并按照预案要求紧急组织有关工作小组和人员,立即赶赴现场,配合当地卫生行政部门迅速开展现场调查,查找污染原因及污染物,了解污染物的种类、性状、毒性及污染程度,掌握供水范围及接触人群身体健康危害程度等,分析污染的扩散趋势,并据此提出科学、行之有效的紧急控制消除污染措施。

2.积极配合疾病预防控制中心制定水质监测方案,科学采集水样和检测,快速找出主要污染物,并进行动态水质监测,及时掌握水质污染程度、污染趋势、水质动态变化规律,为进一步确定污染物、污染治理、恢复供水提供科学依据。

3.当出现生活饮用水二次供水或桶装水质受到严重污染、威胁供水卫生安全等紧急情况时,应立即停止供水,在保证水质卫生安全质量的前提下采取其他临时供水途径,以保证居民正常生活饮用水问题,避免和减少水污染对居民身体健康造成的危害。

4.发生生活饮用水污染事故后,应依法立即、如实向卫生行政部门报告水污染事故状况,配合卫生监督部门开展有关调查、配合疾病预防控制部门开展水质监测,不得以任何理由予以拒绝;在卫生监督部门的指导下,制定限期治理方案,针对水污染环节和污染原因采取相应的控制措施,控制事态进一步的蔓延和扩大,严防水污染事故再次发生。

5.当生活饮用水污染事故得以控制,污染原因消除后,在恢复供水前,必须重新进行自备水源水或二次供水质检测,达到国家卫生标准后方可供水。

工作任务4　认识学校卫生管理的法律规定

学校卫生是指根据儿童和青少年生长发育的特点,通过制定相应的法律规定,提出相应的学校卫生要求和卫生标准,消除各种不利于儿童和青少年学习和生活的因素,创造良好的学校教育环境,保护和促进学生的正常发育、身心健康,以实现德、智、体全面发展的社会主义教育目标的卫生活动。

一、学校卫生工作要求

（一）教学卫生

1.教学和作息时间

根据我国教育部和国家卫健委的规定,学生每日学习时间（包括自习）为:小学不超过6

个学时,中学不超过 8 个学时,大学不超过 10 个学时。学校还必须保证学生有课间休息的时间,课间休息时间应当至少保证有 10 分钟。

2.劳动卫生

适度安排学生参加社会公益劳动,不仅能让学生增强劳动观念,提高动手能力,养成良好的劳动习惯,也是学校搞好学生素质教育的一个重要方面。学校应当根据学生的年龄,组织学生参加适当的劳动,安排适当的劳动工种和劳动量。对参加劳动的学生,要进行安全生产教育,严格遵守操作规程。学校要采取必要的安全和卫生防护措施。

3.体育活动

学校应保证学生每天至少有一个小时的体育活动时间,体育及格率在 85% 以上。学校要根据学生的生理承受能力和体质健康状况,合理安排适合学生的运动项目和运动强度,防止发生伤害事故。还应当注意女学生的生理特点,给予必要的照顾。

(二)教学设施卫生

《中华人民共和国未成年人保护法》规定,学校不得使未成年学生在危及人身安全、健康的校舍和其他教育教学设施中活动。《中华人民共和国教育法》规定,各级政府、教育行政部门、有关部门、学校和其他教育机构应当提供符合国家安全标准的教育教学设施和设备。①学校在新建、改建、扩建校舍时,其选址、设计应当符合国家的卫生标准,并取得当地卫生行政部门的许可,竣工验收应当有当地卫生行政部门参加。②学校教学建筑、环境噪声、室内微小气候、采光、照明等环境质量以及黑板、课桌椅的设置应当符合国家有关标准。③学校应当按照有关规定为学生提供充足的符合卫生标准的饮用水。④学校体育场地和器材应当符合卫生和安全要求。⑤设置厕所和洗手设施,寄宿制学校还应当为学生提供相应的洗漱、洗澡等卫生设施。

(三)学生卫生保健

学校应当根据条件定期对学生进行健康检查,有条件的应每年对中、小学学生做一次体检,对体格检查中发现学生有器质性疾病的,应当配合学生家长做好转诊治疗。

(四)学生健康管理

1.建立与健全卫生管理的综合组织网络

学校应当建立与健全卫生管理的综合组织网络,充分发挥学校保健科(室)、学校爱国卫生运动委员会、学校红十字少年组织、班级卫生值日等组织机构的作用,制订学校卫生规章制度,建立由师生共同参与、各司其职的学校卫生岗位责任制。

2.完善学生健康管理制度

学校要有完善的学生健康管理制度,建立学生体质健康卡片,应当纳入学生档案。学校要配备可以处理一般伤病事故的医疗用品。供学生使用的文具、娱乐器具、保健用品,必须符合国家有关卫生标准。

(五)贯彻执行卫生法律法规

学校应当认真贯彻执行食品卫生法律、法规,加强饮食卫生管理,办好学生膳食,加强营养指导。学校应当认真贯彻执行传染病防治法律、法规,做好急、慢性传染病的预防和控制管理工作,同时做好地方病的预防和控制管理工作。

1. 学校食堂和学生集体用餐卫生管理

学校食堂与学生集体用餐的卫生管理,必须坚持预防为主的工作方针,实行卫生行政部门监督指导、教育行政部门管理督查、学校具体实施的工作原则。

2. 传染病的预防和控制管理

学校要大力开展爱国卫生运动,增强师生的公共卫生意识,促使师生养成良好的卫生习惯,提高自我防范的能力。要加强卫生教育,将公共卫生贯穿在日常教育之中,结合季节性、突发性传染病的预防,安排必要的课时进行相应的健康教育,使防病防疫知识深入人心。要督促师生加强体育锻炼,不断增强体质,增强防病抗病的能力。及时发现传染病患者并采取相应的隔离防范措施,及时切断传染病在学校的传播途径。

二、学校卫生工作管理体系及制度

(一)学校卫生管理机构

各级教育行政部门负责学校卫生工作的行政管理。普通高等学校、中等专业学校、技工学校和规模较大的农业中学、职业中学、普通中小学,可以设立卫生管理机构。普通高等学校设校医院或者卫生科,校医院应当设保健科。城市普通中小学、农村中心小学和普通中学设卫生室,按学生人数 600∶1 的比例配备专职卫生技术人员。中等专业学校、技工学校、农业中学、职业中学,可以根据需要,配备专职卫生技术人员,学生人数不足 600 人的学校,可以配备专职或者兼职保健教师,开展学校卫生工作。

(二)区域性中小学生卫生保健机构

经本地区卫生行政部门批准,教育行政部门可以成立区域性中小学生卫生保健机构。其主要任务是:调查研究本地区中小学生体质健康状况;开展中小学生常见疾病的预防与矫治;开展中小学卫生技术人员的技术培训和业务指导。

(三)疾病预防控制机构的任务

各级疾病预防控制机构对学校卫生工作承担下列任务:实施学校卫生监测,掌握本地区学生生长发育和健康状况,掌握学生常见病、传染病、地方病动态;制定学生常见病、传染病、地方病的防治计划;对本地区学校卫生工作进行技术指导,开展学校卫生服务。

三、学校卫生工作监督体系

(一)学校卫生工作监督机构及其职责

《学校卫生工作条例》规定,县以上卫生行政部门对学校卫生工作行使监督职权。其职责是:对新建、改建、扩建校舍的选址、设计实行卫生监督;对学校内影响学生健康的学习、生活、劳动、环境、食品等方面的卫生和传染病防治工作实行卫生监督;对学生使用的文具、娱乐器具、保健用品实行卫生监督。国务院卫生行政部门可以委托国务院其他有关部门的卫生主管机构,在本系统内根据上述职责行使学校卫生监督职权。

(二)学校卫生监督员职责

行使学校卫生监督职权的机构设立学校卫生监督员,由省级以上卫生行政部门聘任并发给学校卫生监督员证书。学校卫生监督员执行卫生行政部门或者其他有关部门交付的学校卫生监督任务。学校卫生监督员在执行任务时应出示证件,在进行卫生监督时,有权查阅与卫生监督有关的资料,搜集与卫生监督有关的情况,被监督的单位或者个人应当给予配合。学校卫生监督员对所掌握的资料、情况负有保密责任。

工作任务 5　认识放射卫生管理的法律责任

放射卫生是研究天然辐射或人工辐射对人体健康影响及其防护的学科。内容包括个人、群体及后代的防护对策。

放射卫生监督的对象包括:①开展放射诊疗工作的医疗卫生机构,包括使用放射性同位素和射线装置进行诊断、治疗和健康检查的各类医院、卫生院、妇幼保健院、门诊部及诊所和疾控中心等诊疗单位。②生产和经销企业,如生产、经销同位素的公司,各类加速器、放射源生产厂家,射线防护器材生产厂家、含放射性物品(如建筑材料、磷肥等)的生产厂家。③辐射应用单位。

放射卫生监督管理的内容包括:①医用 X 射线诊断防护;②介入放射学防护、X 射线透视介入诊疗;③临床核医学;④放射治疗;⑤工业射线探伤;⑥辐照加工装置、核设施。

一、放射防护监督的主体以及职责分工

监督主体包括卫生行政部门、公安部门、环保部门。按照属地管辖原则划分职能,具体为:县级以上卫生行政部门负责辖区内放射性同位素与射线装置的放射防护监督;省级环保部门负责对放射应用中排放放射性废水、废气、固体废物实施监督;县级以上公安部门负责放射应用中的安全保卫设施监督。

二、放射卫生监督体系

国务院颁布的《放射性同位素与射线装置放射防护条例》是对放射卫生防护的法律规定,主要包括以下方面。

(一)放射卫生监督制度

对放射工作场所依法实施预防性和经常性卫生监督。预防性卫生监督是指,对新建、改建、扩建的放射工作场所的放射防护设施是否与主体工程同时设计、同时施工、同时投产以及使用情况所进行的卫生监督活动。预防性放射卫生监督检查合格后,放射工作单位方可申请许可登记。经常性卫生监督是指,对放射工作场所和放射工作人员执行放射卫生法规和标准的日常状况进行检查的活动。

(二)放射卫生许可登记制度

国家对放射工作实行许可登记制度,包括放射线装置工作许可和放射性同位素工作许可登记两种,分别发放与办理放射工作的卫生许可与安全登记联合,合称许可登记制度。许可登记证由卫生、公安部门办理。

如果涉及环境问题,须经环保部门批准作为申请许可登记的前提,使放射卫生许可登记成为卫生、公安、环境三个部门的协同制度。凡申请许可登记的放射工作必须具备以下基本条件:①具有与所从事的放射工作相适应的场所、设施和装备,并提供相应的资料;②从事放

射工作的人员必须具备相应的专业及防护知识和健康条件，并提供相应的证明材料；③有专职、兼职放射防护管理机构或人员以及必要的防护用品和监测仪器，并提交人员名单和设备清单；④提交严格的有关安全防护管理规章制度的文件。

放射工作许可登记证每一至两年进行一次核查，核查情况由原审批部门记录在许可登记证上。从事放射工作的单位在需要改变许可登记的内容时，需持许可登记证证件到原审批部门办理变更手续。终止放射工作时必须向原审批部门办理注销许可登记手续。

（三）放射卫生防护管理制度

放射工作单位的上级行政管理部门，负责管理本系统的放射防护工作，并定期对本系统执行国家放射防护法规和标准进行检查。放射工作单位应当采取有效的措施，使本单位的放射防护工作符合国家有关规定和标准。管理制度主要包括以下方面。

1. 放射性标志制度

放射性同位素的生产、使用、贮存场所和射线装置的生产、使用场所必须设置防护设施，其入口处必须设置放射性标志和必要的防护安全连锁、报警装置或工作信号。

2. 放射物质管理制度

具体包括放射性物质订购制度、运输制度、口岸检查制度、贮存保管制度。放射性同位素不得与易燃、易爆、腐蚀性物品放在一起，其贮存场所必须采取有效的防火、防盗、防泄漏的安全防护措施，并指定专人负责保管。贮存、领取、使用、归还放射性同位素必须进行登记、检查，做到账物相符。托运、承运和自行运输放射性同位素或装过放射性同位素的空容器，必须按国家有关运输规定进行包装和剂量检测，经县级以上运输和卫生行政部门核查后方可运输。

3. 放射性产品管理制度

对放射性产品进行严格的卫生监督，实行放射性产品和射线装置产品卫生防护质量认证制度，不合格的产品不得销售。含放射性的消费品，用放射性同位素和射线装置辐照加工食品、药品、化妆品、医疗器材和其他用于人体的制品，必须符合国家卫生法规和标准的规定。

4. 放射治疗管理制度

对受检者和患者使用放射性同位素进行诊断、治疗、检查时，必须严格控制受照剂量，避免一切不必要的照射。

5. 放射工作人员健康管理制度

放射工作单位必须严格执行国家对放射工作人员个人剂量监测和健康管理的规定。对已从事和准备从事放射工作的人员，必须接受体格检查，并接受放射防护知识法规教育，合格者方可从事放射工作。

（四）放射防护监督机构及其职责

卫生行政部门负责本辖区内放射性同位素与射线装置的放射防护监督，组织实施放射防护法规。其主要职责是：①负责对放射工作实施预防性和经常性的监督检查；②对生产、销售、使用放射性同位素与射线装置工作实施许可登记，发放放射工作许可证；③会同有关部门调查处理放射事故；④组织放射防护知识的宣传、培训和法规教育；⑤处理放射防护监督中的纠纷，对违反放射卫生法规的单位和个人进行行政处罚。

各省、自治区、直辖市的环境保护部门对放射性同位素和含有放射源的射线装置在应用中排放放射性废水、废气、固体废物实施监督,其主要职责是:① 审批环境影响报告表(书);②对废水、废气、固体废物处理进行审查和验收;③对废水、废气、固体废物排放实施监督监测;④会同有关部门处理放射性环境污染事故。

县以上公安部门对放射性同位素应用中的安全保卫实施监督管理,其主要职责是:①登记放射性同位素和放射源;②检查放射性同位素及放射源保存、保管的安全性;③参与放射事故处理。

(五)放射防护监督员及其职责

县以上的卫生行政部门设放射防护监督员,由省级卫生行政部门任命。放射防护监督员有权按照规定对本辖区内放射工作进行监督和检查,并可以按照规定采样和索取有关资料,有关单位不得拒绝和隐瞒,对涉及保密的资料应当按照国家保密规定执行,并负保密责任。放射防护监督员必须严守法纪,秉公执法,不得玩忽职守,徇私舞弊。

三、放射事故管理

(一)放射事故的概念

放射事故是指放射性同位素、射线装置等辐射源失控引起的放射性物质丢失、人员受超剂量照射、放射性污染等,而造成财产损失或危害生命和健康的后果的事件。

国家对放射事故实行分级管理与报告、立案处理制度。发生或发现放射事故的单位和个人,必须立即采取防护措施,控制事故影响,保护事故现场,并立即向县级以上卫生、公安和环保(对可能造成环境污染事故的)部门报告。

(二)放射事故的类型

放射事故的类型有:①放射性物质丢失;②人员受超剂量照射;③放射性污染。

(三)放射事故处理的基本程序

1.事故发生后,当事单位要及时采取妥善措施,尽量减少和消除事故危害和影响。并迅速呈报,接受当地放射卫生防护机构的监督及有关部门的指导。

2.处理事故时,应首先考虑工作人员和公众的生命安全,及时控制事故,防止扩大,避免农作物和其他食物以及水源受到污染。

3.要及时认真地收集与事故有关的物品和资料,仔细分析事故原因,判定事故级别。提出处理事故措施时,要讲究社会效益和经济效益,尽可能降低事故的损失,保护好国家和公众的财产。

4.发生场所、地面、设备污染时,要在确定污染的核素、范围、水平后,再采取相应的去污染措施。

5.发生放射性气体、气溶胶和粉尘污染空气事故时,要根据监测数据,采取相应的通风、换气、过滤等净化措施。

6.当人员皮肤、伤口被污染时,要迅速予以去除污染和医学处理,对摄入体内者应采取相应的医学处理措施。当需要药物促进排出时,要在专业技术人员的指导下进行。

7.对事故中受照人员,可通过个人剂量仪、模拟实验、生物及物理检测等方法迅速估算其受照剂量。

8.凡事故受照人员剂量、医学处理及有关的资料,应由发生事故的单位及放射事故业务管理部门立档存查。

9.对一次受照有效剂量超过 0.05Sv 者,应给予医学检查;对一次受照有效剂量超过 0.10Sv 者,应及时给予医学检查和必要的处理;对一次受照有效剂量超过 1.00Sv 者,应由放射病临床部门负责处理。

延伸阅读:

2014 年 1 月至 3 月 12 日,被告人靳某某在未取得主管部门颁发许可证的情况下,在某村一个闲置厂房内,雇佣数人对一次性输液器、一次性注射器等医疗废物进行分拣、碎粉,2014 年 3 月 12 日被当地环保局当场查获,现场扣押的医疗废物累计重量为 14.03 吨,经环保机关认定,被告人靳某某所处置的医疗废物属于危险废物。另查明,2014 年 3 月 18 日被告人靳某某主动到公安机关投案,并如实供述自己的犯罪事实。法院经审理认为:被告人靳某某违反国家关于医疗废物的处理规定,非法处置危险废物,严重污染环境,其行为已构成污染环境罪。被告人靳某某有自首情节,认罪悔罪,法院以污染环境罪判处其有期徒刑一年两个月,缓刑一年六个月,并处罚金人民币八千元。被告人靳某某在缓刑考验期内禁止从事与排污工作有关的活动。

[拓展练习]

1.观察自己的校园,看看是否有违反学校卫生法律规定的情形。

2.参与讨论:如果你陪同家人前往医院的放射科进行检查,为了降低射线对身体的不良影响,你觉得有什么需要特别注意的地方?

(邹涛 曹莹)

单元五　人身保险与法律

项目一　人身保险法律规定

[学习目标]

1. 理解人身保险的特征和职能；
2. 了解人身保险产品的分类；
3. 掌握人身保险合同的特点、内容和具体应用；
4. 熟悉人身保险的核保。

案例精选："伊春空难"的赔偿方法

工作任务 1　认识人身保险的特征和职能

国外最早成文的保险法，据考证是意大利的《康索拉都海事条例》，后又有 1266 年的《奥列隆法》。其中 1369 年《热那亚法令》标志着保险立法的诞生。

知识链接：《中华人民共和国保险法》

综合欧洲大陆法系保险法的条文来看，存在以下特点：①对于海上保险进行系统的法律规范，对共同海损责任分担、委付、契约形式、告知义务、除外责任等都有较详细规定。②在立法模式上，法国、德国都选择制定商法典模式，将保险设为其中的重要内容。但法国稍有不同，它把陆上保险放在民法典之中。③保险制度的法律规定尚不够全面，反映了保险特别是陆上保险还是新生事物，主要是以火灾保险为主。④法律受到宗主国与殖民地、附属国关系的影响，在传播和移植上走出了不同道路，法国保险法主要影响了比利时、西班牙、葡萄牙等国，德国保险法主要影响了瑞士、瑞典、奥地利、丹麦、意大利、挪威、日本等国家。英美法系保险立法特点为：①保险契约关系主要由判例法调整，包括海上保险。②英国对于人寿保险多采取成文立法形式，传统的火灾保险、海上保险已有成熟的商业惯例和司法规则可循。③英国对于海上保险业务采用宽松监管政策，授权由劳合社社团法人形式去经营，拥有提供海上标准合同文本的权利，法院承认其具有权威性。④保险单行立法与法典同时并存，像英国的人寿保险法、简易人身保险法、保险公司法，都具有法典性质。美国则有纽约州保险法典。⑤美国由于是联邦制国家，保险立法权掌握在州政府手中，导致美国保险法在各州差异性很大。

我国保险法在立法体例的选择上经历了从分别立法转向合并立法的变迁过程。1911 年《大清商律草案》之"商行为篇"中，设有"损害保险"和"生命保险"两章，共计 57 条；虽然《大清商律草案》未曾公布，但奠定了我国保险合同法与保险业法分别立法体制的基础。1927 年北洋政府修订法律馆聘请法国顾问爱斯嘉拉拟定的《保险契约法草案》，包括保险通则、损害保险、人身保险、终结条款等四章，共计 109 条，仍然沿袭《大清商律草案》所确定的分别立法体制。1929 年南京国民政府"立法院"商法委员会拟具《保险契约法草案》提交"立法院"审议,并将原草案名称《保险契约法草案》中的"契约""草案"删除,改称《保险法》,同年由政府明令公布。这是我国近代以来从名称、体例到内容都基本接近现代保险法立法的一部专门法规。不过,该法虽名为"保险法",但在内容上实质仍为"保险合同法",设有总则、损害保险、人身保险三章,共计82条。该法公布后,因批评者众多,南京国民政府又另行起草"保险法草案",于1936年审议通过,并于1937年1月11日公布《保险法》;与之同时公布的还有《保险业法》和《保险业法实施法》。至此,保险法与保险业法分别立法体制正式确立。全面抗战爆发以后,国民政府于1943年12月25日公布施行了《战时保险业管理办法》。

新中国成立以后,中央人民政府政务院于1952年2月3日颁布了《关于实行国家机关、国有企业、合作社财产强制保险及旅客强制保险的决定》,政务院财经委员会先后颁布了六个强制保险条例,初步建立了具有中国特色的财产保险与人身伤害责任保险法律制度。1985年3月3日,国务院公布实施了《保险企业管理暂行条例》。1992年11月7日,全国人大常委会通过了《中华人民共和国海商法》,其中第十二章"海上保险合同"就海上保险做出了具体要求。1995年6月30日,全国人大常委会通过的《中华人民共和国保险法》(以下简称《保险法》)标志着我国保险法立法与法制建立进入了发展与完善时期。该法是新中国成立以来调整保险关系的第一部基本法律,采用合同法与保险业法合一的立法体例,形成了我国保险方面的立法特色。2002年我国对《保险法》进行了第一次修订。2009年2月28日全国人大常委会通过了《保险法》修订案,这是我国保险基本法制定后的第二次较大的修订,反映了保险事业全面发展的社会需求,也是规范保险行为、完善我国保险制度的主要手段,集中体现了保险立法调整社会关系的及时有效性特征。根据2014年8月31日第十二届全国人民代表大会常务委员会第十次会议《全国人民代表大会常务委员会关于修改〈中华人民共和国保险法〉等五部法律的决定》对《保险法》进行第三次的修正。2015年4月24日第十二届全国人民代表大会常务委员会第十四次会议又对《保险法》进行了第四次修订。

一、人身保险的特征

保险是个人和企业都广泛使用的一种风险管理方法,它是把由意外、疾病或死亡等事件导致财务损失的风险从个人或实体一方转移给保险人的一种方法。保险的目的是补偿损失,而不是提供财务获利的机会。基于这一原因,纯粹风险是唯一可保的风险;投机风险则不可保。由此可见,可保人身风险必须具备下述基本特征:损失必须是偶然发生的;损失必须是可确定的;损失必须是重大的;损失必须是可预测的;损失对于保险人而言必须是非巨灾性的。

对于人身保险来说,它的特征为以下几点:

(1)保险金额的确定

人身保险的保险标的是人的生命和身体,而人的生命或身体不是商品,不能用货币衡量。保险金额由投保人和保险人共同约定,其确定取决于投保人的设计需要和交费能力。

(2)保险金的给付

人身保险属于定额给付性保险(个别险种除外,如医疗保险,可以是补偿性保险)。

(3)保险利益的确定

在人身保险中,保险利益只是订立合同的前提条件,并不是维持合同效力、保险人给付保险金的条件。

（4）具有长期性

人身保险大都为长期性保险，保险期限短期则数年，长则十几年、数十年或人的一生。

（5）具有储蓄性

人身保险，尤其是人寿保险，具有明显的储蓄性。一般而言，人寿保险期间较长，就可以对其保单享有一定的储蓄利益，如保单贷款、领取退保金或其他选择。

二、人身保险的职能

（一）保险保障功能

人身保险的保障功能具体体现为人身保险的给付功能。人的生存、年老、死亡、伤残等均不能用货币估值，保险人只能根据被保险人生、老、病、残、伤、亡的一般特征和具体情况确定投保费率，征收保险费，建立保险基金。保险当事人双方事先要对保险的条件、期限和金额标准达成协议，保险人按照协定一次或分期付给被保险人保险金。

（二）资金融通功能

人身保险机构利用保险基金的长期性、集中规模的特点，积极运用保险资金，按照一定渠道投放，进行投资并预期收回增值资金的活动。一般方式是存款生息，购买债券、股票或不动产，进行期货交易，还可以直接投资经济领域，扩大社会再生产规模，促进经济增长。

（三）社会管理功能

保险的社会管理功能是在保险业逐步发展并在社会发展中的地位不断提高和增强之后衍生出来的一项功能。人身保险的社会管理功能主要体现在：社会保障管理、社会风险管理、社会关系管理、社会信用管理。人身保险作为社会保障体系的有效组成部分，在完善社会保障体系方面发挥着重要作用，为维护良好的社会关系创造了有利条件。人身保险合同履行的过程实际上就为社会信用体系的建立和管理提供了大量重要的信息来源，实现社会信息资源的共享。

工作任务 2　认识人身保险合同

人身保险合同的形式包括投保单、保险单、暂保单、保险凭证及批单。投保单即投保人向保险人申请订立保险合同的书面邀约。投保人需按实填写，不得有欺瞒和欺诈的行为，影响合同效力；保险单即保单，是投保人与保险人之间保险合同行为的正式书面形式。保险单完整记载了合同双方当事人的权利义务；暂保单即临时保险单，是正式保单发出前的临时合同，效力与正式保单完全相同，但有效期较短，一般只有 30 天。当正式保单出具后，暂保单即作废；保险凭证是一种简化的保险单，仅有少数几种业务使用；批单又名背书，是保险人应投保人或被保险人的要求出具的修订或变更保单内容的证明文件。

一、人身保险合同特点

（一）双务性

合同的双务性是指保险合同当事人双方享有的权利和承担的义务对等，一方的权利即为另一方的义务。如保险合同的投保人负有缴付保费的义务但享有发生保险事故获得赔偿或给付的权利，保险人有权要求投保人按时足额缴纳保险费，但负有在保险事故发生时赔偿或给付保险金的义务。

（二）射幸性

保险合同的射幸性是指合同的履行内容在订立合同时并不能确定，保险合同履行的结果建立在事件可能发生也可能不发生的基础上。在合同有效期内，如果发生风险事故造成损失，被保险人可以获得远远超出保险费的赔偿；反之，如果不发生风险事故，无损失发生，虽然投保人已付出保费，被保险人在多数险种中还是得不到任何货币补偿。保险合同射幸性特点来源于保险事故发生的偶然性。

（三）附和性

合同的附和性是指合同当事人的一方提出合同的主要条款内容，另一方只是做出取或舍的决定，一般没有变更和修改合同的权利。在保险合同中，如果必须修改和变更某项条款的，只能采用保险人事先准备的附加条款或附属保单。可见，附和性合同对于保险人较为有利。因此，对于保险合同的条款，当保险人与投保人、被保险人或者受益人有争议时，人民法院或者仲裁机构应当做有利于被保险人和受益人的解释。一般来说，附和性合同即标准化格式合同，但保险合同也并非全部采用标准合同形式，有些特殊险种的合同采用协商办法签订，以满足市场的需要。

（四）条件性

合同的条件性是指合同的当事人只有在合同所规定的条件被满足的情形下才履行自己的义务，反之则不履行义务。保险企业的承保是有条件的承保，是对可保风险的经营。保险合同对保险标的的状况及保险利益都是有条件限制的。在保险条款中应明确保险保障的责任范围及除外责任，只有在合同规定的条件得到满足的情况下，合同的当事人才履行自己的义务，否则不履行义务。如投保人未履行在规定时间足额缴纳保费的义务导致保险合同失效或无效，发生风险事故后，保险人不承担赔偿或给付义务。

（五）补偿性

补偿性是指保险人对符合保险合同规定的风险事故损失予以补偿。保险的补偿性体现了保险保障经济发展、促进生产恢复、维护社会安定的作用。但保险合同的补偿仅限于损失额度，而不是改善或提高被保险人的经济状况，否则投保人会产生制造风险事故骗取保险金的道德风险。

（六）个人性

合同的个人性是指保险合同所保障的是遭受损失的被保险人本人，是保障被保险人的保险利益。不同的被保险人其禀性、行为习惯、职业特点不同将极大地影响到风险事故发生的概率。

二、人身保险合同的成立要件

（一）保险合同当事人必须具有完全的民事权利能力和民事行为能力

民事权利能力是民事主体依法享有民事权利和承担民事义务的资格。民事行为能力是指民事行为主体以自己的行为享有民事权利和承担民事义务的资格或能力。保险合同的主体无论是自然人还是法人,要求必须具有民法规定的民事权利能力和行为能力,否则所订立的保险合同无效,不产生法律效力。

(二)保险合同是双方当事人意思表示一致的行为

订立保险合同必须是双方当事人意思表示真实、自主明确的法律行为。采取胁迫、欺诈等手段签订的合同,因违反平等自愿的原则,合同无效,不受法律保护。

(三)保险合同必须合法

保险合同无论从合同的主体、客体、内容到订立程序、合同形式都必须符合法律规定,否则不受法律保护。不合法的合同即使订立亦是无效合同。合法的合同在履行时,如果因一方当事人的违法违约行为或擅自中止合同履行,合同另一方当事人可依法诉讼或仲裁,获得权利的维护。

三、人身保险合同的基本原则

(一)最大诚信原则

人身保险合同当事人订立合同及在合同有效期内,应依法向对方提供足以影响对方做出订约与履约决定的全部实质性重要事实,同时信守合同订立的约定与承诺。否则,受到损害的一方,按民法规定可因此宣布合同无效或拒绝履行合同约定的义务,甚至对因此而受到的损害还可要求对方予以赔偿。《保险法》第十六条规定:订立保险合同,保险人就保险标的或者被保险人的有关情况提出询问的,投保人应当如实告知。投保人故意或者因重大过失未履行前款规定的如实告知义务,足以影响保险人决定是否同意承保或者提高保险费率的,保险人有权解除合同。投保人故意不履行如实告知义务的,保险人对于合同解除前发生的保险事故,不承担赔偿或者给付保险金的责任,但应当退还保险费。

(二)保险利益原则

保险利益原则是指在签订并履行保险合同的过程中,投保人对保险标的必须具有保险利益。其本质内容是投保人如果不具有保险利益的标的投保,保险人可以单方面宣布合同无效。人身保险的保险利益是订立合同的必要前提条件,而不是给付的前提条件。保险事故发生时,无论投保人存在与否,也无论投保人是否具有保险利益,保险人均按合同中约定的条件给付保险金。

《保险法》第三十一条规定,投保人对下列人员具有保险利益:①本人;②配偶、子女、父母;③前项以外与投保人有抚养、赡养或者扶养关系的家庭其他成员、近亲属;④与投保人有劳动关系的劳动者。除前款规定外,被保险人同意投保人为其订立合同的,视为投保人对被保险人具有保险利益。订立合同时,投保人对被保险人不具有保险利益的,合同无效。

(三)近因原则

近因是一种原因,所谓近因并非指时间上或空间上与损失最接近的原因,而是指造成损失的最直接、最有效、起主导性作用的原因。当被保险人的损失是直接由于保险责任范围内的事故造成时,保险人才给予赔付。

案例分析:"近因原则"

四、人身保险合同的主体

(一)当事人

1. 保险人

保险人是向投保人收取保险费,在保险事故发生时,对被保险人承担赔偿损失或给付责任的人。各国法律一般要求保险人必须具有法人资格,且必须在规定的经营范围内经营。不具有经营资格的法人或具有经营资格但超越经营范围的法人所订立的合同无效。

2. 投保人

投保人是对保险标的具有保险利益,向保险人申请订立保险合同,并负有缴纳保险费义务的人。

投保人必须具备三个条件:首先,要具有完全的权利能力和行为能力。保险合同要求当事人具有完全的权利能力与行为能力。未取得法人资格的组织不能成为保险合同的当事人,限制行为能力或者无行为能力的自然人也不能签订保险合同而成为保险合同当事人。其次,对保险标的必须具有保险利益。投保人对保险标的不具有保险利益,则不能签订保险合同成为保险合同当事人,已签订的保险合同无效。最后,负有缴纳保险费的义务。投保人取得经济保障的条件就是支付保费,这是投保人的法定义务。

(二)保险合同的关系人

1. 被保险人

被保险人是其财产、利益或生命、身体和健康等受保险合同保障的人。在人身保险中,被保险人是从保险合同中取得对其生命、身体和健康保障的人。在责任保险中,被保险人是对他人的财产毁损或人身伤亡负有法律责任,因而要求保险人对其进行赔偿,由此对自己的利益进行保障的人。

2. 受益人

受益人也叫保险金受领人,是在保险事故发生后直接向保险人行使赔偿请求权的人,在保险事故发生时,受益人有资格享有保险合同利益。受益人是由被保险人或投保人所指定的人。

案例分析:"受益人争议"

3. 保险合同辅助人

保险合同的辅助人即在保险合同的订约、履约过程中起辅助作用的人,包括保险代理人、保险经纪人和保险公估人等。

保险代理人是代理保险人从事具体保险业务而向保险人收取佣金、代理手续费的单位或个人。

保险经纪人是投保方的代理人,是指基于投保方的利益,为投保人与保险人订立保险合同提供投保、缴费、索赔等中介服务,并向承保的保险方收取佣金的中介人。

保险公估人是指接受保险当事人委托,专门从事保险标的的评估、勘验、鉴定、估损、理算等业务的单位或个人。

五、人身保险合同的客体

保险合同的客体是保险利益,保险利益是指投保人或被保险人对保险标的所具有的法律上承认的利益。

　　保险利益不同于保险标的。保险标的是保险合同中所载明的投保对象,是保险事故发生所在的本体,即作为保险对象的财产及其有关利益或者人的生命、身体和健康。保险利益以保险标的的存在为条件。保险标的存在,则投保人或被保险人的经济利益存在;反之,保险标的受损,则投保人与被保险人的经济利益也将受损。

　　具有保险利益是保险合同生效的前提。《保险法》第十二条明确规定,投保人对保险标的应当具有保险利益,投保人对保险标的不具有保险利益的,保险合同无效。遵循保险利益原则的主要目的在于防止诱发道德风险。

六、人身保险合同的条款

　　人身保险合同的基本条款包括:当事人的姓名和住所、保险标的、保险金额、保险责任及责任免除、保险费及支付办法、保险期限、违约责任和争议处理。而人身保险合同的特殊条款规定了人身保险合同中当事人之间的权利与义务,是合同当事人履行合同义务、享受合同权利的法律依据,也是处理保险纠纷的依据。

　　(一)不可抗辩条款

　　该条款的内容是在合同生效后的两年内为可抗辩期。在此期间内,保险人可对被保险人的有关情况进行调查,如发现投保人有隐瞒、误告、漏报等情况,有权行使解除合同的权利。在此期间内,如果保险事故发生,保险人可拒绝承担给付责任。如超过此期间,则为不可抗辩期间,应以被保险人的请求给付保险金。

　　(二)年龄误告条款

　　年龄误告条款的一般规定为:投保人在投保时如果误报被保险人年龄,保险人将根据实际年龄予以调整。当被保险人的真实年龄超过保险公司规定的最高年龄时,保险合同自始无效,保险人退还保险费,但自合同成立之日起超过两年的,保险人不得解除合同。被保险人年龄可能出现两种情况:一是所报年龄高于实际年龄;二是所报年龄低于实际年龄。这都将导致实交保险费与应交保险费的差异,根据年龄误告条款必须进行调整。

　　(三)宽限期条款

　　该条款规定,投保人如果未按时缴纳续期保险费,保险人将给予一定时间的宽限。在宽限期内,保险合同仍然有效,若保险事故发生,保险人应按规定承担给付保险金的责任,但应从中扣除所欠交的保险费和利息。超过宽限期,仍未交付保险费,保险合同效力中止。《保险法》第三十六条规定:合同约定分期支付保险费,投保人支付首期保险费后,除合同另有约定外,投保人自保险人催告之日起超过三十日未支付当期保险费或者超过约定的期限六十日未支付当期保险费的,合同效力中止或者由保险人按照合同约定的条件减少保险金额。被保险人在前款规定期限内发生保险事故的,保险人应当按照合同约定给付保险金,但可以扣减欠交的保险费。

　　(四)复效条款

　　若保单因未缴纳到期保费而失效,则投保人有权在保单失效后一段时间内申请复效。《保险法》第三十七条规定:合同效力依照本法第三十六条规定中止的,经保险人与投保人协商并达成协议,在投保人补交保险费后,合同效力恢复。但是,自合同效力中止之日起满两年双方未达成协议的,保险人有权解除合同。

（五）自杀条款

如果被保险人在某一特定时段内（通常是从保单签发日开始两年内）自杀身亡,则保险公司将不支付死亡保险金。《保险法》第四十四条规定:以被保险人死亡为给付保险金条件的合同,自合同成立或者合同效力恢复之日起两年内,被保险人自杀的,保险人不承担给付保险金的责任,但被保险人自杀时为无民事行为能力人的除外。

（六）受益人条款

我国《保险法》第三十九条规定:人身保险的受益人由被保险人或者投保人指定。投保人指定受益人时须经被保险人同意。投保人为与其有劳动关系的劳动者投保人身保险,不得指定被保险人及其亲属以外的人为受益人。被保险人为无民事行为能力人或者限制民事行为能力人的,可以由其监护人指定受益人。

被保险人或者投保人可以指定一人或者数人为受益人。受益人为数人的,被保险人或者投保人可以确定受益顺序和受益份额;未确定受益份额的,受益人按相等份额享受受益权。

被保险人或者投保人可以变更受益人并书面通知保险人。保险人收到变更受益人的书面通知后,应当在保险单或者其他保险凭证上批注或者附贴批单。投保人变更受益人时须经被保险人同意。

被保险人死亡后,有下列情形之一的,保险金作为被保险人的遗产,由保险人依照《中华人民共和国继承法》的规定履行给付保险金的义务:①没有指定受益人,或者受益人指定不明无法确定的;②受益人先于被保险人死亡,没有其他受益人的;③受益人依法丧失受益权或者放弃受益权,没有其他受益人的;④受益人与被保险人在同一事件中死亡,且不能确定死亡先后顺序的,推定受益人死亡在先。

受益人故意造成被保险人死亡、伤残、疾病的,或者故意杀害被保险人未遂的,该受益人丧失受益权。

七、人身保险合同的订立、变更和终止

（一）人身保险合同的订立

人身保险合同的订立是指合同双方在平等、自愿的基础上,就合同的主要条款达成一致意见。一般要经过要约和承诺两个阶段,又称为投保和承保。

投保是人身保险合同成立的先决条件,在保险实务中,投保体现为投保人如实回答保险人所需要了解的重要情况,并认可保险人的保险条款内容,最后将投保单呈交保险人的行为。

承保是保险人完全同意投保人提出的要求订立保险合同的行为。在保险实务中,保险人接收到投保人呈交的投保单后,经过核保审核评估认为符合承保条件,在投保单上签字盖章确认则视为承保。保险人应当及时向投保人签发保险单,并在保险单上加盖保险人的法人公章。

（二）人身保险合同的履行

人身保险合同一经成立,投保人和保险人都必须各自承担自己的义务。投保人的义务主要为:缴纳保险费的义务、保险事故发生的通知义务、风险增加的通知义务。保险人的义

务主要为:给付保险金的义务、在合同发生解除或被确认无效或可以撤销的情况下,退还保费或保单现金价值的义务。

(三)人身保险合同的中止与复效

人身保险合同的中止,是指在人身保险合同存续期间内,由于某种原因的发生而使人身保险合同的效力暂停。在合同中止期间发生保险事故,保险人不承担赔付责任。被中止的人身保险合同可以在合同中止后的两年时间内申请复效,同时补交保险费及其利息。复效后的合同与原人身保险合同具有同样的效力,可继续履行。被中止的人身保险合同也可能因投保人的不再申请复效,或保险人不能接受已发生变化的保险标的或其他原因而被解除,不再有效。因此,被中止的人身保险合同是可撤销的人身保险合同。

(四)人身保险合同的终止

人身保险合同的终止是指在保险期限内,由于某种法定或约定事由的出现,致使人身保险合同当事人双方的权利义务归于消灭。人身保险合同终止的原因可分为三类,即自然终止、履约终止和解约终止。

自然终止是指保险合同在保险期间届满时,合同当事人约定的权利和义务的终止。这是人身保险合同中最普遍而基本的一种终止形式。

履约终止是指在保险期间内发生了约定的保险事故,保险人按约定履行了给付保险金额的赔偿义务,合同即告终止。

解约终止是由于一方当事人行使解约权提前终止保险合同关系的一种行为,主要包括:①法定解除;②约定解除;③协议解除。

对保险人来讲,人身保险合同成立生效后,不得任意解除合同。但在下列情形中,保险人可解除合同:①投保人因未能如期缴纳保险费而被中止合同,在随后的两年内不申请复效的。②投保人故意或者因重大过失未履行前款规定的如实告知义务,足以影响保险人决定是否同意承保或者提高保险费率的,保险人有权解除合同。但自保险人知道有解除事由之日起,超过三十日不行使而消灭。自合同成立之日起超过两年的,保险人不得解除合同;发生保险事故的,保险人应当承担赔偿或者给付保险金的责任。③未发生保险事故,被保险人或者受益人谎称发生了保险事故,向保险人提出赔偿或者给付保险金请求的,保险人有权解除合同。④投保人、被保险人故意制造保险事故的,保险人有权解除合同,不承担赔偿或者给付保险金的责任。⑤投保人申报的被保险人年龄不真实,并且其真实年龄不符合合同约定的年龄限制的,保险人可以解除合同,并按照合同约定退还保险单的现金价值。保险人行使合同解除权,但自合同成立之日起超过两年的保险人不得解除合同。

工作任务3　认识人身保险的分类

2003 年 6 月 12 日,投保人宋某(时年 35 岁)为自己投保终身寿险,保额 10 万元,年缴保费 8400 元,缴费 20 年;附加住院医疗保险 2 万,受益人为其妻子和儿子。健康告知部分均作否认回答,告知既往身体健康。被保险人出具了某卫生院的体检报告,意见为"身体健康"。保险公司遂以标准体承保,合同生效时间为 2003 年 6 月 20 日。2004 年 5 月 3 日,宋某的妻子向保险公司报案,称宋某因身体不适三个月前到某市医院检查并住院,经诊断为肝硬化,不治身故,故申请保险金。接到此案后,保险理赔人员进行了认真的分析,发现一些疑点:(1)被保险人购买终身寿险不足一年即出险,是偶然吗? (2)肝硬化是肝病变发展过程的终末阶段,一般是由病毒性肝炎、酒精肝或其他肝类的疾病经过长期演变而形成的慢性病。它的形成需要较长时间,应有较长的病史,不会突然爆发,而此案的发生显得太过突然。针对上述疑点,理赔人员随即到医院进行调查,得知被保险人确系因身体不适入院治疗,但既往无任何特殊病史,也没有对被保险人不利的主诉。公司理赔人员没有轻易放弃,继续深入到被保险人居住地了解,到生活环境中调查访问。得知被保险人曾于 2003 年 5 月向公安部门申请姓名变更,更改为现用名。至此案情发生重大转折,以此为突破口再到其他医院调查时,理赔人员终于发现几份患者姓名为被保险人原名的住院病例,其地址、联系人均与此次出险的被保险人相同,由此可以证明病例即为被保险人的。根据病例显示被保险人几年前便被确认患有病毒性肝炎,而不是像他在投保单上声明的那样为健康体。据此,依据《保险法》第十六条规定:"订立保险合同,保险人就保险标的或者被保险人的有关情况提出询问的,投保人应当如实告知。投保人故意或者因重大过失未履行前款规定的如实告知义务,足以影响保险人决定是否同意承保或者提高保险费率的,保险人有权解除合同。"保险公司以投保人故意不履行如实告知义务为由,于 2004 年 7 月 3 日做出拒赔且不退还保险费的决定。

一、人寿保险

保障型的人寿保险有定期寿险、终身寿险和两全保险,这些险种充分体现了保险的保障功能。

(一)定期寿险

定期寿险是指被保险人在规定的保险期限内死亡的,保险人给付保险金的保险。如果被保险人在保险期限届满时仍生存,保险人不给付保险金,也不退还投保人所交的保险费。该类险种的主要责任大体包括:给付身故保险金,即被保险人在保险期限内身故,保险公司按保险金额给付身故保险金,保险合同终止;给付高度残疾保险金,即被保险人在保险期限内身体高度残疾,保险公司按保险金额给付高度残疾保险金,保险合同终止。

定期寿险的保险期限从 1 年、5 年、10 年、15 年到 20 年不等,也可根据被保险人的实际需要出售保险期限短于一年的定期保险单。保险金额多按份计算,可投保多份。保险费分趸交、年交、期交三种,由投保人选择。该类险种的被保险人应符合合同规定的年龄且身体健康,能从事正常的工作或劳动。

(二)终身寿险

终身寿险是指为被保险人提供终身保障的人寿保险。如果被保险人在生命表的终极年龄之前任何时候死亡,保险人都向其指定的受益人给付保险金。如果被保险人生存到生命表的终极年龄,保险人向其本人给付保险金。

终身寿险的特征首先表现为,终身寿险是一种不定期的死亡保险,被保险人可由此得到终身的保险保障,该险种特别适合家庭负担重的被保险人。一般来说,终身寿险对被保险人的年龄与身体条件要求较高,被保险人投保时的年龄多在 65 周岁以下,且要经过保险人指定医院的体检合格后方可入保。终身保险保费的缴纳形式大体有三种:趸交,即一次性把保险费全数缴清;年交,即每年缴费,连续 10 年、15 年、20 年或至被保险人 65 周岁止,其后不再持续缴费,但保险合同在被保险人死亡,保险人给付前始终有效;期交,即选择按月、按季度或每半年缴一次保费直至被保险人死亡,保险人给付,保险合同终止。

(三)两全保险

两全保险是以被保险人的生存或死亡为给付保险金的约定给付死亡保险金。两全保险是将生存保险和死亡保险合二为一的保险,因此投保两全保险所缴纳的纯保费是同一时期生存保险和死亡保险纯保费之和,其费率较高,投保成本也大。两全保险兼有生存保险与死亡保险的性质与特点,具备双重保障性。

二、健康保险

健康保险又分为疾病保险、医疗保险、失能收入保险和护理保险四类。

(一)疾病保险

疾病保险是指被保险人罹患合同约定的疾病时,保险人按照保险金额给付保险金的保险。常见的疾病保险为重大疾病保险和特种疾病保险。

重大疾病保险是指当被保险人在合同有效期间内患有保险合同所指定的重大疾病时,保险人按合同的约定给付保险金。重大疾病在投保时,保险公司为规避道德风险和逆选择风险,往往会规定 90 天至 360 天的等待期。如果被保险人首次确诊为合同列明重大疾病的日期在等待期内,则保险人无须承担保险金给付责任。

特种疾病保险是指保险人以被保险人罹患某些特殊疾病为保险给付条件,按照合同约定的金额给付保险金或者对被保险人治疗该种疾病的医疗费用进行补偿的保险。比如生育保险、牙科费用保险、眼科保健保险、艾滋病保险等。

(二)医疗保险

医疗保险是指当被保险人因疾病或意外事故而住院治疗时,保险人负责给付其因此而发生的住院费用、治疗费用、医生出诊费用以及透视费用和化验费用等的一种保险。医疗保险因出险频率高、风险不易测定,赔付率高且不稳定,道德风险和逆选择等人为风险难以控制,导致保险费率高、保险费率计算误差大,所以医疗保险风险管理难度较大。

我国《健康保险管理办法》第四条规定,医疗保险按照保险金的给付性质分为费用补偿型医疗保险和定额给付型医疗保险。费用补偿型医疗保险是指根据被保险人实际发生的医疗费用支出,按照约定的标准确定保险金数额的医疗保险。定额给付型医疗保险是指按照约定的数额给付保险金的医疗保险。费用补偿型医疗保险的给付金额不得超过被保险人实际发生的医疗费用金额。

我国《健康保险管理办法》中第三章产品管理有关条款规定,集中体现了对医疗保险产品管理采取严格的制度管理与市场经营原则相结合的特点。医疗保险产品和疾病保险产品不得包含生存给付责任。含有保证续保条款的健康保险产品,应当明确约定保证续保条款的生效时间。短期个人健康保险产品可以进行费率浮动。短期团体健康保险产品可以对产品参数进行调整。保险公司设计费用补偿型医疗保险产品,必须区分被保险人是否拥有公费医疗、社会医疗保险的不同情况,在保险条款、费率以及赔付金额等方面予以区别对待。

医疗保险的主要险种包括普通医疗保险、住院医疗保险、手术医疗费用保险、高额医疗费用保险、门诊医疗保险、特种疾病医疗费用保险和综合医疗保险。

（三）失能收入保险

失能收入保险是为那些因疾病或意外伤害不能正常工作而失去原来的工作收入，或收入减少的被保险人提供定期的收入保险金，以满足被保险人在不能正常工作期间的生活费用等支出的需要。

失能收入损失保险所承担的保险金给付责任是以被保险人发生意外伤害事故或疾病导致其残疾为前提条件的。但大多数失能收入损失保险都不会从被保险人发生残疾的第一天起就提供收入补偿保险金，一般都有一个约定的免责期间。通常规定：首次投保本保险或非连续投保本保险时，被保险人因疾病住院治疗的，等待期为一至三个月，续保或因意外伤害住院治疗的无等待期规定。对等待期内或在附加合同生效之前发生且延续的住院治疗，保险公司不负给付保险金责任。对保险期间内发生且延续至保险合同到期日后一个月内的住院治疗，保险公司承担给付保险金责任。此外，在许多收入保障保险中允许一个免责期间的中断，如在6个月的时间内，被保险人因为相同或不同原因而再度失能，保险公司将两段免责期间合并计算。

失能收入损失保险合同一般规定，对于被保险人因战争、军事行动和暴乱引起的残疾或失能，被保险人故意自伤行为所致残疾或失能，或者主动参加不法暴力行为所引起的残疾或失能，或者因酗酒、吸毒和自杀造成的伤残，或者在投保以前已患有的疾病引起的残疾或失能，以及被保险人有资格通过社会保险或其他政府计划获得补偿的损伤或疾病造成的残疾和失能，保险人不承担保险金给付责任。

（四）护理保险

护理保险是指因保险合同约定的日常生活能力障碍引发护理需要为给付保险金条件，为被保险人的护理支出提供保障的健康保险。保险人为因年老、疾病或伤残而需要长期照顾的被保险人提供护理服务费用补偿。护理保险的主要形式是长期护理保险，除此之外还有少儿看护保险、失能护理保险等。

长期护理是帮助那些因为残障或老年痴呆症等慢性病而生活不能自理的人完成诸如吃饭、洗澡、穿衣和移动等日常活动。

三、意外伤害保险

意外伤害的保险责任通常包括意外身故责任和残疾责任。前者是指当被保险人因遭受意外事故伤害造成身故时，保险人负责给付合同约定的保险金；后者是指被保险人因遭受意外伤害造成残疾时，保险人负责给付合同约定的保险金。

意外身故和意外残疾责任是意外伤害保险的最基本的责任，其派生责任还包括因意外事故造成人身伤害导致的医疗费用给付、误工收入损失给付、丧葬费用给付和遗属生活费用给付等责任。其中意外伤害医疗费用往往设立了绝对免赔额来控制医疗费用，损失在免赔额内保险人不负赔偿责任，对免赔额以上的部分通常进行比例赔付。医疗费用给付的范围包括治疗费、药费、抢救费、住院费等。

意外伤害保险的保险责任必须具备三个条件，缺一不可。首先是被保险人在保险期间内遭受了意外伤害；其次是被保险人在责任期限内身故或残疾；最后，意外伤害必须是造成被保险人身故或残疾的近因或直接原因。

意外伤害保险产品主要有学生险、个人意外伤害险、旅游意外险、交通工具险、建筑工程意外险等。

四、年金保险

年金保险是生存保险的特殊形态,表现在保险金的给付采取年金方式,而非一次性给付。年金保险保单上有现金价值,其现金价值随保险单年度的增加而增加,至缴费期结束时,现金价值为最高。因为年金收入中不仅包括了投保人缴付的本金和利息,还包括了期内死亡者的利益,同时,年金保险的保险费采取按月、年缴费的方式积存养老资金、为子女积存教育、婚嫁等所需资金,可以降低保险费,缓解支付压力,避免浪费。因此,年金保险的主要作用就是为老年生活提供保障,为未成年人成长、学习、创业、婚嫁积累资金,年金保险也可以作为一种安全的投资方式,获得税收上的优惠。

年金保险有积累期(或缴费期)和清偿期(或给付期)的规定,有的年金保险还有等待期规定。积累期是指年金保险资金积累时期或投保人分期缴纳保费的期间。清偿期是指保险人向年金受领人给付年金的期间。等待期是指交费结束后至开始给付保险金的期间。

工作任务 4   认识人身保险的核保

案例讨论:核保的重点有哪些?

投保人王某为其母亲赵某(56 岁)投保"银发无忧"保险,保额 10 万;"乐享无忧"保险,保额 5 万;无异常告知,赵某体检结果:身高 167cm,体重 68.6kg,体重指数为 24.60;血压测量三次,分别为 160/100mmHg、170/105mmHg 、170/100mmHg,平均 167/102mmHg;心率 70 次/分,血清总胆固醇增高,结果:6.06mmoL/L,血清甘油三酯增高,结果:3.06mmoL/L,高密度脂蛋白 1.78mmoL/L,低密度脂蛋白 2.82mmoL/L;B 超示脂肪肝(轻度),心电:窦性心律;大致正常心电图。

一、核保的考虑因素

(一)年龄

年龄是影响人类死亡率的首要因素,也是最重要的因素,因为对年龄的准确判定,是寿险公司决定是否承保及适用何种保险费率的重要环节,特别是在寿险中更为重要。

相关数据显示,人在 10 岁以前,年龄愈小,死亡率愈大,婴幼儿期死亡率相当高。通常 0~3 岁称为婴幼儿期,由于婴幼儿的自身缺乏自我保护的意识及能力,因此患病率、病死率及意外伤害事故的发生率均较高。一般来说,年幼者患病率较高且以急性病占多数,治疗效果好。人到中年以后疾病的发生率出现第二次高峰,慢性病发生率明显高于其他年龄组,且疾病的疗效不理想,故在医疗险的核保时,核保人员应注意年龄特点,并根据情况进行风险选择。

(二)性别

一般来说,女性的平均寿命较男性长。因此,如涉及年金成分的寿险,则女性的缴费较同龄男性高;如为重大疾病险则男性患病率高,缴费高于同龄女性。

（三）健康状况

核保所考虑的健康状况主要包括被保险人的既往病史和家族病史；现患疾病史及其当前的身体机能状况。其中身体机能状况又包括体格状况、血压情况、心率情况等。

（四）保险利益

保险利益是保险的基本原则之一，保险利益的存在是人身保险合同成立的前提。

（五）财务状况

投保人的财务状况直接关系到其保险需求的额度是否恰当，进而可以了解投保人是否存在不良的投保动机。

（六）道德风险

道德风险是指对被保险人的死亡率产生影响的心理状态，是投保人为了谋取保险金赔偿或者给付而投保，然后促成或者故意制造保险事故，骗取保险金的风险，是无规律的人为风险。核保人员要尽可能减少承保过程中的道德风险。

（七）职业风险

职业风险主要包括意外和健康两方面内容。意外风险取决于工作性质本身危险程度的高低以及工作环境中的职业有害因素。健康风险主要指职业病。准确了解投保人的职业性质对保证承保业务质量、合理确定保费标准具有重要的意义。

（八）爱好习惯

与爱好习惯相关的风险因素直接影响被保险人的风险状况，如吸烟、酗酒和吸毒、高风险运动、航空风险及居住环境等。

二、核保程序

（一）营销人员核保

营销人员在展业过程中所做的风险选择称为第一次风险选择。营销人员与客户接触最直接，且了解其参与投保的全过程，因而对投保人的投保动机、保险需求、职业、收入、一般情况等都很清楚。如营销员对动机不佳、具有道德风险的投保者予以排除，或为核保人员提供有价值的信息，可以避免浪费人力、物力，提高公司的核保效率，同时也维护了保险制度的公平合理性，保障了公司的稳健经营。

营销人员的核保一般通过面晤、观察、询问的方式来完成，需引导投保人和被保险人如实告知，避免道德风险，并且协助指导投保人如实填写投保申请书。

（二）体检医师的核保

由体检医师运用医学知识及技术并结合保险知识对被保险人进行的风险选择称为第二次风险选择。这一环节实际上是对被保险人的健康风险进行评估、筛选、分类，为确定被保险人的死亡率提供有价值的资料及意见。这一选择也被称为"医学选择"。保险体检医师在具有一定的医学知识及技能的同时还要对保险的内涵有较深的理解，对寿险的医学选择有足够的认识，只有这样才能达到第二次风险选择的目的。

体检医师的工作内容主要是以下几个方面：听取告知、进行身体检查、生成体检报告并提出核保建议。体检医师在体检过程应当注意：首先，体检时需验受检者身份证件，防止冒名顶替。其次，填写健康声明书时应再次向受检者说明此乃保险合同的一部分，须如实告知，若被保险人有故意隐瞒或不实声明会对其产生不利的影响。再次，体检时如发现有可疑之处时要详细询问检查并记录于体检报告书上，不可受他人左右。还有，不要将体检结果可能引致的承保结论告知投保人或营销人员，以免引起争议，影响核保人员的核保。最后，要替受检者保密。

（三）核保人员的核保

核保人员的核保是第三次风险选择。首先是初步审核：审核投保单填写是否翔实、准确、完整；了解投保者的基本情况；索取投保者有关保险资料；审核保险金额是否过高。其次是进一步收集投保者的详细资料。再次是综合分析，根据核保手册，决定承保条件。最后是如存在越权，则上报上级主管审批。

（四）生存调查

生存调查分为保险合同成立前的调查（也是第三次风险选择的一部分），以及保险合同成立后的调查。在保险合同成立后的生存调查称为第四次风险选择。

生存调查是在投保申请书、业务员报告书及体检报告书所提供的一定信息及线索的基础上进行的，事后选择则是在核保结论做出后进行的。因此调查过程中很可能会发现与上述资料所提供的信息有出入的地方，往往能发现前几个过程的过失、遗漏及错误。这些过错可能是无意的，有些则是故意的。因而，生存调查还起到了对风险选择监督的作用。

三、核保结论

核保结论最终将申请参加保险的被保险人分为两类：一类为可保体，另一类为非保体。可保体是指保险公司可以接受的危险体。可保体又分为标准体和次标准体。非保体指至少此次投保时，因危险过大或危险程度难以确定而不能被保险公司所接纳的被保险人群体，非保体又分为延期体和拒保体。

（一）标准体

标准体是以标准保险费率承保的被保险人群体的总称。一般来说，寿险公司90％以上的被保险人属于标准体，可以按照标准费率承保。此种承保方式称为无条件承保。

（二）次标准体

次标准体是指其死亡率相对于标准死亡率超出一定比率以上的投保体的总称，是指危险程度较高不能按标准费率承保，但可用附加特别条件来承保者。

次标准体通常采用以下四种方法予以承保：加收保费法、附加特别约定或批准法、削减保险金法、保险期缩短法。

（三）非保体

非保体指此次投保不能被保险公司接受的被保险人群体的总称。主要有两种方式处理此类群体：拒保和延期。

在健康方面，较常见的拒保疾病有恶性肿瘤、肝硬化、脑血管病、中度及重度心脏病、慢性肾炎、血液病、重度残疾等。对于投保动机不纯、存在明显道德风险的投保者，或职业危险过高的,如矿工、特技演员、爆破工人等,通常采用拒保方式。

当被保险人的危险程度不明确或不确定,无法进行准确合理的危险评估时,核保人员通常采取延期处理的方式。比如,当被保险人的预期死亡率较高,但对其死亡率的确切评定极为困难的情况;或因获得的被保险人的个人资料很少,且需要很多的时间及费用才有可能获得足够的核保资料方能确定的;或是暂时性的疾病,短期内有非常不确定的高死亡率变化者;或对近期无法判定其愈后归属的病症。

工作任务 5 人寿保险的理赔

理赔是保险基本职能实现的重要途径,是检验承保与核保质量的有效手段,也是保险服务的重要体现。

理赔的一般过程为接案、立案、初审、调查、理算、复核审批、结案归档七个环节。

一、接案

接案是指发生保险事故后,保险人接受客户的报案和索赔申请的过程,分为报案和索赔申请两部分。

（一）报案

报案是指保险事故发生后,投保人或被保险人、受益人通知保险公司发生保险事故的行为。《保险法》第二十一条规定:投保人、被保险人或者受益人知道保险事故发生后,应当及时通知保险人。故意或者因重大过失未及时通知,致使保险事故的性质、原因、损失程度等难以确定的,保险人对无法确定的部分,不承担赔偿或者给付保险金的责任,但保险人通过其他途径已经及时知道或者应当及时知道保险事故发生的除外。

报案人可以采用多种方式将保险事故通知保险公司,可以亲自至保险公司口头报案,也可以通过电话、传真、信函等方式通知保险公司。

（二）索赔申请

索赔申请是指保险事故发生以后,被保险人或受益人依据保险合同向保险公司请求赔偿损失或给付保险金的行为。

对索赔申请人资格的要求为:申请人是对保险金具有请求权的人,如受益人、被保险人。人寿保险身故保险金给付应由保险合同约定的身故受益人提出申请。没有指定受益人时,则由继承人作为申请人提出申请;如受益人或继承人系无民事行为能力者,则由其法定监护人提出申请。人寿保险中被保险人在生存状态下的保险金给付申请,应由被保险人本人提出申请。如被保险人系无民事行为能力者,则由其法定监护人提出申请。

保险事故发生后,被保险人或受益人必须在规定的时间内向保险公司请求赔偿或给付保险金。《保险法》第二十六条第二款规定:人寿保险的被保险人或者受益人请求给付保险金的诉讼时效为两年,自其知道或者应当知道保险事故发生之日起计算。

二、立案

立案是指保险公司理赔部门受理客户索赔申请,按照一定的规则对索赔案件进行登记和编号的过程,以使案件进入正式的处理阶段。

对立案处理的索赔申请,必须满足的条件包括:保险合同责任范围内的保险事件已经发生;保险事件在保险合同有效期内发生;在《保险法》规定时效内提出的索赔申请;提供的索赔资料齐备。

事实上,并非所有理赔案件都能立案,对于不能立案的索赔申请,保险公司应及时通知保险金申请人并将保险公司申请人提交的索赔资料退还。有下列情形之一的,通常不予立案:事故的发生不在保险期间;已过索赔时效;申请人资格不符合规定;索赔资料不全者;明显不属于保险责任范围内的,如未投保意外伤害保险而索赔意外伤害保险的情形。

三、初审

初审是指理赔人员对索赔申请案件的性质、合同的有效性、索赔材料等进行初步审查的过程。初审的要点包括:审核出险时保险合同是否有效;审核出险事故的性质;审核申请人所提供的证明资料是否完整、有效;审核出险事故是否需要理赔调查。

四、调查

理赔调查是理赔人员对理赔案件进行核查,其实质是收集、整理与保险事故有关的材料,形成证据的过程。

理赔调查要坚持从实、遵守法制、保守秘密以及成本效益的原则。

理赔调查的基本方法包括:①常规调查,是指调查人员为查清案件事实经过、核实索赔的申请材料和适用法律的依据所进行的调查以及走访活动。②联合调查,是指投保人在几家保险公司为同一被保险人购买人身保险的,可以联合其他保险公司展开的调查。③委托调查,指受理机构如认为有必要可以通过适当的形式委托公安、检察院、法院、律师事务所等机构进行案件调查。

五、理算

理算是对索赔案件做出给付、拒付、豁免处理和对给付保险金额计算的过程。理算人员对案卷进行理算前,应审核案卷所附资料是否足以做出正确的给付、拒付处理。如果资料不完整,应及时通知客户补齐相关资料;对资料尚有疑义的案件,需通知调查人员进一步调查核实。

六、复核审批

复核是理赔业务处理中一个关键的环节,具有把关的作用。通过复核,能够发现业务处理过程中的疏忽和错误,并及时予以纠正。同时,复核对理算人员也具有监督和约束作用,防止理算人员因个人因素对理赔结果产生影响,保证理赔处理的客观性和公正性。

七、结案归档

结案人员根据理赔案件的呈批结果,编制给(拒)付通知书或豁免保险通知书,并寄送申请人。其中拒付案件应注明拒付的原因及保险合同效力终止的原因。

结案人员将已结案的理赔案件的所有材料按规定的顺序排放和装订,并按业务档案管理的要求进行归档,以便将来查阅和使用。

案例分析：

王某于 2000 年 1 月投保人寿保险,保额 10 万元,附加意外伤害医疗保险 0.8 万元。投保时附加险的职业类别为 1 类,费率为 0.43%。2000 年 8 月 27 日,被保险人遭遇车祸,致使第 7、第 8 胸椎骨骨折,经手术治后好转出院,共支付医疗费 1 万余元。2000 年 10 月被保险人王某向保险公司请求给付意外伤害医疗保险金。理赔人员经调查发现:王某在驾车过程中,因刹车突然失控发生意外事故。王某现为出租车司机(职业类别为 2 类,费率为 0.54%),但其职业改变后并未到保险公司办理职业变更及补费手续。

案例结论:按实收与应收保险费的比例给付其意外伤害医疗保险金,按比例折算后被保险人王某的意外伤害医疗保险金额为 8000×0.43/0.54＝6370.37 元。

因被保险人职业、工种变更使危险程度增加时,投保人或被保险人应书面通知保险公司并补保险费差额,否则被保险人发生保险责任范围内的保险事故,保险公司按实收保险费与应收保险费的比例给付保险金。本案应按比例给付被保险人意外伤害医疗保险金。

延伸阅读：

培养理赔管理和核保之间的密切合作关系

在理赔管理与核保之间建立的合作关系有助于保险公司有效地管理风险,提高核保与理赔决策的准确性和质量,并以此在激烈的商业环境中占据有利地位。当意识到这种合作关系的重要性后,保险公司通常会采取一些措施来促进理赔管理和核保之间的紧密合作。邀请理赔管理和核保人员参与新保险产品的开发,并且利用来自这两个部门的数据评估新产品成功开发的可能性,联合来自这两个部门的人员对保单文件进行检查。检查范围包括保单和索赔申请书等,以查找潜在的核保和理赔管理问题。将理赔管理部门和核保部门设置在相邻的位置,以便双方人员进行交流和信息交换。如果空间上的紧密性无法实现,那就应该让这两个部门经常联系,一起对各部门正在处理的个案所涉及的问题进行协商。提供交叉培训,让员工获得更深层的知识,以便更好地了解这两个职能部门的工作要求和挑战。

[拓展练习]

1. 讨论:幼儿至 18 周岁,有什么合适的保险产品？为什么？
2. 讨论:人身保险欺诈有哪些类型？

（孟晶秋）

单元六　医学发展与法律

项目一 生殖技术与法律

[学习目标]
1. 了解常见的人类辅助生殖技术；
2. 熟悉代孕所引发的法律问题。

工作任务1 认识人类辅助生殖技术

关于供精人工授精(AID)婴儿父亲的疑问

AID 婴儿可以说有两个父亲：一个是生物学父亲(遗传学意义上的父亲)，即供精者。一个是养育父亲(社会学意义上的父亲)，即生母之夫。关于 AID 婴儿父亲的疑问，许多国家的法律认为，养育父亲与婴儿虽无生物学上的血缘关系，但夫妻合意进行人工授精的行为，已表达了愿将婴儿作为夫妻双方共同子女的意思表示，所以应视其为婴儿的亲生父亲。对此，1972 年《美国统一亲子法》规定，在 AID 情形下，丈夫必须书面承诺，并要求经夫妻双方签字，法律将丈夫和胎儿的自然父亲同样对待，AID 的供精者不被视为胎儿的自然父亲。1987 年英国《家庭法改革条例》规定，如果妻子因供精人工授精而产下婴儿，丈夫应被视为孩子的父亲，除非丈夫不同意妻子接受人工授精。荷兰法律则规定，供精者无权要回孩子。显然，许多国家倾向于否认供精者的父亲权利。

关于 AID 婴儿的法律地位的问题，各国法律规定大致如下：1967 年，美国俄克拉荷马州法律规定，凡由指定的开业医生进行的 AID，并附有夫妻双方同意书的，AID 婴儿对其生母的丈夫，具有婚生子女的身份。目前，美国已有 25 个州制定了这样的专门法规；丹麦人工授精法案规定，在丈夫同意下出生的 AID 子女，具有婚生子女的身份；英国则将 AID 婴儿视为非婚生子女。从发展趋势看，多数国家倾向于主张夫妻合意的 AID 子女应推定为婚生子女，与生母之夫的关系视为亲生父子关系；妻子进行 AID，如果丈夫不知情或未曾同意，他对婴儿有否认权。

生殖技术，又称人类辅助生殖技术，是指运用医学技术和方法对配子、合子、胚胎进行人工操作，以达到受孕目的的技术，分为人工授精和体外受精-胚胎移植技术及其各种衍生技术。

一、人工授精

人工授精是指用人工方式将精液注入女性体内以取代性交途径使其妊娠的一种方法。根据精液来源的不同，人工授精分为：夫精人工授精(AIH)，即使用丈夫的精子所进行的人工授精；供精人工授精(AID)，即使用供精者的精子所进行的人工授精。

二、体外受精-胚胎移植技术

体外受精,又叫体外受精-胚胎移植,是指从女性体内取出卵子,在器皿内培养后,加入经技术处理的精子,待卵子受精后,继续培养,到形成早期胚胎时,再转移到子宫着床,发育成胎儿直至分娩的技术。由于受孕过程的最早阶段发生在体外试管内,因此俗称试管婴儿技术,生育出来的婴儿称为"试管婴儿"。

三、代孕母亲

代孕母亲出现于 20 世纪 70 年代末。代孕母亲是指代人妊娠的妇女。代孕母亲或用他人的受精卵植入自己的子宫妊娠,或用自己的卵子人工授精后妊娠,分娩后孩子交给委托人抚养。

工作任务 2　认识代孕的法律问题

各国的法律观念一般认为,生下婴儿的妇女应当是孩子的合法母亲。如 1990 年英国《人生育和胚胎法》规定,一个由植入体内的胚胎或精子和卵子而孕育孩子的妇女应被视为该名孩子的母亲,而非其他妇女。因此,尽管试管婴儿与准备充当孩子养育父母的夫妇双方无任何遗传关系,仍应确定这对夫妇为孩子的合法父母。因为孩子的遗传父母仅仅是分别提供了精子和卵子,他们互不认识,更谈不上有合法的婚姻关系及养育孩子的合意。而养育父母则不同,他们有合法的婚姻关系,有作为孩子的父母的共同愿望,因此应视试管婴儿为他们的婚生子女,享有婚生子女的一切权利。

一、代孕母亲引发的法律问题及相关立法

孩子的父母是谁,有如下几种情况:

(1)生者为母。不论精子、卵子由谁提供,生育婴儿的妇女与其丈夫是婴儿的父母。如澳大利亚的法律规定,生育婴儿的母亲及其丈夫为婴儿的法律父母。

(2)根据遗传学来确定亲子关系。如英国规定提供精子和卵子的男女为婴儿的父母。

(3)按契约约定来确定亲子关系。即代孕母亲所生的婴儿为委托方夫妇的子女。如美国新泽西、密执安等州的法律规定,婴儿的父母是委托代生的那对夫妇。

二、代孕是否合法

代孕母亲以收取报酬为目的,出租子宫,被他人看作生育机器,是对妇女尊严的侵犯,也变相地使婴儿成为商品;加之有的母亲替女儿代孕,姐姐替妹妹代孕,祖母替孙女代孕,造成家庭伦理关系混乱。因此,不少国家立法禁止代孕母亲。如瑞典认为,代孕母亲是违背法律基本原则

视频精选:黑代孕市场调查

的,所以代生协议是无效的。1992 年法国《生物伦理法律草案》禁止代孕母亲,那些已替人怀孕的妇女只能将生下的孩子归为己有,否则要追究其法律责任。1985 年英国《代孕协议》法案规定,对从事商业性代孕行为和刊登与代孕有关的广告行为要进行刑事制裁。德国《胚胎保护法》规定,受精卵只能由亲生母亲的子宫来孕育,如果植入其他妇女(代孕母亲)的子

宫,医生和代理机构将受处罚。

工作任务3　认识我国人工辅助生殖的立法

我国生殖技术的研究和应用比发达国家起步要晚,但发展相当迅速。1983年湖南医科大学生殖工程研究室首次用冷冻精液人工授精获得成功。1986年青岛医学院建立了我国第一座人类精子库。1988年我国第一例试管婴儿在北京医科大学附属第三医院诞生。1990年我国第一个人类冷冻胚胎库在湖南医科大学建成。

生殖技术的研究和临床应用,对社会和家庭有一定积极的影响:有利于治疗不孕症,改善夫妻关系和稳定家庭关系;有利于优生优育,提高人口素质;有利于推动计划生育工作。但是,由于立法滞后,生殖技术在应用过程中产生了一些令人担忧的问题:不同层次的医疗单位,甚至个体开业医生,未经卫生行政部门审批,不顾条件盲目开展此项工作;对供精者缺乏科学的选择,难以保证质量;对供精者多次采精,并用同一供精者的精液供多个妇女使用,没有统一的标准等。为了制止一些单位滥用人工生殖技术,1989年卫生部发出《关于严禁用医疗技术鉴定胎儿性别和滥用人工授精技术的紧急通知》规定,人工授精除用于科学研究外,其他医疗保健机构一律不得开展。1991年最高人民法院在关于夫妻离婚后人工授精所生子女的法律地位如何确定的司法解释中规定,在夫妻关系存续期间,双方一致同意进行人工授精,所生子女应视为夫妻双方的婚生子女。为了保证人类辅助生殖技术安全、有效和健康发展,规范人类辅助生殖技术的应用和管理,保障人民身体健康,卫生部颁布的新的《人类辅助生殖技术规范》《人类精子库基本标准和技术规范》和《人类辅助生殖技术和人类精子库伦理原则》等三部规范性文件已于2003年10月1日开始施行。

［拓展练习］

观看视频,了解地下黑代孕市场的基本情况,你觉得大学生对于"代孕"的态度应该是怎样的?

项目二 人类基因工程与法律

[学习目标]
1.了解人类基因工程的种类；
2.了解我国人类基因工程研究及应用立法情况。

工作任务 1 认识人类基因工程引发的法律问题

基因是 DNA 上有遗传意义的片段，基因包含一定数量的碱基。基因是基础的遗传单位，它决定着生物的性状、生长与发育。更重要的是，基因与许多疾病有关。基因工程，又称基因拼接技术或 DNA 重组技术，是指采取类似工程设计的方法，按照人们的需要，通过一定的程序将具有遗传信息的基因，在离体条件下进行剪接、组合、拼接，再把经过人工重组的基因转入宿主细胞大量复制，并使遗传信息在新的宿主细胞或个体中高速表达，产生出人类需要的基因产物，或者改造、创造新的生物类型。

一、基因诊断

基因诊断也称 DNA 诊断、DNA 探针技术或基因探针技术，是指通过直接探查基因的存在和缺陷来对人体的状态和疾病做出判断。

最早的基因诊断是 1976 年凯恩等人借助 DNA 分子杂交方法进行的一地中海贫血的产前诊断。经过 20 多年的发展，基因诊断取得了许多成果，目前正广泛应用于许多疾病的诊断。基因诊断的医学意义是巨大的。但它的应用也产生了许多法律问题。例如：产前基因诊断显示胎儿有遗传病或有将来可能发病的基因，那么是应该继续保留还是舍弃？医生是否有为诊断出遗传病的病人保密的义务？如果医生为病人保密，是否损害了病人配偶或未来孩子的利益？

二、基因治疗

基因治疗是指将外源基因导入目的细胞并有效表达，从而达到治疗疾病的目的。基因治疗一般分为体细胞基因治疗、生殖细胞基因治疗、增强基因工程和优生基因工程。

基因治疗为人类展示了美好的应用前景。但是，基因治疗涉及改变人类的遗传物质，有可能产生不可预知的严重后果。一般认为，体细胞基因治疗只涉及患者个体，而生殖细胞基因治疗则对人类未来存在深远影响，特别会在伦理、法律方面引发许多问题，所以目前许多国家对基因治疗采取非常审慎的态度，同时也考虑从法律角度对此做出调整、规范和控制。1985 年美国公布了《基因疗法实验准则》，对人类基因治疗实行有条件的开放。

三、人类基因组计划

人类基因组大约有 5 万至 10 万个基因。人类基因组计划是美国科学家于 1985 年率先提出，并于 1990 年 10 月正式启动的。它旨在通过国际合作，阐明人类基因组 30 亿个碱基对的序列，发现所有人类基因并搞清其在染色体上的位置，破译人类全部遗传信息，使人类第一次在分子水平上全面地认识自我。经过美国、英国、德国、日本、法国和中国等国家科学家的共同努力，1999 年 11 月 23 日完成了 10 亿个碱基对的测定工作。2000 年 6 月 26 日科学家公布了人类基因组工作草图。

工作任务 2 认识我国人类基因工程研究及应用立法

为了促进我国生物技术的研究和开发，加强基因工程工作的安全管理，保障公众和基因工程工作人员的健康，防止环境污染，维护生态平衡，国家科委于 1993 年 12 月发布了《基因工程安全管理办法》，就适用范围、安全性评价、申报和审批、安全控制措施等方面做了规定。

1999 年 10 月中国获准加入人类基因组计划，负责测定人类基因组全部序列的 1%，也就是 3 号染色体上的 3000 万个碱基对。中国是继美、英、日、德、法之后第六个国际人类基因组计划参与国，也是参与这一计划的唯一发展中国家。为了防止人类基因组计划引发的伦理、法律和社会等方面的问题，国家人类基因组在南方、北方两个中心成立了伦理、法律、社会问题工作组，对有关问题进行研究，提出相应伦理和法律对策，其目的是在认识人类与其他生物基因的基础上，重新认识社会成员之间，家庭之间，个人、家庭与社会之间的关系，认识人类与生命世界及整个自然的关系，保证人类基因组计划沿着健康轨道进行。

为了有效保护和合理利用我国的人类遗传资源，加强人类基因的研究与开发，促进平等互利的国际合作和交流，1998 年 9 月经国务院批准，科学技术部、卫生部共同制定了《人类遗传资源管理暂行办法》。

[拓展练习]

1. 参与讨论：你觉得基因诊断和基因治疗有什么科学意义？
2. 你如何看待基因工程的安全问题？

项目三　器官移植与法律

[学习目标]

1. 了解人体器官的合法来源有哪些;

2. 了解我国器官移植立法情况。

工作任务　认识器官移植立法

器官移植是指通过手术等方法,替换体内已损伤的、病态的或者衰竭的器官。从理论上讲,器官移植可分为三大类:自体移植、同种移植和异种移植。自体移植是指摘除一个体器官并把它置于同一个体;同种移植是指把同一种生物的某一具体的器官移植到同种生物的另一个个体上;异种移植是指把一种生物的器官移植到另一种生物上。这里所讲的器官移植是指同种移植,即把一个活人或一具尸体身上的器官移植到另一个活人身上这种意义上的移植。

一、国外器官移植立法

（一）器官来源

1. 自愿捐献

自愿捐献是通过自愿和知情同意的伦理原则来获取器官的一种形式。尸体器官捐献必须是死者生前以书面或遗嘱的形式表示同意的,或死后由亲属以书面的形式表示同意的。自愿捐献以供体的自愿同意作为前提,是衡量和判断人体器官采集行为的首要价值尺度,它尊重个人

视频精选:自愿捐献
眼角膜

的"自由权"和维护死者的"人格尊严",尸体的处置权只能属于个人所有。它表明,任何以暴力、胁迫、欺骗或者其他违背供体真实意思表示摘取其器官的行为都是非法的。

许多国家鼓励所有公民在身后捐献器官遗体,1968 年美国国家委员会在统一州法律中通过的特别委员会《统一组织捐献法》,是自愿捐献法律规定的典型代表。美国的驾驶证上都有一个是否捐献器官的选项。阿根廷是一个有着自愿捐献器官的优良传统的国家。根据阿根廷官方统计数字,2000 年第一次进行这项活动时有 12 万人登记。2003 年 4 月举行总统选举时有 7.7 万人登记,同年举行的省市级选举中,又有 7.8 万人登记自愿捐献器官。

2. 推定同意

目前国际社会推行两种形式的推定同意原则:一种是国家给予医生全权来摘取有用组织和器官,只要死者生前没有做出不愿意捐献器官表示,就被视为是自愿捐献器官者,而不考虑死者亲属愿望,如奥地利、比利时、法国、匈牙利、新加坡、瑞士等国家;另一种是要求医生和死者家属进行交涉,以明确家属同意捐献,方可摘取器官,如意大利、英国、西班牙、罗马尼亚等国家。实行推定同意法的国家器官获取率高而且增长快。如比利时,自 1986 年实行

该法后,尸肾获取率增加了 86%。美国的驾驶证上都有一个是否捐献器官的选项,如果车主选了"yes",一旦在医院确定为脑死亡,医疗机构不必征得死者亲属同意,就可摘取其可供移植的器官。目前美国器官供体来源中,有 80% 以上是来自于车祸等意外死亡者的渠道。

3. 需要决定

根据拯救生命的实际需要和死者的具体情况,决定是否摘取其器官。只需按规定办理审批手续,不必考虑死者生前及其亲属的意见。

(二)器官捐献的法律程序

器官捐献的首要条件是捐献者本人同意,即个人意志的自由表达。由于活人器官捐献存在着损害捐献人本人健康、甚至生命的危险,许多国家都持慎重态度。有的还专门立法规定活人器官捐献与移植的程序、条件及捐献者的生活安排等。而对死人器官的捐献,有些国家规定了很方便的法定程序,生前愿意捐献器官的,只要有书面证明材料即可。

(三)尸体器官分配准则

器官的分配,有时较难做到完全的公平。为此,国际移植学会于 1986 年制定了分配尸体器官的准则。其主要内容是:

1. 所捐赠的器官,必须尽可能予以最佳的利用。

2. 应依据医学与免疫学的标准,将器官给予最适合移植的病人。

3. 绝不可以浪费可供使用的器官,应成立区域性或全国性的器官分配网,做公平合适的分配。

4. 分配器官必须经由国家或地区的器官分配网安排。

5. 分配器官的优先顺序,不能受政治、礼物、特别给付或对某团体偏爱的影响。

6. 参与器官移植的外科和内科医师,不应在本地、本国或国际上从事宣传。

7. 从事移植的外科医师和其他小组成员,不可以直接或间接地从事牵涉买卖器官,或任何使自己或所居医院获利的行为。

(四)严禁器官商业化

由于移植器官的供不应求,器官出现了商业化的倾向。但是大多数人认为,无论在什么情况下,也无论是买卖活人器官,还是死人器官,都应为法律所禁止。

二、我国器官移植立法

(一)我国器官移植立法现状

我国器官移植始于 20 世纪 50 年代末,与国外相比起步约晚了 10 年。但自 20 世纪 70 年代末期开始,全国许多地区已开展此项工作。现在国际上所有类型的器官移植在我国都能够施行。

1983 年 8 月 16 日《人民日报》刊登了有杨尚昆、胡乔木等党和国家领导人签名的《把遗体交给医学界利用的倡议》,在全国引起强烈反响。为使千千万万脏器患病者获得新生,1995 年 11 月中国器官移植发展基金会在北京成立;1997 年南京市成立了"红十字会捐献遗体志愿者之友"的组织。1997 年在湖北武汉第九届全国人民代表大会第五次会议上,《器官移植亟待立法——武汉市器官捐献地方法规议案》得到 40 多位代表的联名响应。1998 年在北京一家医院发生医师在未经死者家属同意的情况下,摘除死者的眼球用于角膜移植的事件,并由此引发出两场器官移植方面的伦理、法律问题的讨论。1999 年有关部门在武汉联合召开了全国器官移植法律问题的专家研讨会,会议提出了我国器官移植法(草案)。1999年在九届全国人大二次会议上,上海、山东、广州等地的代表均提出了《角膜捐献法》议案。2000 年上海市人大常委会颁布了《遗体捐献条例》,这是我国关于遗体捐献方面的第一部地方性法规。我国台湾地区于 1987 年 6 月公布了《人体器官移植条例》,1988 年 3 月公布了《人体器官移植条例实施细则》。香港特别行政区政府卫生署于 1997 年 11 月公布了《人体器官移植条例》建议书。2003 年 8 月 22 日,深圳市三届人大常委会第二十六次会议通过的《深圳经济特区人体器官捐献移植条例》是我国第一部关于人体器官移植的法律文件,该条例已于 2003 年 10 月 1 日起施行。

（二）我国器官移植立法构想

1. 器官移植立法的目的

器官移植必须以医学为目的,为恢复人体器官之功能或挽救生命,应促进器官移植技术的健康发展。

2. 器官移植的原则

（1）不伤害原则。应努力防止对供体和受体可能造成的伤害,救治器官功能衰竭患者。摘除和移植器官都要考虑风险与受益比,使受益大大超过可能的伤害。为使更多的人从器官移植中受益,必须缩小供求之间的鸿沟,扩大移植器官的供应。对于尸体器官捐赠,要注意保护家庭利益。对活体器官捐献,不能采取其唯一的、不能再生的或不能分割的器官或组织。未成年的家庭成员不应成为器官的供体。胎儿组织的获得要注意维护妇女利益。总之要认真斟酌对捐献者和接收者的利弊得失,务使不致引起致命的伤害,同时又能救助患者的生命。

（2）知情同意原则。器官移植是一种大手术,它的难度、危险程度、代价和术后的维持健康费用均超过一般的外科手术,因此在手术前要将有关信息详尽地告知病人及其亲属。让病人知情同意是非常重要的。

（3）公正原则。可供移植器官少而需求多的情况下器官分配要特别注意公正。应尽可能使需要移植器官的病人得到移植,避免仅考虑有无购买力和职务高低,防止出现器官移植中器官资源分配不公正而导致的器官买卖现象。应根据实际情况按区域实行统一调配和分配捐献的器官,提高尸体器官的利用率。当器官资源分配能做到公平公正之时,社会的公平公正也才有可能实现。

（4）非商业化原则。基于对人类生命的尊严的尊重和商业化后可能的严重后果,禁止将人类的器官和组织作为商品买卖,违者应追究刑事责任。

3. 摘取器官的条件

（1）尸体器官的摘取。采用自愿捐献和推定同意相结合的原则。凡死者生前没有反对捐献的表示和死者近亲属没有反对捐献表示的,可摘取其器官。摘取尸体器官必须有准确无误的死亡证明,出具死亡证明的医疗单位不得摘取器官和进行器官移植手术。

（2）活体器官的摘取。以自愿为原则,仅限于没有合适的尸体器官的场合。捐献器官者应为年满 18 周岁、有完全行为能力的人。供体的同意应以书面形式表示及其近亲属 2 人以上的书面证明。供体在做出同意前,应告知其摘取器官可能带来的结果与危险,以及与摘取器官有关的一切事宜。摘取活体器官,要对供体进行全面检查,并预料对供体的健康和生命不会发生任何损害,而该器官的移植足以挽救受体的生命或恢复、改善受体的健康状况。在摘取器官前,捐献器官者随时有权撤回其同意。

(3)胎儿组织的摘取。摘取胎儿组织作为供体,必须得到胎儿父母的同意,参与人工流产的医务人员不得参与胎儿组织移植。

4.许可证制度

开展器官移植的医疗单位,应事先提出申请,经卫生行政部门或法律授权的部门审查批准,发给器官移植许可证后方可进行移植手术。移植手术应由有经验的医生组成移植小组,按照医学规则进行手术。

5.法律责任

尽管法律规定有摘取器官、移植器官的条件,但在实践中可能会出现各种违反法律规定的行为,为了保障实现器官移植造福人类的崇高目标,应结合中国的国情规定严格的法律责任。

[拓展练习]

1.参与讨论:你对于人体器官的买卖是什么态度? 谈谈你的想法。

2.如何理解器官移植中的"不伤害原则"?

项目四　脑死亡与法律

[学习目标]
1.掌握脑死亡的定义；
2.了解脑死亡的国内外立法情况。

工作任务　认识脑死亡立法

脑死亡是指当心脏还继续跳动，大脑的功能由于原发于脑组织严重外伤或脑的原发性疾病而不可逆地全部丧失，最终导致人体死亡。脑死亡如同心跳和呼吸停止一样，是人的生命现象的终止，是个体死亡的一种类型。

一、国外脑死亡立法

（一）国外脑死亡立法的发展

死亡立法起源于西方国家，20世纪60年代欧洲一些国家的医学界对死亡概念的理解就已经发生了变化，然而法律界未能立即响应，经过10年左右时间，一些国家的法律界终于开始谨慎地接受了脑死亡的概念。世界上第一个承认安乐死合法的国家荷兰，同时也是用法律接受脑死亡的第一个国家。在美国，脑死亡概念的出现与传统死亡概念为基础的法律发生了冲突，因而美国许多州开始制定或修改关于死亡认定的法律。1970年，美国堪萨斯州率先通过了《死亡和死亡定义法》。经过多年探讨和实践，1983年，美国医学会、美国律师协会、美国统一州法督察全国会议以及美国医学和生物学及行为研究伦理学问题总统委员会，建议各州对脑死亡问题予以立法。此后，世界各国关于脑死亡的立法也越来越活跃。

（二）国外脑死亡立法的内容

1.国外脑死亡法律地位

（1）国家制定有关脑死亡的法律，承认脑死亡是宣布死亡的依据。例如芬兰、美国等10多个国家，但美国的立法建议是"一个人循环和呼吸功能不可逆停止，或整个脑包括脑干一切功能的不可逆停止，就是死人。死亡的确认必须符合公认的医学标准"。这实际上是让传统死亡概念、标准和脑死亡概念、标准并存，以避免人为的死亡定义误解，这也是美国社会的认知多元化在立法中的反映。而芬兰则是国家法律接受脑死亡的第一个国家。在加拿大和瑞典，脑死亡的立法标准则是：当一个人的所有脑功能完全停止作用并无可挽救时，即被认为已经死亡，即采用了脑死亡标准。此外，尚有阿根廷、澳大利亚、法国等国立法承认脑死亡是宣布死亡的依据。

（2）国家虽然没有制定正式的法律条文承认脑死亡，但在临床上已承认脑死亡状态并以之作为宣布死亡的依据。如比利时、德国等 10 多个国家。

（3）脑死亡的概念为医学界所接受，但由于缺乏法律对脑死亡的承认，医生不敢依据脑死亡来宣布一个人的死亡。这仍是目前世界上多数国家的状况，包括中国。

2.脑死亡的诊断标准

各国有关脑死亡的法律，一般都将死亡定义为全脑死亡，即大脑、中脑、小脑和脑干的不可逆的死亡（坏死）。那么，脑死亡如何诊断和鉴别？这涉及医疗行为的适当实施和法院审判工作的正确开展。1968 年美国哈佛大学医学院死亡定义审查特别委员会首次提出了脑死亡的诊断标准：（1）不可逆的深度昏迷；自发呼吸停止；（2）脑干反射消失；（3）脑电波消失（平坦）。凡符合以上标准，并在 24 小时或 72 小时内反复测试，多次检查，结果无变化，即可宣告死亡。但需排除体温过低（＜32.2℃）或刚服用过巴比妥类及其他中枢神经系统抑制剂两种情况。此后，各国专家先后提出过 30 余种关于脑死亡的诊断标准，但这些标准与哈佛标准大同小异。所以，目前世界上许多国家还是采用了哈佛医学院的诊断标准。

二、我国脑死亡立法

（一）我国脑死亡立法现状

目前，我国对脑死亡的定义与标准尚无明确法律规定。在我国，由于传统的文化观念影响及医疗和社会发展状况的极不平衡，要不要接受脑死亡概念，首先在学术界就存在着不同看法。一些医学界、法学界、社会学界的专家和学者提出，在我国确认脑死亡的实际意义是客观存在的，我国应制定法律接受脑死亡概念，确认脑死亡就是人体死亡、个体死亡，脑死亡的时间，即是个体死亡的时间。同时，鉴于我国各级各类医疗单位存在着技术、设备、诊疗水平上的差异，立法时应考虑允许传统的死亡和脑死亡两个死亡定义和标准同时并存，这样既能防止因脑死亡误诊可能造成的对有抢救价值的病人的延误抢救，又可以使医生正确运用脑死亡标准对那些脑功能全部丧失，对外界和自身毫无感觉、意识，也没有自主活动，处于不可逆昏迷状态的病人及时宣布死亡。1999 年 5 月，中华医学会、中华医学杂志编委会在武汉组织召开了我国脑死亡标准（草案）专家研讨会，就《中国脑死亡诊断标准（讨论稿）》以及制定脑死亡诊断标准的目的、尊重人的生命与死亡尊严的必要性等进行了讨论。这次讨论的成果也引起了法律界和我国有关方面的关注。2002 年，卫生部已经初步制定了一份符合我国国情的脑死亡诊断标准，目前正在广泛征求各方意见加以修改和完善，这意味着我国的脑死亡立法已经进入了准备阶段。

（二）我国脑死亡立法建议

1.制定严格的脑死亡诊断标准

借鉴美国哈佛标准，结合我国医疗实践的具体情况，制定严格的、具体的脑死亡标准。

案例精选：植物人与脑死亡

2.立法建立科学完整的脑死亡管理制度

脑死亡立法应规定哪些医生有权做出脑死亡诊断，应按什么程序进行，使用哪些检测手段等，以防止医生的草率诊断或者虚假诊断。

3.明确法律责任

脑死亡立法应当明确规定违反脑死亡法律法规的法律责任，同时还应规定医生为了器

官移植中器官新鲜的需要,当病人脑死亡诊断宣布后,不摘除死者身上的人工抢救装置而继续使用是否违法,究竟是对尸体的合理保存还是非法侵害。

4.法律应当对于植物人和脑死亡者加以严格区分

1996 年 4 月,中华急诊医学学会脑复苏研究中心组织国内著名医学专家初步制定了植物状态患者的诊断标准共 7 条:认知功能丧失,无意识活动,不能执行指令;保持自主呼吸和血压;有睡眠觉醒周期;不能理解和表达语言;能自动睁眼或在刺激下睁眼;可有无目的性眼球跟踪运动;丘脑下部及脑干功能基本保持。上述状态持续一个月以上者,即为人们通常说的"植物人"。根据这一标准,可见植物人不等于脑死亡,长期昏迷不醒、没有意识的病人与脑死亡的植物人是两种不同的病例。因此,脑死亡立法应明确规定,对植物状态患者中那些脑功能已不可逆停止的人可以宣布死亡,但绝不能将所有植物人宣布为脑死亡者而不予以治疗抢救或者摘除其器官用于移植。

[拓展练习]

谈谈植物人和脑死亡者有什么区别? 相关的法律问题应如何区别对待?

项目五 安乐死与法律

[学习目标]
1.掌握安乐死的定义；
2.熟悉国内外安乐死的立法情况。

工作任务 认识安乐死立法

"安乐死"一词源于希腊文 euthanasia，是由"美好"和"死亡"两个字所组成。其原意指"舒适、尊严或无痛苦的死亡"。现代意义上的安乐死是指当身患绝症或严重伤残者处于危重濒死状态时，由于精神和躯体上遭受着极端痛苦，在本人或其亲友愿意的前提下，他人出于同情和帮助其免受病痛折磨的目的，用仁慈的方式提前结束患者生命的一种行为。现代意义上的安乐死至今尚无一个统一完整的定义。

一、国外安乐死立法

自 20 世纪 30 年代开始，人们要求在法律上允许安乐死，一些西方国家开始对安乐死的立法问题进行讨论。1935 年，全世界第一个提倡自愿安乐死的团体在英国正式成立。自 50 年代起，一些西方国家开始尝试为安乐死立法。

（一）荷兰

荷兰是世界上最早以立法形式准予实施安乐死的国家。1968 年安乐死成为荷兰社会开始注重的问题。1988 年荷兰皇家药物管理局在一份报告中阐述了关于安乐死的标准。1993 年 2 月，荷兰议会通过了关于安乐死的指导原则的法律，该法案于 1994 年 1 月 1 日起生效。该法案

知识链接：安乐死

的出台使安乐死在荷兰取得了合法地位，1997 年又建立了一套实施安乐死的办法。1999 年 8 月 10 日通过的最新修正案规定，凡 16 岁以上的人，若患绝症到生命末期，均可自行决定是否接受安乐死，12 岁至 15 岁的青少年，要求必须经其父母同意。2000 年 11 月荷兰议会下院以多数票通过了关于"没有希望治愈的病人有权要求结束自己生命"的《安乐死法案》。经过几年实践，在积累了一定的法律和临床经验之后，荷兰议会上院于 2001 年 4 月 10 日通过了由下院于 2000 年 11 月 28 日通过的《安乐死法》，允许医生为身患绝症的病人实施安乐死，成为世界上第一个把安乐死合法化的国家。

（二）美国

在美国，安乐死又称在"医生辅助下的自杀"，关于它的是非标准目前还只停留在道德范畴内，除华盛顿和纽约两个州的法律明确禁止该行为外，其他州要么含糊其辞，要么虽制定

了相应立法却中途夭折。美国联邦法律规定,任何医疗卫生部门都应该告诉成年病人,他们有权以明确表示的方式拒绝维持生命的治疗。病人也有权以书写"生命预嘱"(又称"生前意愿书")或指定代理人的方式决定维持或撤除治疗。

1976 年,美国加利福尼亚州颁布了《自然死亡法》,这是美国第一部成文的被动安乐死法,也是人类历史上第一个有关安乐死的法案。

1977 年以来美国有 38 个州通过了《死亡权力法案》,要求医生尊重病人安乐死愿望,但到目前为止,安乐死在美国大部分地区仍属非法行为。只有俄勒冈州于 1994 年通过的一项法律,允许内科医生在特定条件下协助病人自杀。美国在 1991 年颁布了《病人自我决定法》,要求医院、家庭病房、护理诊所、卫生管理机构认真讨论和对待病人的愿望,但不一定要答应每一个要求。截至目前,美国法律和医疗专业人士对安乐死仍持较为谨慎的态度,甚至有些人士公开反对安乐死。

(三)英国

英国上院曾在 1936 年审议过英国"安乐死协会"递交的立法建议,但未获通过。1969 年英国又提出了自愿安乐死法案,也未获通过。在英国,医生实施安乐死是违法的,被指控有罪的医生最多要被判处 14 年的监禁。但在英国公众中,赞成安乐死的人占 82%。1993 年 2 月 4 日,英国最高法院裁定了英国第一例安乐死案件,同意了一位年仅 21 岁患者的父母和医生的申请,停止给他输入营养液。1996 年 4 月 24 日,又裁定允许为 53 岁的珍妮特·约翰逊太太(已成为植物人 4 年多)实施安乐死。1998 年,英国《泰晤士报》报道,尽管安乐死还不合法,但英国已有 2.7 万人在医生的帮助下以安乐死的方式结束了生命。

(四)日本

在日本,人们已基本接受了被动安乐死。即当病人患不治之症时,可应病人或其家属要求撤除维持其生命的治疗,任其自然死亡,但在法律上仍视安乐死为违法。毫无疑问,难以被普通公民所接受的主动安乐死也当然属非法行为了。但在 1995 年,日本通过法院判例给安乐死以有条件的认可,并逐渐形成了日本安乐死判例法。日本一法庭以判例形式把安乐死从《刑法典》中关于嘱托杀人罪和承诺杀人罪的规定中独立出来,对实施安乐死附加了严格的条件,使之合法化。为消除病人肉体痛苦不得已而侵害生命的行为,可被认为相当于日本刑法规定的"紧急避难行为"。执行安乐死而不追究法律责任,其依据是作为正当行为的违法性阻却和紧急避难的违法性阻却,即通常构成违法的行为由于特殊理由可不认为是违法。

二、我国安乐死立法

(一)我国安乐死及其立法的讨论

改革开放以后,安乐死的观念传入我国。安乐死在我国引起医学界、法学界、伦理学界、社会学界和公众的关注和讨论。在 1987 年年底和 1988 年 7 月,我国举行了两次安乐死问题讨论会。此后,此类讨论会不断进行,多数专家达成了共识即安乐死在我国是可行的,但必须对此持非常谨慎的态度,要通过完善的立法对其予以规范。在八届人大的五年任期内,以严仁英、胡亚美两位医学界代表为发起人的北京代表团在每年的全国人大会议上都提出对安乐死进行立法的议案,要求我国立法,使安乐死合法化。

除了在全国最高权力机关进行呼吁外,有些人士还在民间为安乐死奔走。他们发起成立了纯民间的"自愿安乐死协会"。这些安乐死的倡导者认为,如果其本人或家属提出安乐死,就应该让他们没有痛苦地、安详满足地回归大自然,从而将大量的人力和财力节省下来用在有治愈希望的病人身上。

(二)我国安乐死立法思考

安乐死是指对患有不治之症且又极端痛苦的病人,在不违背其真实意愿的前提下,出于对其死亡权利和个人尊严的尊重,为解除病人痛苦而由医务人员实施的中止维持生命的措施使其自行死亡,或采取积极措施使其加速死亡的一种医疗行为。

1. 安乐死立法的内容

安乐死的立法内容可包括以下五个方面:

(1)实施对象。关于安乐死的实施对象主要有三类:植物人,脑死亡者,身患绝症濒临死亡而又极度痛苦者。也有人主张安乐死的对象主要是两种病人:一是身患绝症处于晚期而极度痛苦的病人,二是有严重残疾,生命质量和生命价值极其低下或已丧失的病人,如不可逆的植物人状态或已发生脑死亡者,严重畸形且医学上无法治疗的胎儿、新生儿等。还有学者将植物人和严重先天缺陷的新生儿排除,提出安乐死的实施对象应是"医学上无法挽救存在痛苦的濒死者"。

安乐死适用的对象只能是身患现代医学上的绝症、濒临死亡的病人,且病人身体上的痛苦难以承受。因为,安乐死在形式上毕竟是一种故意剥夺他人生命的行为,如果不对安乐死的对象进行明确的限制,则有可能导致安乐死的滥用,从而被一些别有用心的人所利用,假借安乐死之名,行其故意杀人之实。

(2)行为目的(基于仁慈)。安乐死的施行,必须是出于对患者的同情和帮助,出于对患者死亡权利和个人尊严的尊重,而不能是出于其他的动机和目的。否则,安乐死可能因其目的的非正当而失却其存在的合理性基础。

(3)安乐死适用的前提。必须基于患者本人真诚的请求或嘱托,只有在患者本人无法表达其意愿的情况下,才能够由其家属提出。除此以外,不得因其他任何人的要求对患者施行安乐死。

(4)行为实施者。安乐死的实施者应为合法的医务人员,必须是医生或者取得法定医疗资格的医护人员,且须严格依照法定医疗程序进行。这样要求的目的,主要是为了防止安乐死的滥用,从而将安乐死的施行严格控制在法律允许的范围内。

(5)安乐死的形式和方法。合法的安乐死形式既包括被动安乐死,也包括主动安乐死。安乐死的方法应当是快速、无痛的,尽可能表达"安乐"的本质,体现出人道主义的精神,不能使病人感到痛苦,否则,安乐死的施行即会因背离了"无痛苦死亡"的本意而丧失其存在的意义和价值。至于具体施行的方式,既可采取积极的作为形式,也可采取消极的不作为形式,只要能够促成绝症患者尽早结束生命,从无法忍受的痛苦中脱离出来即可。至于安乐死的施行是否一定要使病人处于快乐的状态,于安乐死的成立不发生影响。

2. 安乐死的原则

实施安乐死应符合无危害、无痛苦、不违背本人意志的原则。具体是:

(1)现代医学科学技术所不能救治的不治之症;

(2)病人的剧烈痛苦无法抑制,且已迫近死亡;

（3）病人有要求安乐死的真诚意愿；

（4）在不违背病人意愿的前提下，由医务人员提供在无痛苦状态下加快结束或不再延长死亡过程的医疗性服务；

（5）执行安乐死的方法在伦理学上被认为是正当的，它是在特定情况下病人利益的最高体现。

3. 安乐死的实施程序

（1）请求程序。必须有患者或其亲属的申请。申请安乐死者如果有表达意愿的能力，则必须提交由其亲笔签名的书面申请，若口头提出申请则必须是录音且必须有两名以上的见证人。原则上说，任何人都不能代替患者本人提出安乐死申请。神志不清、无法表达自己意愿的绝症患者，在一般情况下也不能对其实施安乐死，除非他们在神智清楚时已立有希望实施安乐死的遗嘱或有了解病人愿望的亲人提出请求。了解病人愿望的亲人是指那些长期服侍病人、能理解病人真实心愿的家属。当然，患者或其亲属可随时撤回申请。

必须是患者明确、真实且深思熟虑后的意思表示。患者必须以语言或文字明确表示要求安乐死，以暗示或其他方式表示的，都不能认为是明确的意思表示。意思表示还必须是患者的真实意思表示而非出自胁迫、欺骗、诱惑等其他非本人意愿的因素。

必须有患者亲属的认可。安乐死申请者的父母、妻子、儿女等共同生活者，必须对申请安乐死的要求共同认可，并在安乐死申请者的申请书上签名。请求必须是病人在意识清楚的情况下，出自本人的真诚意愿。对于陷入永久性昏迷状态，不能表达意愿的病人，可由其直系亲属请求，但需得到有关部门和医疗单位的同意方为有效申请。16 岁以下患者的安乐死决定必须由其家长或监护人做出，16 到 18 岁的未成年人可以在同家长商讨后一同做出决定。

（2）审查程序。必须有医生的诊断。申请安乐死者必须经两名医生（其中一名是患者的主治医生）确诊为身患绝症或严重伤残且痛苦不堪或已处于垂危状态，主治医生必须向患者详细陈述实际病情和后果预测，并应当同病人讨论除安乐死之外挽救生命的其他方法，当一切努力均不可能时才能考虑安乐死，禁止医生向病人做任何可以把安乐死作为一种选择的暗示。必要时，还需要一位心理医生对患者进行诊断，以确认其神志清楚，完全有能力自己做出安乐死的决定。安乐死申请应有上述医生签字同意方为有效。

必须经过专门委员会批准。设立由医学专家、法医、医学伦理学专家等共同组成的安乐死审查委员会，其任务是对安乐死的申请进行严格的医学和司法审查，防止误诊和失控。该委员会应分为省级和市级。病人的安乐死请求经有关医生签署意见后，由市级委员会鉴定提出安乐死申请的病人所患疾病是否为绝症，决定可否实施安乐死。如果病人或其亲属对该决定有意见，可在法定期间内向省级委员会申请复议，由省级委员会做出决定。为确保做出此类决定的公正性，应规定若对省级委员会的复议决定不服的，可提起行政诉讼。

（3）操作程序。安乐死申请得到批准后，分别要有 7 天以上的"冷却期"和 48 小时以上的"等待期"。安乐死申请被批准 7 天后，如果病人仍然坚持安乐死，那么病人还要再签一份申请书，他自己在这份申请书上签字之后，还要再等 48 小时，如果他仍然坚持自己的意见，那么，安乐死才可以正式实施。

必须经指定医院按照法定程序进行。遵循严格的程序是防止安乐死被滥用的关键，安乐死应体现"安乐"，给死者创造一个愉快或无痛苦的死亡过程，这不是谁都可以随便做到的。安乐死必须在指定医院施行。在施行时,医院应严格审查有关材料,认真做好登记,依照批准的时间、地点、方式,由医护人员执行;并由申请人及其家属签名;施行时必须有死者家属及见证人在场。施行时必须由病人所在医院两名以上的医务人员按批准的时间、地点等对病人实施安乐死,必须用医学方法实施安乐死。具体是由医护人员给患者注射针剂或由患者自己服用安眠药片等,所用方法不应使病人遭受不应有的痛苦或使他人产生残酷的感觉。

申请安乐死的患者的主治医生不能因为患者实施安乐死而从死者或其亲属处获得任何直接或间接的利益,当然,必要的医疗费用的支出除外。

4.法律责任

(1)对不符合安乐死条件的病人实施安乐死,应承担相应的法律责任。

(2)有确切证据证明病人亲属或医务人员是在病人的真诚请求下对病人实施安乐死,但未经有关部门审查批准的,仍属违法行为,应承担相应的法律责任。

(3)审查人员不认真履行审查职责,以致造成重大医疗纠纷的,医务人员用不人道的方法对病人实行安乐死的,违反有关保密规定的,均应承担相应的法律责任。

(4)未经病人同意,病人亲属或医务人员对有行为能力的人擅自实行安乐死,构成故意杀人罪,应按刑法有关规定承担刑事责任。在实施前病人表示反悔,不同意实施安乐死,应尊重病人的选择,不得强迫实施安乐死。

[拓展练习]

1.参与讨论:你是否赞成立法通过安乐死制度?为什么?

2.如果安乐死合法化,你觉得在安乐死执行过程中有什么需要特别注意的法律问题?

（米岚）

本书参考 PPT